A psicologia da ioga kundalini

Dados Internacionais de Catalogação na Publicação (CIP)
(Câmara Brasileira do Livro, SP, Brasil)

Jung, C.G., 1875-1961
  A psicologia da ioga kundalini : notas do seminário realizado em 1932 por C.G. Jung / C.G. Jung ; editado por Sonu Shamdasani ; tradução de Gentil Avelino Titton. – Petrópolis, RJ : Vozes, 2022.

  Título original: The psychology of Kundalini yoga.

  2ª reimpressão, 2023.

  ISBN 978-65-5713-675-1

  1. Kundalini – Psicologia I. Shamdasani, Sonu. II. Título.

22-114026   CDD-294.543

Índices para catálogo sistemático:
1. Yoga Kundalini : Espiritualidade : Filosofia mística   294.543

Eliete Marques da Silva – Bibliotecária – CRB-8/9380

C.G. Jung

A psicologia da ioga kundalini

Notas do seminário realizado em 1932 por C.G. Jung

Edição de Sonu Shamdasani

Tradução de Gentil Avelino Titton

EDITORA VOZES

Petrópolis

© 1996 Princeton University Press.
© 1996 Routledge.
© 2007 Foundation of the Works of C.G. Jung, Zürich.
Tradução realizada a partir do original em inglês intitulado *The Psychology of Kundalini Yoga*.

Direitos de publicação em língua portuguesa – Brasil:
2022, Editora Vozes Ltda.
Rua Frei Luís, 100
25689-900 Petrópolis, RJ
www.vozes.com.br
Brasil

Todos os direitos reservados. Nenhuma parte desta obra poderá ser reproduzida ou transmitida por qualquer forma e/ou quaisquer meios (eletrônico ou mecânico, incluindo fotocópia e gravação) ou arquivada em qualquer sistema ou banco de dados sem permissão escrita da editora.

CONSELHO EDITORIAL

Diretor
Volney J. Berkenbrock

Editores
Aline dos Santos Carneiro
Edrian Josué Pasini
Marilac Loraine Oleniki
Welder Lancieri Marchini

Conselheiros
Elói Dionísio Piva
Francisco Morás
Gilberto Gonçalves Garcia
Ludovico Garmus
Teobaldo Heidemann

Secretário executivo
Leonardo A.R.T. dos Santos
_____

Editoração: Maria da Conceição B. de Sousa
Diagramação: Raquel Nascimento
Revisão gráfica: Lorena Delduca Herédias
Capa: SGDesign

ISBN 978-65-5713-675-1 (Brasil)
ISBN 0-691-00676-8 (Estados Unidos)

Este livro foi composto e impresso pela Editora Vozes Ltda.

in memoriam
Michael Scott Montague Fordham
(1905-1995)

Sumário

Lista de ilustrações, 8
Prefácio, 9
Agradecimentos, 12
Membros do seminário, 15
Lista de abreviações, 17
Introdução – Jornada de Jung ao Oriente, por *Sonu Shamdasani*, 19
Preleção 1: 12 de outubro de 1932, 75
Preleção 2: 19 de outubro de 1932, 109
Preleção 3: 26 de outubro de 1932, 142
Preleção 4: 2 de novembro de 1932, 173
Apêndice 1: Paralelos indianos, 11 de outubro de 1930, 193
Apêndice 2: Comentários de Jung nas Preleções de Hauer em alemão, 5-8 de outubro de 1932, 206
Apêndice 3: Preleção de Hauer em inglês, 8 de outubro de 1932, 220
Apêndice 4: Shat-chakra-nirûpana, 260
Índice, 279

Lista das ilustrações

Figura 1: Os chacras, 67
Figura 2: Chacra *Mûlâdhâra*, 68
Figura 3: Chacra *Svâdhisthâna*, 69
Figura 4: Chacra *Manipûra*, 70
Figura 5: Chacra *Anâhata*, 71
Figura 6: Chacra *Vishuddha*, 72
Figura 7: Chacra *Âjñâ*, 73
Figura 8: Chacra *Sahasrâra*, 74

Prefácio

De 3 a 8 de outubro de 1932 o indólogo Wilhelm Hauer apresentou seis preleções simultaneamente em inglês e alemão no Clube Psicológico de Zurique, intituladas "Der Yoga, im besondern die Bedeutung des Cakras" (Ioga, especialmente o sentido dos chacras). Em seguida, Jung dedicou quatro preleções a uma interpretação psicológica da ioga kundalini.

As preleções em inglês de Hauer, as preleções em inglês de Jung de 12, 19 e 26 de outubro e a preleção em alemão de Jung de 2 de novembro (traduzida por Cary F. Baynes) foram compiladas por Mary Foote[1] com base nas anotações estenográficas feitas por sua secretária, Emily Köppel, e publicadas privadamente em forma mimeografada com o título *The Kundalini Yoga: Notes on the Lecture given by Prof. J.W. Hauer with Psychological Commentary by Dr. C.G. Jung* (Zurique 1933). Em seu prefácio editorial Foote anotou que o texto fora corrigido tanto por Hauer quanto por Jung.

---

1. Para informações sobre Mary Foote, cf. FOOTE, Edward. "Who was Mary Foote". *Spring: An Annual Archetypal Psychology and Jungian Thought* (1974), p. 256-268.

Uma edição alemã editada por Linda Fierz e Toni Wolff, intitulada *Bericht über das Lecture von Prof. Dr. J.W. Hauer* 3-8 de outubro (Zurique 1933) e trazendo na lombada o título *Tantra Yoga*, divergiu da edição inglesa no conteúdo. Além de uma tradução alemã das preleções de Jung em inglês, continha o texto das preleções de Hauer em alemão, um relato da preleção de Toni Wolff "Tantrische Symbolik bei Goethe" (Simbolismo tântrico em Goethe), feita no Clube em 19 de março de 1932[2], e um relato da preleção de Jung "Westliche Parallelen zu den Tantrischen Symbolen" (Paralelos ocidentais aos símbolos tântricos) de 7 de outubro de 1932.

As preleções de Jung foram publicadas em forma abreviada sem anotações em *Spring: Journal of Archetypal Psychology and Jungian Thought* (1975 e 1976).

A presente edição integral se baseia no texto da primeira edição de Mary Foote. As preleções de Hauer não foram reproduzidas, com exceção de sua preleção final em inglês, assistida por Jung e que faz a ponte para suas preleções. Esta preleção particular mostra a relação entre as abordagens de Hauer e de Jung. Quando, nas preleções em Jung, se faz referência à exposição de Hauer, o contexto específico é fornecido numa nota de rodapé.

Além disso, os comentários de Jung às preleções em alemão de Hauer na edição de Fierz e Wolff e o resumo de sua preleção de 1930 intitulada "Indian Parallels", contido na edição de Olga von Koenig-Fachsenfeld intitulada *Bericht über das Deutsche Seminar von C.G.*

---

2. Sua preleção, que continha interpretações da obra de Goethe através do simbolismo da ioga kundalini, foi publicada na íntegra em seu *Studien zu C.G. Jungs Psychologie*. Zurique: Daimon 1981, p. 285-318.

Jung 6-11 Oktober 1930 in Küsnacht-Zürich (Stuttgart 1931), foram traduzidos novamente por Katherina Rowold e Mchael Münchow respectivamente e incluídos, junto com a tradução do *Shat-chakra-nirûpana* feita por Sir John Woodroffe, o texto tântrico que foi o tema dos comentários de Hauer e Jung. Este havia sido reproduzido da décima quinta edição de *The Serpent Power* de Woodroffe (Madras 1992), da qual foram também reproduzidas as ilustrações dos chacras (as citações, salvo indicação em contrário, pertencem a esta edição). Por razões de espaço, suas copiosas notas explicativas não foram reproduzidas.

Ao editar a transcrição translado, fizemos uma série de pequenas mudanças que se restringem a alterações secundárias na pontuação, na grafia dos nomes e na gramática. A edição de *Spring* ajudou neste sentido. Com poucas exceções, foi seguida a ortografia dos termos sânscritos na edição de Foote.

Sonu Shamdasani

Agradecimentos

Gostaria de agradecer a Ulrich Hoerni e a Peter Jung por ter-me ajudado de inúmeras formas na preparação deste seminário, e particularmente ao primeiro por muitas sugestões úteis e por seus comentários sobre o manuscrito; a Franz Jung por permitir-me gentilmente consultar a biblioteca de seu pai e localizar informações para mim; a C.A. Meier e Tadeus Reichstein por compartilhar lembranças dos procedimentos; a Paul Bishop por localizar Tadeus Reichstein; a Beat Glaus por ajudar na consulta da correspondência de Jung; a Eric Donner, Michel Münchow e Katherina Rowold por traduções; a Natalie Baron pela ajuda na transcrição; a Anthony Stadlen por fornecer uma cópia de uma carta de John Layard; a Ernst Falzeder e André Haynal por convidar-me a dar preleções no Departamento de Psiquiatria da Universidade de Genebra, o que me possibilitou empreender a pesquisa na Suíça; a David Holt pela doação de exemplares dos seminários e preleções de Jung em língua alemã feitos na Eidgenössische Technische Hochschule; a William McGuire por seus comentários sobre o manuscrito;

e à falecida Mary Foote por seu inestimável trabalho de transcrição e edição dos seminários de Jung dados em língua inglesa. Finalmente, eu gostaria de agradecer ao Erbengemeinschaft C.G. Jung por permitir-me consultar e citar manuscritos inéditos e correspondência de Jung com Wilhelm Hauer e Surendranath Dasgupta.

S.S.

Membros do seminário

A presente lista registra pessoas cujos nomes aparecem na transcrição multigrafada original e outras pessoas conhecidas que participaram. Na transcrição são dados apenas os sobrenomes. Aqui foram registrados os nomes completos junto com o país de residência quando foi possível. A participação real foi muito maior (cf. p. 52). Detalhes biográficos de muitos destes indivíduos foram selecionados recentemente por Paul Bishop[1].

Alleman, Sr. Fritz (Suíça)

Bailward, Sra.

Baumann, Sr. Hans (Suíça)

Barker, Dr. Culver (Reino Unido)

Baynes, Sra. Cary F. (EUA)

Bertine, Dra. Eleanor (EUA)

Crowley, Sra. Alice Lewisohn (EUA)

Dell, Sr. Stanley W. (EUA)

Diebold, Sra.

---

1. Cf. BISHOP, Paul. "The Members of Jung's Seminar on *Zarathustra*". *Spring: A Journal of Archetype and Culture* 56 (1994), p. 92-112.

Fierz, Sra. Linda (Suíça)

Foote, Mary (EUA)

Hannah, Srta. Babara (Reino Unido)

Kranefeld, Dr. Wolfgang (Alemanha)

Mehlich, Sra. Rose

Meier, Dr. C.A. (Suíça)

Reichstein, Dr. Tadeus (Suíça)

Sawyer, Sra. Carol Fisher (EUA/Suíça)

Shaw, Dra. Helen (Reino Unido/Austrália)

Sigg, Sra. Martha Böddinghaus (Suíça)

Spiegelberg, Dr. Friederich (Alemanha)

Spiegelberg, Sra. (Alemanha)

Thiele, Srta.

Trüb, Dr. Hans (Suíça)

Wolff, Srta. Antonia (Suíça)

Lista de abreviações

Analytical Psychology = *Analytical Psychology: Notes of the Seminar Given in 1925 by C.G. Jung.* Editado por William McGuire. Princeton (Bollingen Series XCIX) e Londres, 1989.

C.G. Jung: Cartas = 3 vols. Petrópolis: Vozes 2000-2003.

ETH = Jung papers, Wissenschaftshistorische Sammlungen. *Eidgenössische Technische Hochschule.* Zurique.

HS = Wilhelm Hauer. "Yoga, Especially the Meaning of the Cakras". In: Mary FOOTE (ed.). *The Kundalini Yoga: Notes on the Lecture Given by Prof. Dr. J.W. Hauer with Psychological Commentary by Dr. C.G. Jung.* Zurique, 1932.

Interpretation of Visions = *C.G Jung. Interpretation of Visions: Notes of the Seminar in Analytical Psychology, Autumn 1930-Winter 1934.* Ed. Mary Foote, 11 vols. Zurique.

Modern Psychology 3 and 4 = *Modern Psychology. The Process of Individuation.* Vol. 3: *Eastern Texts. Notes on the Lectures Given at the Eidgenössische Technische Hochschule, Zürich, by Prof. Dr. Jung, October 1938-March 1940.* Vol. 4: *Exercitia Spiritualia of St. Ignatius of Loyola.* 2. ed. Zurique, 1959.

MSR = *C.G. Jung. Memórias, sonhos, reflexões.* 33. ed. Rio de Janeiro, 2019.

OC = *Obra Completa de C.G. Jung.* Petrópolis, 1978-2003.

Tantra Yoga = *Bericht über das Lecture von Prof. Dr. J.W. Hauer. 3-8 October.* Ed. Linda Fierz e Toni Wolff. Zurique, 1933.

Introdução

Jornada de Jung ao Oriente, por *Sonu Shamdasani*

26 de janeiro de 1930. Em toda a Índia houve assembleias que fizeram um compromisso que começava assim:

> Acreditamos ser um direito inalienável do povo indiano, como de qualquer outro povo, ter liberdade e usufruir os frutos de seu trabalho e ter as coisas indispensáveis para a vida, de modo que possam ter plenas oportunidades de desenvolvimento. Acreditamos também que, se qualquer governo privar um povo de seus direitos e o oprimir, o povo tem o direito ulterior de alterá-lo ou aboli-lo. O governo britânico na Índia não só privou o povo indiano de sua liberdade, mas também se baseou na exploração das massas e arruinou a Índia do ponto de vista econômico, político, cultural e espiritual. Acreditamos que a Índia deve cortar os vínculos com a Grã-Bretanha e atingir a Purna Swaraj ou completa independência[1].

---

1. In: NEHRU, Jawaharlal. *An autobiography*. Londres, 1989, p. 612.

Foi proclamada a desobediência civil, Gandhi começou sua marcha do sal e Nehru foi encarcerado.

***

Munique, 30 de maio. Em memória de seu falecido colega, o sinólogo Richard Wilhelm, Jung ecoou estes dramáticos acontecimentos:

> Observemos o Oriente: um destino implacável está se realizando. [...] Dominamos politicamente o Oriente. Os senhores imaginam o que aconteceu quando Roma subjugou politicamente o Oriente Médio? O espírito oriental avançou sobre Roma. Mitra tornou-se o deus-militar romano [...]. Não seria possível acontecer a mesma coisa nos dias de hoje, e sermos tão cegos como os romanos cultos, que tanto se impressionavam com as superstições dos cristãos? [...] Sei que nosso inconsciente está impregnado de símbolos orientais. O espírito do Oriente está realmente *ante portas*. [...] O fato, por exemplo, de que Wilhelm e o indólogo Hauer tenham sido convidados para realizar uma apresentação sobre a ioga no Congresso Alemão de Psicoterapia deste ano é, em minha opinião, um extraordinário sinal dos tempos[2]. Imaginem o que representa um médico clínico, que se ocupa diretamente com o ser humano enfermo e por isso é sensível às pessoas, entrar em contato com um sistema terapêutico oriental![3]

---

2. Hauer falou sobre "Der Yoga im Lichte der Psychotherapie". In: *Bericht über den V. Allgemeinen Ärztlichen Kongress für Psychotherapie in Baden-Baden, 26-29th April, 1930*. Ed. por E. Kretschmer e W. Cimbal. Leipzig 1930.

3. "Em memória de Richard Wilhelm". OC 15, § 90; tradução modificada. Em outro lugar Jung argumentou que a violência do imperialismo colonial

Esta grande analogia abrangia o que Jung considerava o significado político e cultural epocal do impacto do pensamento oriental sobre a psicologia ocidental e preparou o terreno para seu encontro com a ioga kundalini. Na década de 1960, Jung foi adotado como um guru pelo Movimento Nova Era. Uma das razões principais para isso foi seu papel em promover o estudo do pensamento oriental, ajudar na sua disseminação e proporcionar-lhe elucidações psicológicas. Os que empreendem a jornada para o Oriente o adotaram como um antepassado. Ao mesmo tempo, estes interesses de Jung, junto com sua apropriação pela contracultura, foram vistos por muitos como confirmação do obscurantismo místico de sua psicologia.

A ioga e a nova psicologia

O surgimento da psicologia profunda ocorreu historicamente em paralelo com a tradução e ampla disseminação dos textos de ioga[4]. Ambas eram novidades exóticas

---

legou ao Ocidente um imperativo de entender o pensamento oriental: "A invasão europeia do Oriente foi um ato de violência em grande escala. Ela nos legou – 'noblesse oblige' – a obrigação de compreender o espírito do Oriente". In: "Comentário a 'O segredo da flor de ouro'". OC vol. 13, § 84. Quando indicado, em atenção à literalidade e exatidão, modifiquei a tradução da OC. Para uns prolegômenos à consideração das traduções de Hull, cf. meu "Reading Jung backwards? The Correspondence between Michael Fordham and Richard Hull Concerning 'The Type Problem in Poetry' in Jung's *Psychological Types*". *Spring: A Journal of Archetype and Culture* 55 (1994), p. 110-127.

4. Para uma visão geral da introdução da ioga no Ocidente, cf. FEUERSTEIN, Georg. "East Comes West: An Historical Perspective". In: FEUERSTEIN. *Sacred Paths*. Burdett/NY 1991. Sobre a introdução do pensamento oriental em geral, cf. ELWOOD, Robert (ed.). *Eastern Spirituality in America: Selected Writings*. Nova York 1987. Para um estudo exemplar de caso, cf. BISHOP, Peter. *Dreams of Power: Tibetan Buddhism, the Eastern Imagination and Depth Psychology*. Londres, 1992.

tópicas. Os gurus e iogues recém-chegados disputavam com psicoterapeutas uma clientela semelhante, que procurava outros conselhos que não os providenciados pela filosofia, pela religião e pela medicina ocidentais. Por isso, a comparação entre as duas não devia ser algo inesperado (não, ao menos, pelos clientes). Embora já houvesse muitos escritos que comparavam o pensamento oriental e o pensamento ocidental[5], o advento das novas psicologias profundas anunciou um padrão novo e mais promissor de comparação. Porque as psicologias profundas procuravam libertar-se de limitações estupidificantes do pensamento ocidental, a fim de desenvolver mapas de experiência interior fundamentados no potencial transformador das práticas terapêuticas. Um alinhamento semelhante entre "teoria" e "prática" parecia estar encarnado nos textos ióguicos que, além disso, se haviam desenvolvido independentemente das vinculações com o pensamento ocidental. Além disso, a estrutura introdutória adotada por instituições de psicoterapia aproximou sua organização social à da ioga. Por isso, abriu-se uma oportunidade para uma nova forma de psicologia comparativa.

Já em 1912, em *Transformações e símbolos da libido*, Jung proporcionou interpretações psicológicas de passagens dos *Upanixades* e do *Rig Veda*[6]. Embora isto tenha

---

5. Cf. esp. o estudo monumental de SCHWAB, Raymond. *The Oriental Renaissance: Europe's Rediscovery of India and the East, 1680-1880*. Trad. de G. Patterson-Black e V. Renning. Nova York, 1984.

6. Mais tarde Gopi Krishna criticou a interpretação feita por Jung do hino védico sobre a produção do fogo através da fricção de gravetos, no qual Jung viu um "simbolismo inequívoco do coito" (cf. *Psychology of the Unconscious* (trad. por Beatrice Hinkle, CW, suplemento B, § 243-245), afirmando que "os termos usados apontam claramente para o fogo produzido pela Kundalini". *Kundalini*

aberto a possibilidade de uma comparação entre a prática da análise e a prática da ioga, a primeira comparação explícita talvez tenha sido a de F.I. Winter em "The Yoga System and Psychoanalysis"[7]. Ele comparou a psicanálise, como foi descrita na obra de Freud e de Jung, com os *Yoga Sutras* de Patanjali. Antes de o próprio Jung ocupar-se com o tema, sua obra já estava sendo comparada com a ioga – e os "novos caminhos da psicologia" que ele procurou abrir após deixar o patrocínio da Associação Psicanalítica Internacional prometeram ser as encruzilhadas mais férteis entre a abordagem oriental e a abordagem ocidental.

Um relato do encontro de Jung com o pensamento oriental seria incompleto se não mencionássemos o conde Hermann Keyserling e sua Escola da Sabedoria em Darmstadt, que proporcionava um ambiente colegiado para as investigações de Jung. Keyserling tratou da ioga em seu *The Travel Diary of a Philosopher*, que era uma obra muito elogiada. Ele sustentava que a nova psicologia representava de fato uma redescoberta do que já era conhecido pelos antigos indianos: "A sabedoria indiana é a mais profunda que existe. [...] Quanto mais avançamos, tanto mais nos aproximamos das visões dos indianos. A pesquisa psicológica confirma, passo a passo, as asserções contidas [...] na antiga ciência indiana da alma"[8]. O

---

for the New Age: Selected Writings of Gopi Krishna. Ed. por Gene Kieffer. Nova York, 1988, p. 67).

7. WINTER, F.I. "The Yoga System and Psychoanalysis". *Quest* 10 (1918-1919), p. 182-196, 515-335. Jung tinha em sua biblioteca uma coleção desta revista com os fascículos de 1910 a 1924 e de 1929 a 1930.

8. KEYSERLING, Count Hermann. *The Travel Diary of a Philosopher*. Trad. por J.H. Reece. Nova York, 1925, p. 255-256. Sobre o encontro de Keyserling

caraterístico na abordagem de Keyserling era que ele via a ioga como um sistema psicológico superior a qualquer outro do Ocidente: "Os indianos fizeram mais do que todos os outros para aperfeiçoar o método de formação que leva a uma ampliação e aprofundamento da consciência. [...] A ioga [...] parece habilitada a ocupar um dos mais altos lugares entre os caminhos para a autoperfeição"[9]. Diversas das suas caracterizações da diferença entre Oriente e Ocidente estavam em paralelo com as de Jung, como a seguinte: "O indiano considera fundamentais os fenômenos psíquicos; para ele estes fenômenos são mais reais do que os físicos"[10].

Foi em Darmstadt, nos inícios da década de 1920, que Jung se encontrou com o sinólogo Richard Wilhem; e a colaboração deles no texto alquímico chinês *O Segredo da flor de ouro* – que Wilhelm traduziu para o alemão e para o qual Jung escreveu um comentário psicológico[11] – forneceu a Jung um meio de analisar a psicologia comparativa do Oriente e a do Ocidente. Jung (que não conhecia o sânscrito) fez posteriormente colaborações semelhantes com figuras como Heinrich Zimmer, Walter

---

com a Índia, cf. BUISSON-MAAS, Anne Marie. *Hermann Keyserling et l'Inde*. Paris, 1978.

9. KEYSERLING. *The Travel Diary of a Philosopher*, p. 124-125.

10. Ibid., p. 95. Cf. Jung: "O Oriente se baseia na realidade psíquica, i. é, na psique, enquanto condição única e fundamental da existência". In: "Comentário psicológico sobre o Livro Tibetano da Grande Libertação", OC vol. 11/5, § 770. (O comentário de Jung foi escrito em 1939 e publicado pela primeira vez em 1954.) Estas caracterizações seguem uma longa linha de especulações orientalistas nas quais o pensamento indiano era caracterizado como onírico (Hegel) ou como dominado pela imaginação (Schlegel).) Cf. INDEN, Roland. *Imagining India*. Londres, 1990, p. 93-97.

11. JUNG. OC vol. 13.

Evans-Wentz, Daisetz Suzuki e, no presente caso, Wilhelm Hauer, que representava os principais comentaristas do pensamento oriental no tempo de Jung[12].

A comparação entre a ioga e a psicanálise foi ulteriormente analisada pelo sócio de Keyserling, Oskar Schmitz, em *Psychoanalyse und Yoga*[13], que Schmitz dedicou a Keyserling. Schmitz afirmou que, entre as escolas de psicanálise, a que mais se aproximava da ioga era a de Jung, e não a de Freud ou a de Adler: "Com o sistema junguiano ocorre pela primeira vez a possibilidade de a psicanálise poder contribuir para um maior desenvolvimento humano. [...] Ela não é um método de ioga e nem sequer deseja sê-lo, mas o sistema de Jung possivelmente o seja"[14]. A resposta de Jung à obra de Schmitz foi equívoca:

> Desde que considerei tanto os métodos ψα psicanalíticos quanto os ψσ psicossintéticos igualmente como um meio de autoaperfeiçoamento, a comparação que você fez com os métodos da ioga me parece totalmente plausível. Mas acho que se deve enfatizar que se trata apenas de uma analogia, visto que muitos europeus hoje em dia têm a tendência de transferir inadvertidamente ideias e métodos orientais para a mentalidade ocidental. Isto, segundo

---

12. Este período de estudos eruditos está se tornando cada vem mais objeto de reavaliação. Cf. CASE, Margaret (ed.). *Henrich Zimmer: Coming into His Own.* Princeton, 1994. • ABE, Masao (ed.). *A Zen Life: D.T. Suzuki Remembered.* Nova York, 1986. Expressões de admiração recíproca entre Jung e seus colegas eram frequentes. Por exemplo, ao receber seu comentário sobre o *Livro Tibetano da Grande Libertação*, Evans-Wentz escreve a Jung que era uma honra poder incluir uma contribuição vinda "da maior autoridade no Ocidente sobre a Ciência da Mente". Evans-Wentz a Jung, 13 de julho de 1939. *ETH*.

13. SCHMITZ, Oskar. *Psychoanalyse und Yoga*. Darmstadt, 1923.

14. Ibid., p. 65, traduzido por Eric Donner.

minha opinião, não é vantagem para nós nem para estas ideias. Pois o que nasceu do espírito oriental baseia-se na história específica daquela mentalidade, que é substancialmente diferente da nossa[15].

Tantrismo e ioga kundalini

A onipresença de aulas e grupos de ioga, junto com aeróbica, musculação, massagem e outras seitas de cultos contemporâneos do corpo como esportes e academias, leva facilmente a esquecer que a ioga é uma antiga disciplina espiritual.

A ioga compartilha duas noções geralmente associadas na filosofia e na religião indianas – a reencarnação e a busca de emancipação do ciclo nascimento-morte-renascimento. Mircea Eliade afirmou que, para a ioga e a filosofia Samkhya com a qual está relacionada, ao contrário de outras escolas indianas de pensamento, "este mundo é *real* (não ilusório – como ele é, p. ex., para o Vedanta). Não obstante, se o mundo *existe* e *perdura*, é por causa da 'ignorância' do espírito"[16]. O que distingue a ioga é seu matiz essencialmente prático. Surendranath Dasgupta observou: "A filosofia da ioga tem essencialmente um tom prático e seu objetivo consiste pincipalmente em mostrar os meios de atingir a salvação, a unicidade, a libertação do *purusha*"[17]. Foram apresentadas muitas definições e

---

15. Jung a Schmitz, 26 de maio de 1923. C.G. JUNG. Cartas vol. 1, p. 55; tradução modificada.

16. ELIADE, Mircea. *Yoga: Immortality and Freedom*. Trad. por Willard R. Trask (Bollingen Series LVI); reimp. Londres, 1989, p. 9.

17. DASGUPTA, Surendranath. *Yoga as Philosophy and Religion*. Londres, 1924, p. 124. Sobre a tradução de *purusha*, muitas vezes traduzido como "si-

descrições diferentes de ioga. Eliade afirmou: "Etimologicamente, ioga [*yoga*] deriva da raiz *yuj*, 'vincular', 'resistir', 'emparelhar'. [...] A palavra ioga serve geralmente para designar qualquer *técnica ascética* e qualquer *método de meditação*"[18]. Para Feuerstein: "A ioga é uma tradição especificamente indiana que consiste num conjunto de ideias, atitudes, métodos e técnicas codificadas e/ou sistematizadas de várias maneiras, que pretendem principalmente levar a uma transformação no praticante (iogue) e é transmitida por um mestre a um ou mais discípulos num ambiente mais ou menos formal"[19]. Os mais antigos vestígios da ioga remontam ao terceiro milênio a.C.[20] Existem diversas grandes escolas de ioga: Raja-ioga, Hatha-ioga, Jnana-ioga, Bhakti-ioga, Carma-ioga, Mantra-ioga, Laya-ioga e Kundalini-ioga. Para caracterizar esta última, é útil considerar diversos traços gerais do movimento tântrico.

O tantrismo foi um movimento religioso e filosófico que se tornou popular a partir do século IV em diante e influenciou a filosofia, a mística, a ética, a arte e a literatura indianas. Agehananda Bharati afirmou: "O que distingue a doutrina tântrica das outras doutrinas hindus

---

-mesmo", cf. Preleção 2, notas 11 e 12. Jung se encontrou com Dasgupta quando esteve em Calcutá em 1938 (Jung a Dasgupta, 2 de fevereiro de 1939, *ETH*). No ano seguinte, Jung convidou Dasgupta para dar uma preleção em Zurique: "Seremos muito gratos se puderes nos falar sobre a relação entre mente e corpo de acordo com a ioga em tua preleção de sábado no Clube Psicológico. Como tema da preleção no Politécnico eu proporia: Psicologia ou filosofia da ioga (especialmente Yoga Sutra de Patanjali)" (Jung a Dasgupta, 17 de abril de 1939, *ETH*). Dasgupta deu a preleção no Clube Psicológico em maio.

18. ELIADE. *Immortality and Freedom*, p. 4.

19. FEUERSTEIN. *The Yoga-Sutra of Patanjali: An Exercise in the Methodology of Textual Analysis*. Londres, 1979, p. 1.

20. WORTHINGTON, Vivian. *A History of Yoga*. Londres, 1989, p. 11.

e budistas é sua ênfase sistemática na identidade entre o mundo absoluto (*paramârtha*) e o mundo fenomenal (*vyavahâra*) quando filtrados através da experiência do culto (*sâdhana*)"[21]. O tantrismo foi antiascético e antiespeculativo e representou uma contracorrente transgressiva ao hinduísmo predominante. Rejeitou o sistema predominante de castas e representou uma transposição de valores. No tantrismo havia uma celebração do corpo, que era considerado o microcosmo do universo. Em contraposição ao pendor masculinista do hinduísmo tradicional, Eliade observou que no tantrismo "pela primeira vez na história espiritual da Índia ariana, a Grande Deusa adquiriu uma posição predominante. [...] Reconhecemos também uma espécie de redescoberta religiosa do mistério da mulher"[22]. A perspectiva diferente do tantrismo se refletiu em sua prática, que utilizou muitas vezes elementos ausentes dos rituais religiosos tradicionais. Zimmer afirmou que o tantrismo "insiste na santidade e pureza de todas as coisas; por isso, as 'cinco coisas proibidas' [...] constituem a substância do alimento sacramental em certos ritos tântricos: vinho, carne, peixe, grão tostado e intercurso sexual"[23]. Nas assim chamadas escolas "de direi-

---

21. BHARATI, Agehananda. *The Tantric Tradition*. Londres, 1992, p. 118. Narendra Nath Bhattacharyya observou que "embora em sua primeira etapa o tantra se opusesse à filosofia vedântica da ilusão e admitisse a realidade do mundo [...] [mais tarde] elementos adicionados o alinharam com o Vedanta". *History of the Tantric Religion: A Historical, Ritualistic and Philosophical Study*. Nova Delhi, 1982, p. 14.

22. ELIADE. *Yoga: Immortality and Freedom*, p. 202. Para uma reavaliação do papel das mulheres no tantrismo, cf. SHAW, Miranda. *Passionate Enlightenment: Women in Tantric Buddhism*. Princeton, 1994.

23. ZIMMER, Heinrich. *Philosophies of India*. Ed. por Joseph Campbell (Bollingen Series XXVI). Londres, 1953, p. 572.

ta" estes são usados simbolicamente nos rituais, ao passo que nas escolas "de esquerda" são usados literalmente.

A propósito da percepção contemporânea do tantrismo, Jacob Needleman observou com razão que "no momento em que alguém ouve a palavra 'tantrismo', brotam várias associações selvagens e sombrias na mente ocidental, que equivalem a um *pastiche* de ficção científica psicoespiritual e acrobacia sexual que envergonharia até os mais imaginativos dos nossos pornógrafos contemporâneos e que eclipsam completamente as proezas dos nossos mais ousados guerreiros eróticos"[24]. A interseção entre o Movimento Nova Era e a revolução sexual na década de 1960 levou a um crescente interesse pelo tantrismo no Ocidente, acompanhado de numerosos manuais de "como fazer" que focalizaram suas práticas sexuais ritualizadas – muitas vezes, no processo, passou-se por alto que no tantrismo essas práticas não visavam a liberação da sexualidade, mas a libertação do ciclo de renascimentos.

Jung especificou sua compreensão psicológica da ioga tântrica da seguinte maneira:

> A filosofia indiana, concretamente, é a interpretação dada à condição precisa do não-eu, que afeta nossa psicologia pessoal, por mais independente que ela permaneça de nós. Para ela a meta do desenvolvimento humano consiste em realizar uma aproximação e conexão entre a natureza específica do não-eu e do eu consciente. Além disso o Tantra-ioga fornece uma representação da condição e das fa-

---

24. NEEDLEMAN, Jacob. "Tibet in America". In: NEEDLEMAN. *The New Religions*. Londres, 1972, p. 177.

ses de desenvolvimento desta impessoalidade, enquanto ela mesma, à sua própria maneira, produz a luz de uma consciência suprapessoal mais elevada[25].

Num tempo em que a psicologia se caracterizava pelo reinado do behaviorismo, pela epistemologia experimental positivista e pelo crescente predomínio da psicanálise, e quando as fases de desenvolvimento mal e mal podiam ser associadas a qualquer coisa que não fosse o que estava se tornando o alfa e ômega do estudo da personalidade – a criança –, a ioga kundalini apresentava a Jung um modelo de algo que estava quase totalmente ausente da psicologia ocidental – um relato das fases de desenvolvimento da consciência superior.

Na ioga kundalini o corpo é apresentado como consistindo numa série de chacras: *mûlâdhâra, svâdhisthâna, manipûra, anâhata, vishudhha, âjñâ* e *sahasrâra*. Eles estão localizados em diversas partes do corpo e ligados por canais (*nâdîs*), dos quais os mais importantes são a *idâ*, a *pingalâ* e a *sushumnâ*. A maioria dos comentaristas concorda que os chacras e as *nâdîs* não são projetados como descrições fisiológicas do corpo no sentido ocidental contemporâneo, mas representam um corpo sutil ou místico. Feuerstein as descreve como "versão idealizada da estrutura do corpo sutil, destinadas a orientar a visualização e a contemplação do iogue"[26].

---

25. Resumo da preleção de Jung "Indische Parallelen" (Paralelos indianos), dada no dia 7 de outubro de 1931, em *Bericht über das Deutsche Seminar von Dr. C.G. Jung, 5-10. Oktober in Küsnacht-Zürich*. Ed. por Olga von Koenig--Fachsenfeld. Stuttgart, 1932, p. 66-67. Sobre a relação desta preleção com a preleção do mesmo título no apêndice deste volume, cf. p. 46.

26. FEUERSTEIN. *Yoga: The Technology of Ecstasy*. Wellingborough, 1990, p. 258.

As preleções de Jung se ocupam pincipalmente em providenciar uma interpretação psicológica moderna dos chacras. Narendra Nath Bhattacharyya afirmou que entendemos melhor os chacras se consideramos seus diferentes componentes como constituídos por um processo de estratificação histórica:

> De um ponto de vista histórico isso pode sugerir que os *padmas* ou *chacras* foram concebidos originalmente em termos da anatomia humana para fins de estudo fisiológico. [...] Numa etapa subsequente, em conformidade com a ideia tântrica de que o corpo humano é o microcosmo do universo, foram conectados com estes *chacras* objetos materiais, como o sol, a lua, as montanhas, os rios etc. Cada *chacra* era novamente entendido como representando os elementos toscos e os elementos sutis, [...] totalmente de acordo com a ideia tântrica de que as divindades residem no corpo humano e que o aspirante precisa sentir a divindade em seu próprio corpo. Estes *chacras* chegaram a ser concebidos como a morada do princípio masculino e do princípio feminino, simbolizados pelos órgãos masculinos e pelos órgãos femininos. [...] As divindades que presidem os *chacras* eram originalmente deusas tântricas. [...] Foi enxertada também a teoria das letras ou do alfabeto simbolizando diferentes *tattvas* e desta maneira topamos com o funcionamento de um processo muito elaborado e complexo que os *chacras* supostamente representam em sua capacidade qualitativamente transformada[27].

---

27. BHATTACHARYYA. *History of the Tantric Religion*, p. 324-325.

A Kundalini é representada na forma de uma serpente enrolada na espinha dorsal, que está dormindo no *mûlâdhâra*, o chacra inferior. Feuerstein definiu a Kundalini como "uma manifestação microcósmica da Energia primordial ou Shakti. Ela é o Poder Universal na medida em que está conectada com o corpo-mente finito"[28]. O objetivo consiste em despertar a Kundalini mediante práticas rituais e possibilitar sua ascensão à *nâdî sushumnâ* através do sistema de chacras. Quando ela atinge o chacra mais elevado ocorre a ditosa união entre Shiva e Shakti. Isso leva a uma transformação ampla de personalidade[29].

O encontro de Jung com a ioga

Em *Memórias, sonhos, reflexões*, Jung contou como, durante seu "confronto com o inconsciente" no tempo da Primeira Guerra Mundial, "sentia-me muitas vezes de tal forma agitado que recorri a exercícios de ioga para desligar-me das emoções. Mas, como o meu intuito era aprender o que se passava em mim, só me entregava a tais exercícios até recobrar a calma e poder retomar o trabalho com o inconsciente"[30].

---

28. FEUERSTEIN. *Yoga: The Technology of Ecstasy*, p. 264.

29. Para um fascinante relato em primeira mão sobre o despertar da Kundalini, acompanhado de um lúcido comentário psicológico, cf. KRISHNA, Gopi. *Kundalini: The Evolutionary Energy in Man*, com um comentário psicológico de James Hillman. Londres, 1970. Para um guia abrangente para a prática da ioga kundalini, cf. SARASWATI, Swami Satyananda. *Kundalini Tantra*. Bihar, 1993.

30. JUNG. *MSR*, p. 183; tradução modificada. Não se sabe quais práticas específicas Jung utilizou. No entanto, Fowler McCormick, lembrando uma entrevista analítica com Jung em 1937, falou que Jung recomendava um procedimento não sem semelhanças com a *shavâsana asana* da Hatha-ioga: "O Dr. Jung disse que, em períodos de grande estresse, a única coisa útil era deitar-se de costas num sofá ou numa cama e permanecer ali quieto e respirar tran-

Na última preleção de Hauer em inglês (cf. apêndice 3) Jung relatou como seu interesse pela Kundalini foi despertado através de um encontro com uma mulher europeia criada no Oriente, que apresentou sonhos e fantasias que ele não conseguiu entender até topar com *The Serpent power*[31] de Sir John Woodroffe, que consistia em traduções do *Shat-chakra-nirûpana* e do *Pâdukâ-pañcaka*, junto com extensos comentários[32].

Woodroffe foi responsável primeiramente por tornar os textos tântricos conhecidos no Ocidente através de suas traduções e comentários[33]. Ele afirmou: "O mundo inteiro (falo, evidentemente, dos interessados nestes

---

quilamente com a sensação de que [...] o vento da perturbação soprava sobre alguém". Entrevista de McCormick, Jung Oral History Archive, Countway Library of Medicine, Harvard Medical School, p. 17.

31. AVALON, Arthur (pseud. Sir John Woodroffe). *The Serpent Power*. Londres, 1919. O exemplar na livraria de Jung é a primeira edição e contém muitas anotações marginais. Woodroffe nasceu em 1863. Estudou em Oxford e tornou-se advogado. Foi um advogado no tribunal superior de justiça de Calcutá e membro e professor de direto na cátedra Tagore da Universidade de Calcutá. De 1904 a 1922 pertenceu ao conselho permanente do Governo da Índia e foi juiz subalterno da suprema corte de Calcutá. Foi nomeado cavaleiro em 1915 e retornou para tornar-se lente de direito indiano em Oxford de 1923 a 1930. Morreu em 1936 (Extraído de *Who Was Who, 1919-1940* [Londres, 1941], p. 1485). Não surgiu nenhuma evidência de que tivesse tido qualquer contato direto com Jung.

32. O *Shat-chakra-nirûpana* (Descrição dos seis centros) era o sexto capítulo do *Sri-tattva-cintâmanî* de Purpanânda-Svâmi, composto em 1557.

33. Heinrich Zimmer lembrou: "Os valores da tradição hindu me foram revelados através do enorme trabalho de uma vida de Sir John Woodroffe, dito Arthur Avalon, um pioneiro e autor clássico de estudos indianos, insuperável, que pela primeira vez, mediante muitas publicações e livros, tornou acessível o extenso e complexo tesouro da tradição hindu posterior: os Tantras, um período tão grande e rico como os Vedas, a Epopeia, os Puranâs etc.; a última cristalização da sabedoria indiana, o indispensável elo de encerramento de uma cadeia, que fornece chaves para inúmeros problemas na história do budismo e do hinduísmo, na mitologia e no simbolismo". "Some Biographical Remarks about Henry R. Zimmer". *Artistic Form and Yoga in the Sacred Images of India*. Trad. por G. Chapple e J. Lawson. Princeton, 1984, p. 254.

temas) está começando a falar da Kundalini Shakti"[34]. Isto se deveu em grande parte ao seu tratamento simpático de um tema que havia sido tratado com escárnio. Ele descreveu sua intenção da seguinte maneira: "Nós, que somos estrangeiros, precisamos colocar-nos na pele dos hindus e olhar sua doutrina e seus rituais com os olhos deles e não com os nossos"[35].

Jung afirmou que o simbolismo da ioga kundalini sugeria que a bizarra sintomatologia que os pacientes às vezes apresentavam resultava realmente do despertar da Kundalini. Ele argumentou que o conhecimento desse simbolismo possibilitava muito daquilo que de resto seria considerado como subprodutos insignificantes de um processo doentio a ser entendido como processos simbólicos significativos e que explicava suas localizações físicas muitas vezes peculiares dos sintomas[36]. Com a hegemonia da abordagem bioquímica dos assim chamados distúrbios mentais e do surgimento de uma incessante sucessão de drogas "milagrosas" como o Prozac, a insistência de Jung no significado psicológico e simbólico desses estados é ainda mais oportuna hoje do que então. Como afirmou R.D. Laing a este respeito: "Foi Jung quem abriu caminho aqui, mas poucos o seguiram"[37].

---

34. Ibid., p. 639.

35. WOODROFFE, John. *Shakti and Shâkta: Essays and Addresses on the Shâkta Tantrashâstra*. 3. ed. Londres, 1929, p. x. Jung tinha um exemplar deste livro em sua biblioteca.

36. Sobre a relação da ioga kundalini com a questão da localização da consciência, cf. MEIER, C.A. *The Psychology of Jung* – Vol. 3: *Consciousness*. Trad. por D. Roscoe. Boston, 1989, cap. 4: "The Localization of Consciousness", p. 47-64.

37. LAING, R.D. *The Politics of Experience and the Birds of Paradise*. Londres, 1985, p. 137. A concepção de Jung de que as chamadas experiências patoló-

Os escritos publicados por Jung especificamente sobre a religião indiana consistiam em dois ensaios, "A ioga e o Ocidente" (1936 – OC 11/5) e "Considerações em torno da psicologia da meditação oriental" (1948 – OC 11/5), junto com um prefácio à obra de H. Zimmer *Der Weg zum Selbst*, de 1944, editada por Jung ("O Santo Hindu (Introdução à obra de H. Zimmer: O caminho que leva ao si-mesmo" – OC 11/5)[38]. Sua obra mais extensa sobre esses temas foi apresentada em seus seminários – começando com os seminários "Paralelos ocidentais" em 1930 (cf. apêndice 1), 1931 e 1932 e os seminários sobre a Kundalini em 1932, e culminando em seus comentários sobre os *Yoga Sutras* do Patanjali, o *Amitâyur-Dhyâna-Sûtra* e o *Shrichakrasambhara* em 1938-1939 na Eidgenössische Technische Hochschule em Zurique[39].

---

gicas podem na verdade ser experiências não reconhecidas do despertar da Kundalini é confirmada e desenvolvida por SANNELLA, Lee. *The Kundalini Experience: Psychosis or Transcendence?* Lower Lake/CA, 1992.

38. JUNG. OC vol. 11/5. Além disso, uma entrevista de Jung com Shin'ichi Hisamatsu em 1958 foi publicada sob o título "Gespräch mit einem Zen-Meister" (Conversação om um mestre zen) e editada por Robert Hinshaw e Leila Fischli em *C.G. Jung im Gespräch: Interviews, Reden, Begegnungen*. Zurique, 1986.

39. *Modern Psychology* 3. Em 1933 Jung deu uma série de seminários em Berlim sobre o tema da análise dos sonhos, nos quais o contraste entre o pensamento oriental e o pensamento ocidental desempenhou certo papel, e nos quais Zimmer apresentou uma palestra sobre a psicologia da ioga (*Bericht über das Berliner Seminar von Dr. C.G. Jung vom 26. bis 1. Juli 1933* [Berlim, 1933]). Além disso, de 1933 a 1937, as conferências Eranos, nas quais Jung apresentou importantes estudos sobre os arquétipos, o processo de individuação e a alquimia, focalizaram o contraste entre o pensamento oriental e o pensamento ocidental: "Ioga e meditação no Oriente e no Ocidente" (1933), "Simbolismo e orientação espiritual no Oriente e no Ocidente" (1934 e 1935), "A formação da ideia de redenção no Oriente e no Ocidente" (1936 e 1937) e esses contrastes continuaram a desempenhar um importante papel nos anos seguintes. Anotações recentemente descobertas da fraseologia alemã original dos seminários de Jung na Eidgenössische Technische Hochschule estão sendo examinadas e um texto definitivo está sendo preparado para publicação.

Dado o formato, as afirmações de Jung neste seminário devem ser consideradas provisórias, como constituindo uma obra em andamento.

Em 1937 ele foi convidado pelo governo britânico a participar das comemorações do vigésimo quinto aniversário na Universidade de Calcutá no ano seguinte. Jung aproveitou a oportunidade para viajar pela Índia durante três meses, durante os quais recebeu doutorados *honoris causa* das Universidades de Allahabad, Benares e Calcutá[40]. Ao retornar, escreveu suas impressões em dois artigos: "A Índia – um mundo de sonhos" [OC 10/3] e "O que a Índia pode nos ensinar"[41]. Fowler McCormick, que acompanhou Jung em sua viagem, lembrou uma experiência de Jung que teve ressonâncias tântricas:

> Quando passávamos por templos de Kali, que eram numerosos em quase todas as cidades hindus, vimos as evidências de sacrifício de animais: os lugares eram imundos – sangue seco pelo chão e montes de restos de nozes--de-areca vermelhas em toda parte, de modo que a cor vermelha era associada à destrutividade. Simultaneamente em Calcutá Jung co-

---

40. O secretário-adjunto da Universidade Hindu de Benares escreveu a Henri Ellenberger a 28 de março de 1967 que "ao Professor C.G. Jung foi concedido o título de D. Litt (Doutor em Letras) *Honoris causa* a 20 de dezembro de 1937 por esta Universidade". O secretário da Universidade de Calcutá escreveu a Ellenberger a 10 de maio de 1967 que "o título de Doutor em Direito (*Honoris Causa*) foi conferido ao Dr. Charles Gustave Jung in absentia por esta Universidade numa Convocação especial realizada a 7 de janeiro de 1938. [...] O Dr. Jung não pôde estar presente à convocação devido a uma indisposição". Arquivos Ellenberger, Hospital Sainte-Anne, Paris.

41. JUNG. OC vol. 10/3 (1939). Outro relato do tempo que Jung passou na Índia encontra-se em *MSR*, p. 274-283. Frequentemente Jung relatou, em seus seminários e cartas, historietas de suas experiências ocorridas ali. Posteriormente manteve correspondências com muitos dos indivíduos que ali encontrou.

meçou a ter uma série de sonhos nos quais se destacava a cor vermelha. Pouco antes a disenteria acometeu Dr. Jung e eu precisei levá-lo ao hospital inglês de Calcutá. [...] Um efeito mais duradouro desta impressão da destrutividade de Kali foi o fundamento emocional que ela lhe deu para a convicção de que o mal não era uma coisa negativa, mas uma coisa positiva. [...] No meu entender, a influência dessa experiência na Índia foi muito grande sobre Jung em seus anos posteriores[42].

Em "A ioga e o Ocidente" Jung delimitou seu resumo sucintamente da seguinte maneira:

> Silencio o significado que a ioga tem na Índia, pois não me sinto autorizado a emitir um juízo a respeito de algo que não conheço por experiência própria. Mas posso dizer alguma coisa sobre aquilo que ela significa para o Ocidente. A ausência de método entre nós raia pela anarquia psíquica. Por isso, qualquer prática religiosa ou filosófica significa uma espécie de *disciplinamento psicológico* e, consequentemente, também *um método de higiene psíquico*[43].

Assim o interesse de Jung, ao contrário do interesse de Dasgupta, era com a ioga não enquanto "filosofia e religião", mas enquanto psicologia. Por isso, sua definição

---

42. Entrevista de Fowler McCormick, Jung Oral History Archive, Countway Library of Medicine, Harvard Medical School, Boston, p. 25-26.

43. JUNG. "A ioga e o Ocidente". OC 11/5, § 866; tradução modificada. Após sua viagem pela Índia, porém, Jung tornou-se menos circunspecto a este respeito: "A ioga tântrica tem certa má fama na Índia; ela é criticada por estar conectada com o corpo, especialmente com o sexo" (*Modern Psychology* 3, p. 42); e: "Hoje, na Índia, a ioga é considerada principalmente um assunto de negócios e uma desgraça para nós quando alcança a Europa" (Ibid., p. 69).

da ioga era uma definição psicológica: "Originariamente, a ioga era um processo natural de introversão [...]. Tais introversões provocam processos internos característicos que alteram a personalidade. Estas introversões foram-se organizando paulatinamente em métodos, no curso de diversos milênios, e isso das maneiras mais variadas possíveis"[44]. A preocupação de Jung não era primariamente com os métodos canônicos e organizados e as doutrinas da ioga, mas com os supostos processos naturais de introversão que originariamente subjazem a eles. Esta perspectiva legitimou as liberdades que ele assumiu em relação aos primeiros no seminário que segue. Na visão de Jung, os processos internos suscitados pela ioga eram universais e os métodos particulares para alcançá-los eram culturalmente específicos[45]. Para Jung a ioga representava um rico armazém de descrições simbólicas da experiência interior e dos processos de individuação em particular. Ele afirmou que "foram trazidos à luz importantes paralelos com a ioga [e com a psicologia analítica], especialmente com a ioga kundalini e com a simbólica tanto da ioga tântrica do lamaísmo quanto da ioga taoista

---

44. JUNG. "A ioga e o Ocidente". OC 11/5, § 873; tradução modificada.

45. Ao ler o relato de Gopi Krishna sobre suas experiências, o analista junguiano John Layard observou que suas descrições do despertar da Kundalini "correspondem tão acuradamente àquilo a que me referi como minhas 'experiências de simulação', com ruídos & sensações semelhantes, que eram realmente aterradoras & misturadas também com sensações altamente místicas e também evidentemente psicossexuais, que estou me perguntando se algo semelhante pode ter acontecido comigo – o resultado diabólico de uma experiência quase divina. Nós no Ocidente somos tão carentes da verdadeira religiosidade que não entendemos o sentido das coisas & recebemos coisas boas tão embaralhadas com coisas más que perdemos a pureza da sujeira divina" (John Layard a Anthony Stadlen, 17 de outubro de 1968; posse pessoal de Anthony Stadlen).

da China. Estas formas de ioga e seu rico simbolismo nos forneceram materiais comparativos preciosíssimos para a interpretação do inconsciente coletivo"[46]. A meta de Jung consistia em desenvolver uma psicologia comparativa intercultural da experiência interior. Por isso, ele se preocupava em estabelecer a diferença entre sua abordagem e as compreensões orientais autóctones, como estão representadas nos esforços missionários do movimento Ramakrishna e em defensores como Romain Rolland[47], a apropriação ocidental das doutrinas orientais, como a feita pelos teosofistas, a abordagem histórico-existencial de Hauer e a valorização espiritual de pensamento oriental pela Escola da Sabedoria de Keyserling e, em contrapartida, demonstrar a especificidade de um ponto de vista psicológico.

Em todos os seus escritos sobre o pensamento oriental, embora tenha promovido e endossado o estudo deles, Jung advertiu contra sua prática pelos ocidentais: "Existem muitos tipos diferentes de ioga e os europeus foram muitas vezes hipnotizados por ela, mas ela é essencialmente oriental; nenhum europeu tem a paciência necessária e ela não é correta para ele. [...] Quanto mais estudamos a ioga, tanto mais percebemos como ela está distante de nós; um europeu pode apenas imitá-la e o que ele adquire com isto não tem nenhum interesse real"[48]. Para Jung o perigo era o de loucura mimética: "O euro-

---

[46]. JUNG. "A ioga e o Ocidente". OC 11/5, § 875; tradução modificada.

[47]. ROLLAND, Romain. *Prophets of the New India*. Trad. por Malcolm Smith. Londres, 1930.

[48]. JUNG. *Modern Psychology* 3, p. 17.

peu que pratica a ioga não sabe o que está fazendo. Ela tem um efeito ruim sobre ele; mais cedo ou mais tarde ele fica com medo e às vezes ela o leva até à beira da loucura"[49]. Isto o levou a concluir que "com o perpassar dos séculos o Ocidente irá formando sua própria ioga, e isto se fará sobre a base criada pelo cristianismo"[50].

Com a proliferação da ioga e das práticas meditativas no Ocidente, estas afirmações tornaram-se objeto de muita crítica. No entanto, essas advertências se encontram frequentemente nas obras de autores contemporâneos de Jung que escreveram sobre a ioga, tanto no Oriente quanto no Ocidente. Assim Dasgupta escreve:

> Se alguém deseja seguir metodicamente um curso que pode levá-lo em última instância à meta visada pela ioga, ele precisa dedicar a ela toda a sua vida sob a orientação prática estrita de um mestre avançado. A presente obra não pode ser considerada em nenhum sentido um guia prático para esses objetivos. [...] As doutrinas filosóficas, psicológicas, cosmológicas, éticas e religiosas [...] são extremamente interessantes em si mesmas e têm um lugar definitivamente assegurado na história do progresso do pensamento humano[51].

Da mesma forma Eliade escreveu:

> Não temos nenhuma intenção de convidar os estudiosos ocidentais a praticar a ioga (que, a propósito, não é tão fácil como alguns amadores desejam sugerir) ou de propor que as

---

49. Ibid., p. 71.

50. JUNG. "A ioga e o Ocidente". OC 11/5, § 876.

51. DASGUPTA. *Yoga as Philosophy and Religion*, p. vii.

várias disciplinas ocidentais pratiquem os métodosióguicos ou adotem a ideologia ióguica. Um outro ponto de vista nos parece muito mais fértil – estudar, o mais atentamente possível, os resultados obtidos por esses meios de analisar a psique[52].

Também Keyserling foi crítico da adoção das práticas de ioga no Ocidente:

> É muito significativo que os exercícios indianos de respiração, popularizados por Swami Vivekânanda em suas preleções na América, não ajudaram nenhum americano a atingir uma condição superior; mas, por outro lado, relata-se que levaram muito mais pessoas a hospitais e manicômios. [...] Não foi provado, mesmo tratando-se dos exercícios mais inofensivos, [...] que sejam apropriados ao organismo dos europeus[53].

A conclusão de Jung de que algo semelhante à ioga surgiria com base no cristianismo era também próxima da visão de Keyserling sobre a base cristã da psicologia ocidental:

> Os conceitos indianos são alheios a nós ocidentais; a maioria das pessoas é incapaz – são justamente os teosofistas que o provam – de

---

52. ELIADE. *Immortality and Freedom*, p. xvii.

53. KEYSERLING. *The Travel Diary of a Philosopher*, p. 276. O discurso de Swami Vivekânanda no Congresso Mundial de Religiões em Chicago em 1893 causou grande impacto e, junto com suas preleções subsequentes, ajudou muito a promover o interesse pelo pensamento indiano. Suas preleções foram publicadas como *Yoga Philosophy: Lectures Delivered in New York, Winter of 1895-96 by Swâmi Vivekânanda on Râja yoga, or Conquering the Internal Nature*. 5. ed. Nova York, 1899. Cf. tb. TAYLOR, Eugene. "Swami Vivekânanda and William James". *Prabuddha Bharata* 91 (1986), p. 374-385. Jung tinha exemplares de diversas obras de Vivekânanda em sua biblioteca.

adquirir uma relação interior com eles. Além disso, somos todos psicologicamente cristãos, quer nossa consciência o reconheça ou não. Por isso, toda doutrina que continua no espírito cristão tem uma chance melhor de impor-se em nosso ser mais íntimo do que a mais profunda doutrina de origem estrangeira[54].

Wilhelm Hauer[55]

Wilhelm Hauer nasceu em Württemberg em 1881, seis anos depois de Jung. Teve uma formação teológica protestante e foi enviado para a Índia em 1906 pela Missão de Basileia. Assim como Richard Wilhelm, Hauer ficou mais impressionado com a espiritualidade que encontrou do que com aquela que trouxera consigo. Ele lembrou mais tarde:

> Minha experiência de cinco anos na Índia ampliou e aprofundou minhas visões religiosas de uma maneira que eu nunca havia esperado. Fui para a Índia como um missionário no sentido usual, mas voltei da Índia como um missionário num sentido diferente. Aprendi que só temos o direito de afirmar, de testemunhar aquilo que está em nós, e não devemos esperar que os outros se convertam ao nosso ponto de vista, muito menos tentar convertê-los[56].

---

54. Ibid., p. 165.

55. A informação relativa a Hauer foi extraída de suas obras e da abrangente biografia feita por Margarete Dierks (que inclui uma bibliografia completa dos escritos de Hauer). *Jakob Wilhelm Hauer, 1881-1962*. Heidelberg, 1986.

56. *The World's Religions Against War – The Proceedings of the Preliminary Conference Held at Geneva, September 1928, to Make Arrangements for a Universal Religious Peace Conference*. Nova York, 1928, p. 60.

Junto com seu pastorado, Hauer realizou estudos de religião comparativa. Isto incluiu uma temporada na Universidade de Oxford. Em 1921 ele a abandonou para assumir um posto de conferencista universitário em Tübingen. Em 1927 tornou-se professor de Estudos Indianos e Religião Comparada e publicou muita coisa sobre estes temas. Foi a palestra de Hauer "Der Yoga im Lichte der Psychotherapie" (A ioga à luz da psicoterapia) que chamou a atenção de Jung. Hauer começou afirmando:

> Sei talvez o suficiente sobre a ioga para reconhecer que ela, vista como um todo, é um paralelo impressionante com a psicoterapia ocidental (embora haja aqui diferenças fundamentais), mas – isto percebi logo – não tenho o conhecimento detalhado e, sobretudo, o experimento crucial para comparar as partes individuais da ioga com as diferentes orientações da psicoterapia ocidental com seus métodos especiais[57].

No restante de sua palestra ele apresentou um relato factual da ioga e deixou para os ouvintes a comparação entre as duas. Hauer apresentou-se como um indólogo que buscava terapeutas com os quais pudesse manter um diálogo a respeito das semelhanças e diferenças entre ioga e psicoterapia. Foi Jung quem aceitou o convite.

As opiniões a respeito de Hauer variam consideravelmente entre os estudiosos. Zimmer lembrou:

> Meu contato pessoal com Jung começou em 1932. Nesse tempo, outro indólogo, sumamente inconfiável tanto como estudioso quanto também como personalidade, mas dotado de

---

57. HAUER. "Der Yoga im Lichte der Psychotherapie", p. 1.

uma vitalidade errática demoníaca constituída por resistências primitivas e ambições, atraiu a atenção dos médicos-psiquiatras-psicólogos para o tema da ioga. Agora, após sua longa colaboração com Richard Wilhelm sobre a sabedoria chinesa, Jung estava pronto para assumir material semelhante dos estudiosos indianos. Hauer deu um seminário [sic] sobre a ioga kundalini em Zurique e eu me apresentei a esse fórum com uma preleção sobre os tipos de ioga na tradição indiana, na primavera de 1932[58].

Em contrapartida, Feuerstein afirmou que "J.W. Hauer, [...] ao qual devemos grande parte do estudo da ioga e da Samkhya [...], não só possuía um rico conhecimento do pensamento indiano, mas estava muito familiarizado também com a cultura ocidental. [...] O tema central de todas as suas obras é o homem enquanto ser religioso e o próprio Hauer era um sincero buscador de Deus e místico"[59]. C.A. Meier descreveu Hauer como um "cientista alemão tipicamente enxuto", "um excelente conhecedor do sânscrito" e um "muito bom camarada"[60].

A gênese dos seminários sobre a Kundalini
De acordo com Barbara Hannah:

> Foi no outono de 1932 que o indólogo J.W. Hauer, então professor desta matéria em

---

58. ZIMMER. "Some Biographical Remarks about Henry R. Zimmer". In: *Artistic Form and Yoga in the Sacred Images of India*, p. 139-260. A preleção de Zimmer "Einige Aspekte des Yoga" (Alguns aspectos da ioga) ocorreu a 18 de junho de 1932 e precedeu os seminários sobre a Kundalini.

59. FEUERSTEIN. "The Essence of Yoga". In: *A Reappraisal of Yoga: Essays in Indian Philosophy*. Ed. por G. Feuerstein e J. Miller. Londres, 1971, p. 6.

60. Entrevista com o editor, 30 de junho de 1994.

Tübingen, veio a Zurique para nos dar um seminário sobre a ioga kundalini. Foi um paralelo sensacionalmente interessante com o processo de individuação; mas, como sempre acontece quando um filósofo indiano consumado é posto diante de uma plateia europeia, nós ficamos completamente desconcertados e confusos. Estávamos acostumados a ver o inconsciente levando-nos muito gradualmente a este processo, cada sonho revelando um pouco mais do processo; mas o Oriente trabalhou nestas técnicas de meditação por muitos séculos e, por isso, reuniu muito mais símbolos do que éramos capazes de digerir. Além disso, para nós o Oriente está demasiadamente acima da realidade cotidiana, visando o Nirvana em vez da nossa atual vida tridimensional. Jung confrontou-se com um grupo muito desorientado que havia apreciado grandemente a brilhante exposição de Hauer sobre a ioga kundalini, mas era incapaz de digeri-la. Por isso, quando isto terminou, Jung dedicou as três primeiras preleções de seu seminário em inglês a um comentário psicológico sobre as preleções de Hauer, o que nos trouxe a todos – mais enriquecidos pelas experiências – de volta a nós mesmos[61].

Hannah dá a impressão de que o seminário de Jung foi uma improvisação espontânea para aconselhar terapeuticamente seus ouvintes desorientados. Esse relato foi seguido acriticamente por comentaristas subsequen-

---

61. HANNAH, Barbara. *Jung: His Life and Work: Biographical Memoir*. Nova York/Londres, 1976, p. 206. Para um pano de fundo geral dos seminários de Jung, cf. a introdução de William McGuire a *Dreams Analysis: Notes of the Seminar Given in 1928-1930 by C.G. Jung* (Bollingen Series XCIX). Princeton, 1984.

tes[62]. Em contrapartida, Meier, que também esteve presente, afirmou que, enquanto Hannah achou os seminários de Hauer confusos, ele os achou perfeitamente claros e acrescentou que não houve nenhuma confusão geral[63]. Afirmou também que desde o início o comentário psicológico de Jung fazia parte de uma colaboração planejada. Hauer, enquanto especialista, devia apresentar um relato filológico e histórico erudito para proporcionar o apoio fundamental à interpretação psicológica de Jung[64].

Uma evidência posterior de que o seminário de Jung não foi de modo algum simplesmente uma improvisação espontânea é fornecida pelo fato de que, tanto em 1930 como em 1931, ele deu preleções sobre a ioga kundalini e o simbolismo dos chacras[65]. A primeira delas parece ter sido a primeira apresentação pública de Jung sobre o tema (cf. apêndice 1). Como a segunda reduplica amplamente a primeira, ela não foi incluída neste volume.

---

62. COWARD, Harold. *Jung and Eastern Thought* (com contribuições de J. Borelli, J. Jordens e J. Henderson). Delhi, 1991 (as citações se referem à edição indiana), p. 110-111; CLARKE, John. *Jung and Eastern Thought: A Dialogue with the Orient*. Londres, 1994, p. 110.

63. Meier, Entrevista com o editor. Sobre a confusão de Hannah cf. apêndice 3, p. 228.

64. Meier, Entrevista com o editor.

65. A 11 de outubro de 1930, a preleção de Jung foi sobre paralelos indianos (cf. apêndice 1). A 7 de outubro de 1931 Jung deu uma preleção (também em alemão) que abrangia o mesmo assunto, com o mesmo título: cf. *Bericht über das Deutsche Seminar von Dr. C.G. Jung, 5-10. Oktober in Küsnacht-Zürich*, p. 66-73. Sobre este evento, Emma Jung escreveu a Oskar Schmitz a 12 de outubro: "O seminário teve novamente boa participação – ficamos muito surpresos que, apesar dos tempos críticos, vieram tantos participantes também da Alemanha. Foram tratados novamente quadros e fantasias de várias pacientes, mas que continham todos o simbolismo da 'Kundalini'" ("C.G. Jung: Letters to Oskar Schmitz, 1921-1931", p. 94-95).

Existe também uma série de manuscritos não datados de Jung que mostram a cuidadosa preparação dele para seus seminários[66]. Jung dava preleções sobre o tema da ioga kundalini e apresentava interpretações simbólicas dos chacras antes de sua colaboração com Hauer, que lhe deu a oportunidade de ampliar em vez de iniciar sua obra sobre este tema.

A 13 de junho de 1931 Hauer deu uma preleção "Überblick über den Yoga" (Visão geral da ioga), no Clube Psicológico de Zurique. A correspondência de Jung com Hauer lança uma nova luz sobre o ativo papel organizacional que ele desempenhou nos seminários. A primeira referência que localizei, referente às preleções de Hauer, é a carta de Emma Jung a Schmitz de 12 de outubro de 1931, na qual ela escreveu: "Estou agora mesmo me correspondendo com o Prof. Hauer a respeito de um seminário, também de uma semana de duração, que ele nos dará em Zurique. Ele sugere a segunda metade de março e como tema, penso eu, as práticas de ioga. Você

---

66. Os manuscritos seguintes são os manuscritos que, ao que parece, Jung utilizou diretamente para estes seminários: 1) um manuscrito de três páginas escrito à mão intitulado "Tantrism"; 2) um manuscrito de quatro páginas escrito à mão intitulado "Avalon Serpent", que consiste em referências e citações das p. 1-76 e 210-272 de *The Serpent Power* (1. ed.); 3) um manuscrito de três páginas escrito à mão intitulado "Chakras"; e 4) um manuscrito de duas páginas escrito à mão intitulado "Die Beschreibung der beiden Centren Shat-chakra Nirupana (A descrição dos dois centros Shat-chakra Nirupana)" – este manuscrito parece incompleto, já que termina na metade da descrição do chacra *anâhata*. Os manuscritos 1 e 2 correspondem rigorosamente ao texto de "Indische Parallelen" (cf. apêndice 1), o que sugere que Jung os utilizou diretamente para elaborar a preleção. Além disso, existe um manuscrito de duas páginas intitulado "Tantr. Texts. VII Shrichakrasambhara", que ele usou evidentemente na preparação de suas preleções na Eidgenössische Technische Hochschule sobre este texto (*Modern Psychology* 3), e um manuscrito de duas páginas intitulado "Prapanchasara Tantra", que consiste em referências e citações das p. 25-87 de *Artistic Form and Yoga* de Zimmer. O *Prapanchasâratantram* era o vol. 18 dos *Tantrik Texts* de Woodroffe. Calcutá, 1935, em *ETH*.

também estará presente?"[67] Na primeira carta localizada entre Hauer e Jung, Hauer agradeceu a Jung por enviar-lhe seu novo livro: "Estou certo de que extrairei dele vários subsídios para o próximo seminário. Frequentemente tenho a forte impressão de que para a psicoterapia como um todo o caminho está na direção que você aponta"[68]. Hauer mencionou seu próximo livro sobre a ioga[69] e escreveu:

> Eu gostaria de perguntar-lhe se (convencido de que a psicologia analítica de você e os elementos da ioga que podem ser tornados eficazes para o Ocidente estão profundamente interligados) posso dedicar a você meu livro[70]. Se você quiser, enviar-lhe-ei as folhas impressas para inspeção logo que eu as receber. Espero que o livro seja impresso pelo menos por ocasião de meu seminário em Zurique. [...] Em relação ao meu seminário, eu gostaria de expressar mais uma vez o desejo de que ele possa ocorrer, se possível, entre 15 e 30 de

---

67. Emma Jung a Schmitz, 29 de outubro de 1931, "C.G. Jung: Letters to Oskar Schmitz", p. 95. Schmitz morreu mais tarde nesse ano, e por isso não pôde responder. Jung escreveu um prefácio ao conto da lontra, de Schmitz, em sua obra *Märchen aus dem Unbewussten* (Contos do inconsciente) (Munique, 1932), que tomou a forma de um memorial a Schmitz. Cf. OC vol. 18/2, § 1716-1722.

68. Hauer a Jung, 20 de novembro de 1931, ETH. A obra em questão era totalmente semelhante à coleção de ensaios de Jung *Seelenprobleme der Gegenwart* (Problemas psíquicos da atualidade). Zurique, 1931.

69. HAUER, J.W. *Der Yoga als Heilweg* (Yoga como caminho de salvação). Stuttgart, 1932.

70. O livro de Hauer *Der Yoga als Heilweg* trazia uma dedicatória a "C.G. Jung, o pesquisador de um novo caminho para a humanidade". Exemplares desta obra, junto com a obra de Hauer *Die Bhagavadgita in neuer Sicht mit Uebersetzungen* (O Bhavadadgita numa nova luz, com traduções) (Stuttgart, 1934), estão na biblioteca de Jung, trazendo dedicatórias pessoais a Jung. Nenhum deles contém anotações marginais.

abril, já que até lá posso entregar o cargo de decano da faculdade de filosofia[71].

Jung respondeu que a novidade de que Hauer desejava dedicar-lhe seu livro era uma feliz surpresa e que: "Tenho consciência da profunda congenialidade entre minha visão e a ioga"[72]. Em relação ao tempo do seminário ele acrescentou: "Estou disposto a marcar seu seminário para a primavera, se for possível assegurar a presença do público necessário por volta dessa data. Mas, se não for o caso, precisaremos organizá-lo para o outono"[73]. Parece que não foi possível assegurar a presença do público necessário, porque subsequentemente Jung escreveu a Hauer: "A propósito, o que você acha da proposta de realizar o seminário planejado no outono? Seria muito bom se pudesse ser organizado. O interesse por ele é muito grande aqui. Serei muito grato se você puder informar-me logo sobre qual data seria conveniente para você. Para nós o início de outubro seria muito apropriado"[74]. Hauer respondeu: "Farei com prazer os seminários no outono. O começo de outubro seria bom para mim"[75]. Alguns meses mais tarde, Jung escreveu a Hauer:

> Depois da nossa recente discussão no Clube sobre seu seminário no outono, dirijo-me a você pedindo polidamente que dê sua opinião sobre nossa proposta: à luz da atual con-

---

71. Hauer a Jung, 20 de novembro de 1931, em *ETH*.

72. Jung a Hauer, 30 de novembro de 1931, Ibid.

73. Ibid.

74. Jung a Hauer, 1º de março de 1932, Ibid.

75. Hauer a Jung, 22 de março de 1932, Ibid.

juntura econômica a organização de um seminário não é muito fácil. O Clube Psicológico está disposto neste caso a assumir a organização e, sobretudo, a pôr gratuitamente o salão à sua disposição. Nosso salão de preleções acomoda 60 cadeiras. Na reunião foi considerado de modo geral que seria desejável que o preço das matrículas não ultrapasse 20 Fr. por pessoa. Foi enfatizado igualmente que não seria desejável um curso cuja duração passe de uma semana (6 preleções). Neste caso, uma semana de seminário lotado lhe renderia uma remuneração de 12.000 Fr.[76] Quanto ao método, eu proporia pelo menos uma hora de preleção e entre uma hora e uma hora e meia de respostas a perguntas e discussão.

De acordo com as instruções, eu gostaria de pedir-lhe que nos dê sua opinião a respeito desta proposta, a fim de que o Clube tenha uma base definitiva pata a organização do seminário.

Quanto às preleções em inglês, a serem feitas em paralelo com as preleções em alemão, ainda não posso fornecer-lhe nada de definitivo. A crise econômica americana, como você deve saber, se fez sentir aqui no sentido de que o número de visitantes tem sido consideravelmente reduzido. Por tudo isso, não me seria impossível reunir uma plateia inglesa para você. No entanto, devo aconselhá-lo, não em último lugar para poupar tempo e esforço, a

---

76. Esta cifra devia provavelmente ser "1.200 Fr." A lista de membros do Clube Psicológico para 1933 contém sessenta membros e vinte e oito convidados, dos quais cerca de uma dúzia parecia residir fora da Suíça. O Professor Tadeus Reichstein, que frequentou os seminários, lembrou que havia uma remuneração tanto para o seminário de Hauer quanto para o de Jung (entrevista com o editor, 23 de novembro de 1994).

proporcionar aos ingleses apenas uma hora de preleção cada vez. No seminário em alemão, eu ajudarei no que se refere ao aspecto psicológico[77].

Disto parece que Hauer devia receber o montante recolhido com as taxas de inscrição. Isto mostra também que a participação nos seminários de Jung em língua inglesa havia despencado por causa da crise econômica americana e que o formato em duas línguas foi usado para maximizar as remunerações. Durante o verão Jung escreveu a Hauer:

> O boato a respeito de seu seminário já está causando agitação. Zimmer, em Heidelberg, me perguntou se ele poderia vir. Como o conheço pessoalmente, concordei. No entanto, Spiegelberg de Hellerau também me perguntou e usou o nome de você como referência. Outra informação que tenho sobre Spiegelberg não é animadora, e por isso eu gostaria de perguntar-lhe se você tem interesse por este Spiegelberg, que parece ser um intelectual judeu. Devo admitir que estou um pouco indeciso e que temo pela qualidade do ambiente. No entanto, desejo deixar a decisão inteiramente a seu critério, porque parece que você conhece Spiegelberg[78].

As preleções de Hauer tinham como título "Der Yoga, im besondern die Bedeutung des cakras" (Ioga, especialmente o sentido dos chacras) e ocorreram entre 3 e 8

---

77. Jung a Hauer, 10 de maio de 1932, em *ETH*.

78. Jung a Hauer, 23 de junho de 1932, Ibid. Friedrich (mais tarde Frederick) Spiegelberg, que escreveu uma resenha do *Yoga als Heilweg* de Hauer no *Deutsche Allgemeine Zeitung* 71 (1932), frequentou o seminário junto com sua mulher.

de outubro. Em 1930 Jung apresentou um seminário em alemão de 6 a 11 de outubro e igualmente em 1931 apresentou um seminário em alemão de 5 a 10 de outubro. Por isso, as preleções de Hauer seguiram o formato e o *timing* destas.

Seguindo o convite de Emma Jung, Hauer permaneceu na casa de Jung durante as preleções[79]. Meier afirmou que o seminário de Hauer em alemão ocorreu das 10h da manhã até o meio-dia, com uma pausa para o chá. Reichstein afirmou que entre trinta e quarenta pessoas participaram das preleções de Hauer e que entre quarenta e oitenta pessoas participaram do seminário de Jung, e que muitas vezes era difícil conseguir uma cadeira para o segundo. Ele lembrou que era difícil frequentar os seminários de Jung, porque muitos dos presentes queriam preservar um ambiente exclusivo e impedir que outros participassem. Por conseguinte, Reichstein (que ganhou o Prêmio Nobel em Química) dirigiu-se diretamente a Jung, que lhe deu permissão de participar[80]. Após cada preleção, Jung, Hauer e Toni Wolff almoçavam juntos[81]. A Sra. Hauer pintou cópias ampliadas das ilustrações dos chacras com base no *Serpent Power*, que foram usadas para as preleções[82].

---

79. Cartas de Emma Jung a Hauer, citadas em DIERKS. *Jakob Wilhelm Hauer, 1881-1962*, p. 283.

80. Reichstein, entrevista com o editor.

81. Meier, entrevista com o editor.

82. Meier as doou ao Instituto Jung quando este foi fundado e elas permanecem ali (entrevista com o editor). Jung as descreveu como "maravilhosas" (Jung à Sra. Hauer, 11 de janeiro de 1933, *ETH*).

As preleções de Hauer em alemão e em inglês abrangiam o mesmo assunto. As últimas eram versões abreviadas das primeiras. Em suas preleções em inglês ele omitiu sua própria tradução alemã do *Shat-chakra-nirûpana*, que ele apresentou em suas preleções em alemão.

Enquanto as preleções estavam em andamento, era suspenso o seminário de Jung sobre as visões. Jung apresentou também uma preleção ilustrada sinótica intitulada "Paralelos ocidentais aos símbolos tântricos" na tarde de 7 de outubro[83].

As preleções de Hauer

Hauer começou com um panorama histórico da ioga e uma explanação de sua abordagem global. Ele definiu a ioga da seguinte maneira: "Ioga significa captar a essência real, a estrutura interior de um tópico, em sua realidade viva enquanto substância dinâmica, e as leis desse tópico"[84]. Afirmou que a profundidade da ioga kundalini era o fato de ela ver a realidade como "uma polaridade equilibrada entre o poder da mulher e o poder do homem"[85]. Afirmou que a prática da ioga kundalini se desenvolvia da seguinte maneira: "Primeiramente capta-se a realidade, depois usa-se o símbolo para cristalizá-la na imaginação e, por fim, vem a prática real de meditar sobre os seis chacras"[86]. Ele defendeu a superioridade da

---

83. "Westliche Parallelen zu den tantrischen Symbolen". In: *Tantra Yoga*, p. 153-158.

84. HAUER. *HS*, p. 1.

85. Ibid., p. 8.

86. Ibid., p. 14.

ioga kundalini sobre a ioga clássica de Patanjali, na qual via uma tendência a libertar-se do deus no si-mesmo do homem, e sobre a Hatha-ioga, na qual via "uma tendência psicotécnica de afastar-se dos poderes centrais para chegar aos poderes mais psíquicos e até fisiológicos"[87]. Ele explicou esta tendência da seguinte maneira:

> A pessoa medita sobre o símbolo e se apropria de seus conteúdos em parte intelectualmente e em parte psiquicamente e desta forma chega a certo tipo de mudança psíquica; às vezes a pessoa pode chegar a uma camada na qual ocorrem desenvolvimentos radicais da alma. Mas não muitas vezes. O perigo para as pessoas que lidam com os chacras a partir de fora é que elas permaneçam na região destes processos psíquicos [...] e não ocorra a mudança real no mais íntimo do seu ser[88].

Para Hauer isto representava a principal dificuldade que se encontra ao buscar uma compreensão da ioga kundalini. Ele argumentou que a maneira de superar isto consistia em captá-la na base de sua própria experiência interior: "Só compreendo uma realidade interior na medida em que a tenho dentro de mim mesmo e sou capaz de considerar esta realidade que entrou em meu consciente a partir das profundezas do meu inconsciente; ou, se ela veio de fora, ela deve ter-se tornado absolutamente viva no meu próprio consciente"[89]. Por isso, ele afirma:

---

87. Ibid., p. 13. A distinção de Hauer entre estes dois tipos de ioga foi questionada por Zimmer, que afirmou que Hauer estava exagerando a diferença. Cf. p. 15-16.

88. Ibid., p. 14.

89. Ibid., p. 1-2.

"No início libertei-me em grande parte da maneira indiana de ver as coisas. Percebo que não atinjo o sentido interior se não as olho à minha própria maneira, a partir de meu próprio ponto de vista"[90]. As preleções restantes de Hauer se ocuparam com uma explicação da metafísica subjacente à ioga kundalini e ao simbolismo dos chacras.

Meier lembrou que o tom das preleções de Hauer em alemão era monótono e havia pouco tempo para diálogo a não ser nas pausas para o chá. Em contrapartida, os seminários de Jung eram animados[91]. Reichstein afirmou que Hauer era um fanático e não havia discussão real, porque ele estava "muito convencido de seus pontos de vista" e "só aceitava o que ele próprio dizia". Reichstein descreveu os seminários de Jung como "muito impressionantes" e observou que neles havia uma "possibilidade de discussão aberta"[92]. Spiegelberg lembrou que Jung fazia "muitas perguntas aos indólogos sobre as práticas indianas da ioga e [...] acerca da inter-relação entre esse sistema indiano e a psicologia ocidental como um todo. Penso que esse seminário ainda é a última palavra que algum dia foi dita sobre os significados mais profundos da prática da ioga"[93]. A notícia das preleções se espalhou. Pouco depois, Hans Trüb escreveu a Martin Buber: "Eu gostaria de falar-lhe do seminário de Hauer. De modo geral foi inspirador para mim como previsto. O 'purusha'-atman

---

90. Ibid., p. 19.

91. Meier, entrevista com o editor.

92. Reichstein, entrevista com o editor.

93. Entrevista com Frederick Spiegelberg, Jung Oral History Archive, Countway Library of Medicine, Harvard Medical School, Boston, p. 1-2.

foi para mim uma revelação nova e completa – sobretudo, o muito estranho caminho (a ioga kundalini) que se nos abre para chegar até ele"[94].

O método de Hauer parece ter influenciado o de Jung. Em seus seminários, Jung tentava levar os participantes a uma compreensão da ioga kundalini com base na própria experiência interior deles, ou seja, o processo da individuação. Consequentemente, a exposição da ioga kundalini apresentada aos participantes passava por três filtros – primeiro mediante os comentários e traduções de Woodroffe, em seguida mediante os de Hauer e finalmente mediante os de Jung. Não causa surpresa que os três estivessem muitas vezes em desacordo, tanto em sua terminologia quanto em sua compreensão dos processos envolvidos. Por isso, boa parte das perguntas do público questionava estas diferenças.

É importante observar que, para os participantes dos seminários de Jung, estes não eram simplesmente um curso de hermenêutica, mas produziam experiências particulares. Assim Reichstein recorda que, durante e após os seminários, teve sonhos que retratavam o movimento da serpente Kundalini e que "pelo menos alguns" outros tiveram experiências semelhantes[95].

Psicologia e ioga: problemas de comparação e colaboração

Pouco depois de suas preleções, Hauer escreveu a Jung: "A semana em Zurique me proporcionou muito es-

---

94. Hans Trüb a Martin Buber, 27 de novembro de 1932, Buber Archive, Universidade Hebraica de Jerusalém.

95. Reichstein, entrevista com o editor.

tímulo e talvez eu possa alimentar a esperança de que também as linhas de nossa cooperação se tenham reforçado um pouco"[96]. O sentimento parece ter sido recíproco, porque Jung respondeu: "Gostaria de prosseguir com a nossa colaboração de um modo especial" e o convidou a participar de uma revista interdisciplinar que Daniel Brody da Rhein Verlag lhe propusera[97].

No ano seguinte Hauer fundou o Movimento de Fé Germânica. Em sua obra *Deutsche Gottschau* (Visão alemã de Deus), Hauer proclamou o advento de uma religião especificamente germânica (ou indo-germânica) que iria libertar do espírito semita "estranho" do cristianismo. Hauer afirmou: "A nova fase do Movimento de Fé Germânica, que começou com o encontro em Eisenach em julho de 1933, deve ser entendida em estreita relação com o movimento nacional que levou à fundação de Terceiro Reich. Como este último, o Movimento de Fé Germânica é uma erupção a partir das profundezas biológicas e espirituais da nação alemã"[98]. Ele tentou sem sucesso que o Movimento fosse reconhecido como a religião oficial do nacional-socialismo.

Em 1935 Hauer contribuiu com um ensaio intitulado "Die indo-arische Lehre vom Selbste im Vergleich mit Kants Lehre vom intelligiblen Subject" (A doutrina indo-ariana do si-mesmo em comparação com a doutrina de

---

96. Hauer a Jung, 11 de novembro de 1932, em *ETH*.

97. Jung a Hauer, 14 de novembro de 1932. C.G. JUNG. Cartas vol. 1, p. 118. O projeto nunca se materializou. Brody foi o editor das atas das conferências Eranos, os *Eranos Jahrbücher*.

98. HAUER. "Origin of the German Faith Movement". In: HAUER, J.W.; HEIM, K. & ADAM, K. *Germany's New Religion: The German Faith Movement*. Trad. por T. Scott-Craig e R. Davies. Londres, 1937, p. 29-30.

Kant sobre o sujeito inteligível) para o volume da Festschrift pelo sexagésimo aniversário de Jung[99].

Em seu ensaio "Wotan" de 1936 Jung tomou Hauer e o Movimento de Fé Germânica como modelos de sua tese de que os acontecimentos políticos na Alemanha podiam ser explicados psicologicamente como provenientes da atividade renovada do antigo deus germânico Wotan[100].

Em 1938 Hauer deu novamente uma série de preleções no Clube Psicológico de Zurique entre 7 e 12 de março, sobre "Der Quellgrund des Glaubens und die religiöse Gestaltwerdung" (A fonte fundamental da fé e o desenvolvimento das formas religiosas). Meier lembrou que Hauer lecionou sobre "o significado simbólico do estandarte (suástica), que encontrou forte crítica e oposição"[101]. Suas visões divergentes sobre a situação religioso-política na Alemanha levaram a uma ruptura entre Hauer e Jung e seu círculo[102]. Em relação à conduta de Hauer neste período, Mircea Eliade lembrou: "Ouvi Scholem dizer que Hauer ainda era um homem muito bom porque, durante a perseguição nazista, adotou duas ou três crianças judias, ou uma jovem judia. Ele disse que Hauer era um dos pouquíssimos estudiosos na Alemanha

---

[99]. *Die kulturelle Bedeutung der komplexen Psychologie* (O significado cultural da psicologia complexa). Ed. pelo Clube Psicológico de Zurique. Berlim, 1935.

[100]. OC. vol. 12.

[101]. Meier, carta ao editor, 25 de outubro de 1993. Em seu Diário, para o dia 11 de março, Hauer anotou que o tema de sua preleção nesse dia foi o pano de fundo espiritual e religioso da situação política na Alemanha (citado em DIERKS. *Jakob Wilhelm Hauer, 1881-1962*, p. 297). Era presumivelmente esta a preleção a que Meier está se referindo.

[102]. Em seu apontamento no diário referente ao dia 8 de março Hauer escreveu: "Eu sou 'alemão' demais para estas pessoas". Citado em DIERKS. *Jakob Wilhelm Hauer, 1881-1962*, p. 297.

simpáticos ao regime nazista, sobre o qual Scholem disse: 'Não tenho nada contra'"[103].

Hauer prosseguiu sua metade desse diálogo com Jung sobre a comparação entre a ioga e a psicoterapia em suas publicações subsequentes. Em *Der Yoga: Ein Indischer Weg zum Selbst*[104] (Ioga: Um caminho indiano para o si-mesmo), ele começou a fazer perguntas que posteriormente se tornaram mais pertinentes com o advento do Movimento Nova Era e a popularidade das religiões alternativas:

> Este problema, se e em que medida este "caminho para a salvação" vale também para as pessoas ocidentais, permanece sujeito a mudanças e me ocupei com ele seriamente. Não foi um erro ou mesmo um perigo para os homens do Ocidente o fato de recorrerem à ioga para seu próprio "caminho de salvação"? Por que estes homens não aderiram à pesquisa científica, às reflexões filosóficas segundo a maneira ocidental, à vida e à ação, como único caminho para a "salvação"? Não tinha o próprio Ocidente também em seu misticismo um caminho para o interior, mais útil do que a ioga? Por que não bastava para isto o desenvolvimento da psicologia profunda e da psicoterapia? Precisamos realmente de um novo impulso vindo do Oriente? Estes problemas derivam das preleções e seminários de estudo no "Clube Psicológico" de Jung[105].

---

103. Entrevista com Mircea Eliade, Jung Oral History Archive, p. 11.

104. HAUER. *Der Yoga: Ein Indischer Weg zum Selbst*. Leipzig, 1958.

105. Ibid., p. 5. Houve grande quantidade de literatura que compara a ioga com a psicoterapia. Para dois estudos iniciais, cf. COSTER, Geraldine. *Yoga*

Na visão Hauer, a psicologia analítica de Jung se tornara um método e, portanto, sucumbira aos perigos da externalização psicotécnica que havia sido um perigo para a ioga[106]. Em *Der Yoga*, ele dedicou um capítulo a uma crítica da obra de Jung. Hauer escreveu: "Eu próprio me oponho criticamente à hipótese dos 'arquétipos' inatos e herdados. Digo sobretudo que a base empírica histórico-religiosa para a tese dos 'arquétipos' é extremamente fraca"[107]. Ele chegou também a um juízo negativo sobre a interpretação de Jung da ioga kundalini: "Em minha opinião, no círculo junguiano as imagens míticas da ioga tântrica são associadas com demasiada rapidez aos 'arquétipos', o que não favorece a compreensão clara de ambos"[108].

No entanto, problemas formidáveis confrontam qualquer tentativa de interpretar os textos tântricos por causa da complexidade de sua composição. Eliade observou que "os textos tântricos são muitas vezes compostos numa 'linguagem intencional' (*sandhâ-bhâsâ*), uma linguagem secreta, obscura e ambígua, na qual um estado de consciência é expresso por um termo erótico e o vocabulário da mitologia ou da cosmologia está carregado de sentidos hatha-ióguicos ou sexuais"[109]. Isto leva à seguinte situação:

---

and Western Psychology: A Comparison. Londres, 1934. • WATTS, Alan. *Psychotherapy East and West*. Nova York, 1961.

106. Citado em DIERKS. *Jakob Wilhelm Hauer, 1881-1962*, p. 298.

107. HAUER. *Der Yoga*, p. 419.

108. Ibid., p. 421.

109. ELIADE. *Yoga: Immortality and Freedom*, p. 249.

> Um texto tântrico pode ser lido em diversas chaves: litúrgica,ióguica, tântrica etc. [...] Ler um texto em "chave ióguica" é decifrar os vários estágios de meditação a que ele se refere. O sentido tântrico é geralmente erótico, mas é difícil decidir se a referência é a um ato concreto ou a um simbolismo sexual. Mais precisamente, é um problema delicado distinguir entre o "concreto" e o "simbólico", já que o *sâdhana* tântrico tem como meta precisamente a transubstanciação de toda experiência "concreta", a transformação da fisiologia em liturgia[110].

Avaliações subsequentes das interpretações psicológicas de Jung concentraram-se em determinar se podemos considerá-las uma "chave" adicional válida. Foram criticadas tanto por estudiosos quanto por adeptos da ioga kundalini. Harold Coward concluiu:

> Com o conhecimento muito melhor que hoje temos do pensamento oriental, é duvidoso o "truque da corda" de Jung, que consiste em virar a ioga kundalini de ponta-cabeça e depois podar os dois últimos chacras como "especulações supérfluas sem valor prático". O que o "Comentário" de Jung efetuou então, e ainda efetua hoje, é proporcionar um discernimento adicional de *sua* compreensão do *processo de individuação*, não uma descrição acurada da Kundalini[111].

---

110. Ibid., p. 252. Sobre o problema apresentado pela linguagem intencional, cf. BHARATI. *The Tantric Tradition*, p. 164-188.

111. COWARD. *Jung and Eastern Thought*, p. 123. Coward está se referindo à afirmação de Jung de que não havia necessidade de estender-se sobre o simbolismo dos dois últimos chacras, porque estavam além da experiência ocidental (cf. abaixo, p. 168-170). Pode-se acrescentar que sua obtenção não é realmente comum na Índia. Este texto, que inclui "Annotated Bibliography of Jung and

Se os seminários de Jung são avaliados a partir da perspectiva da compreensão da ioga kundalini em seu próprio contexto sócio-histórico, esta crítica é válida sem dúvida. No entanto, no contexto da colaboração de Jung com Hauer, esta foi a tarefa deste; a meta de Jung era elucidar o sentido psicológico do simbolismo espontâneo que se assemelhava ao da ioga kundalini. Neste contexto, Jung afirmou numa carta que "a entrada do Oriente [no Ocidente] é antes um fato psicológico que já foi preparado há muito tempo pela história. Os primeiros sinais encontram-se em Mestre Eckhart, Leibniz, Kant, Hegel, Schopenhauer e Ed. von Hartmann. Mas não se trata do Oriente real, mas do fato de o inconsciente coletivo ser onipresente"[112]. Assim, para Jung, a "descoberta" ocidental do Oriente constituiu um capítulo crítico na "descoberta" do inconsciente coletivo. A interpretação psicológica de Jung se baseia no pressuposto de que a ioga kundalini representava uma sistematização da experiência interior que se apresentava espontaneamente no Ocidente de uma maneira que se assemelhava à manei-

---

Eastern Tradition" de John Borelli, continua sendo o mais útil estudo geral sobre Jung e o pensamento indiano, sobre o qual recai o foco. A obra *Jung and Eastern Thought: A Dialogue with the Orient*, de John Clarke, é uma tentativa malograda de classificar a obra de Jung sobre o pensamento oriental sob a rubrica da hermenêutica gadameriana. Para uma crítica da abordagem de Jung ao pensamento oriental, cf. JONES, Richard. "Jung and Eastern Religious Tradition". *Religion* 9 (1979), p. 141-155. Para uma avaliação, cf. HUMPHRIES, F. "Yoga Philosophy and Jung". In: WERNER, Karl (ed.). *The Yogi and the Mystic: Studies in Indian and Comparative Mysticism*. Londres, 1989, p. 140-148.

112. Jung a A. Vetter, 25 de janeiro de 1932. C.G. JUNG. Cartas vol. 1, p. 103s; tradução modificada. Para Schopenhauer sobre a Índia, cf. SCHWAB. *The Oriental Renaissance*, p. 427-435. Schopenhauer comparou os escritos de Mestre Eckhart com o Vedanta (Ibid., p. 428). O budismo é realçado proeminentemente em VON HARTMANN. *Philosophie des Unbewussten* (Filosofia do inconsciente). Berlim, 1870.

ra como o fez no Oriente, mas não era necessariamente idêntica a ela. Isto foi corroborado por um intercâmbio ocorrido logo após os seminários sobre a Kundalini na retomada do seminário sobre as visões:

> *Sra. Sawyer*: Mas nos chacras sempre tivemos a Kundalini separada.
> *Dr. Jung*: Realmente. E neste caso eles aparentemente não estão separados, mas isto não faz nenhuma diferença. Nunca devemos esquecer que o sistema Kundalini é uma produção indiana específica e aqui precisamos lidar com material ocidental; portanto, somos provavelmente sábios para admitir que este é para nós o material real e não o material indiano que foi diferenciado e tornado abstrato desde milhares de anos[113].

Seria também um erro pensar que o comentário de Jung consiste na tradução dos termos da ioga kundalini em conceitos psicológicos cujo sentido já foi delimitado de antemão: porque no decurso da tradução dos termos da ioga kundalini para os da psicologia analítica, estes últimos foram alterados e ampliados. Basicamente, o simbolismo dos chacras possibilitou a Jung desenvolver uma topografia regional arquetípica da psique e proporcionar uma narrativa do processo de individuação em termos

---

113. JUNG. *The Visions Seminar*, vol. 7, p. 30-31. Em seu relato das experiências espontâneas da Kundalini no Ocidente, também Lee Sannella realçou uma notável divergência em relação às descrições orientais: "De acordo com o modelo clássico, a Kundalini desperta, ou é despertada, na base da espinha dorsal, sobe diretamente para o eixo central do corpo e completa sua jornada quando chega à coroa da cabeça. [...] Em contraposição, o quadro clínico é que a energia da Kundalini sobe pelos pés e pelas costas até o topo da cabeça e depois desce para o rosto, passando pela garganta, para chegar a um ponto terminal na área do abdômen" (*The Kundalini Experience: Psychosis or Transcendence?*, p. 106).

da transição imaginativa entre estas regiões[114]. Isto o levou também a argumentar que, para a transformação ser possível, é necessária uma concomitante transformação da ontologia, para a qual se orientava seu trabalho. Em suas principais obras sobre as tradições religiosas ocidentais subsequentes ao seu encontro com a ioga kundalini, Jung apresentou sua interpretação psicológica da alquimia e do cristianismo[115]. Nestas, seus estudos sobre a ioga serviram como orientação vital, tanto em sua maneira de entender as práticas dos alquimistas – como se evidencia em sua afirmação de que "todo estudioso profundo da alquimia sabe que a obtenção do ouro não era o propósito real e que o processo era uma forma ocidental de ioga"[116] – quanto em sua visão da alquimia com sua avaliação do corpo e do feminino – preocupações que são proeminentes no tantrismo como representando a contracorrente ao cristianismo ortodoxo.

A partir de um ponto de vista experiencial Gopi Krishna criticou a exposição de Jung:

> C.G. Jung, em seu comentário sobre o livro [*O segredo da flor de ouro*], totalmente preocupado com suas próprias teorias sobre o inconsciente, apesar da natureza inequívoca das afirmações na obra, encontra nele apenas material para corroborar suas próprias ideias, e nada além disso. A mesma coisa aconteceu

---

114. Sobre a questão da topografia arquetípica, cf. CASEY, Edward. "Toward an Archetypal Imagination". *Spring: An Annual for Archetypical Psychology and Jungian Thought* (1974), p. 1-33. • BISHOP, Peter. "Archetypal Topography: The Karma-Kargyuda Lineage Tree". Ibid. (1981), p. 67-76.

115. JUNG. OC. vols. 11-14.

116. JUNG. *Modern Psychology* 3, p. 107.

num seminário realizado por ele sobre a Kundalini, do qual está disponível um sumário escrito no Instituto Jung. Nenhum dos estudiosos presentes, como fica evidente a partir das opiniões expressas por eles, mostrou o mínimo conhecimento sobre o significado real do antigo documento que estavam discutindo na ocasião[117].

Fundamentalmente, a divergência entre as compreensões autóctones da ioga kundalini e a interpretação de Jung é que, para as primeiras, textos como o *Shat-chakra-nirûpana* retratam primariamente as modificações profundas da experiência e a encarnação ocasionada por práticas rituais específicas em vez de retratar simbolicamente um processo universal de individuação. No entanto, os problemas enfrentados pelas interpretações de Jung num nível mais geral se aplicam a outras tentativas de traduzir os termos da ioga kundalini para conceitos modernos[118]. No decurso dessas tentativas os termos se tornaram hibridizados e a mistura resultante já não é distintamente "oriental" ou "ocidental"[119]. Por fim, os seminários de Jung deveriam ser avaliados em termos da meta expressa por ele nas seguintes declarações:

---

117. KRISHNA, Gopi. *Kundalini for the New Age*, p. 43. Para uma avaliação crítica do comentário de Jung sobre *O segredo da flor de ouro*, cf. a nova tradução (junto com um comentário) feita por CLEARY, Thomas. *The Secret of the Golden Flower: The Classical Chinese Book of Life*. São Francisco, 1991.

118. Como as tentativas teóricas do próprio Gopi Krishna de transcrevê-la em categorias pós-darwinianas contemporâneas, como a seguinte afirmação: "Na linguagem da ciência, a Kundalini representa o mecanismo da evolução nos seres humanos" (KRISHNA, Gopi. *Kundalini for the New Age*, p. 87).

119. Sobre o significado contemporâneo da noção de hibridade com o contexto pós-colonial, cf. BHABHA, Homi. *The Location of Culture*. Londres, 1993,

> A consciência ocidental não é a única forma existente de consciência; ela é condicionada historicamente e confinada geograficamente e só representa uma parcela da humanidade[120].
>
> O conhecimento da psicologia oriental é base indispensável para uma crítica e uma compreensão objetiva da psicologia ocidental[121].

Assim, na visão de Jung, o resultado do encontro da psicologia ocidental com o pensamento oriental não era de maneira alguma de pouca importância, porque repousava sobre este a própria possibilidade de uma psicologia digna do nome[122]. A relevância duradoura deste seminário hoje – num clima histórico amplamente transformado – está principalmente na maneira como ele ressalta esta questão capital e procura situá-la na vanguarda da agenda psicológica, quer se aceitem ou não as soluções provisórias que Jung lhe apresenta.

S.S.

---

120. JUNG. "Comentário a 'O segredo da flor de ouro'". In: OC vol. 13, § 84; tradução modificada.

121. JUNG. "Prefácio ao livro de Abegg: 'Ostasien denkt anders'". In: OC vol. 18/2, § 1.483.

122. Sobre o encontro entre psicologia ocidental e pensamento oriental, cf. TAYLOR, Eugene. "Contemporary Interest in Classical Eastern Psychology". In: PARANJPE, A.; HO, D. & RIEBER, R. (eds.). *Asian Contributions to Psychology*. Nova York, 1988, p. 79-119.

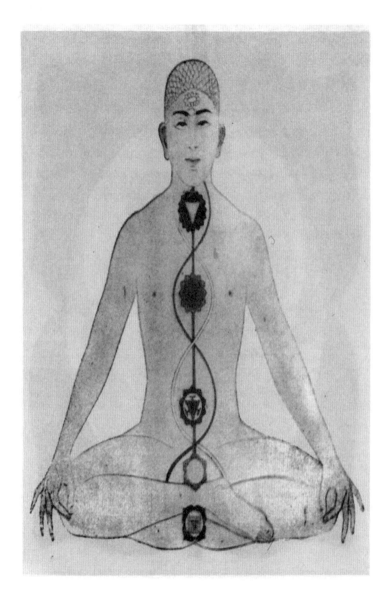

1. Os chacras

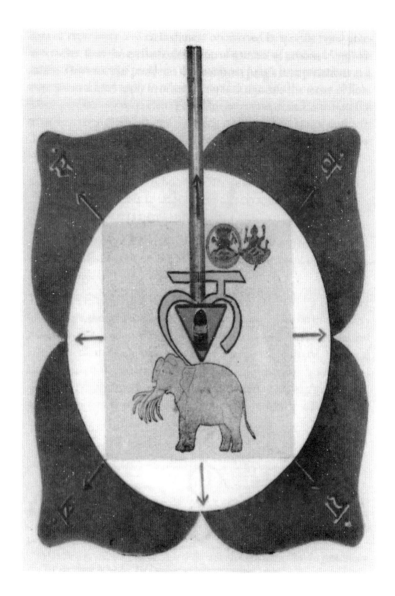

2. Chacra *Mûlâdhâra*

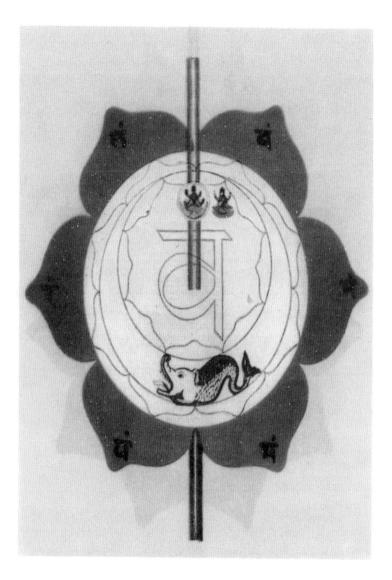

3. Chacra *Svâdhisthana*

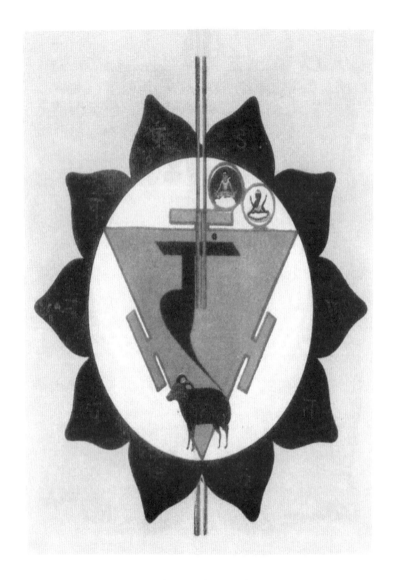

4. Chacra *Manipûra*

5. Chacra *Anâhata*

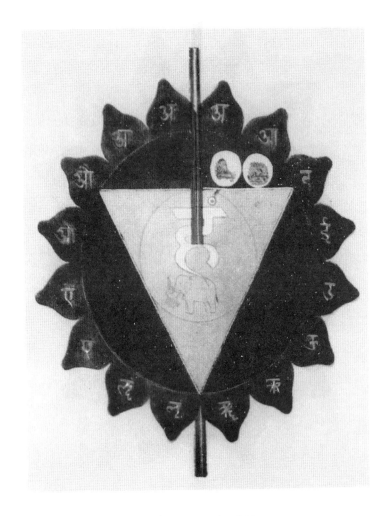

6. Chacra *Vishuddha*

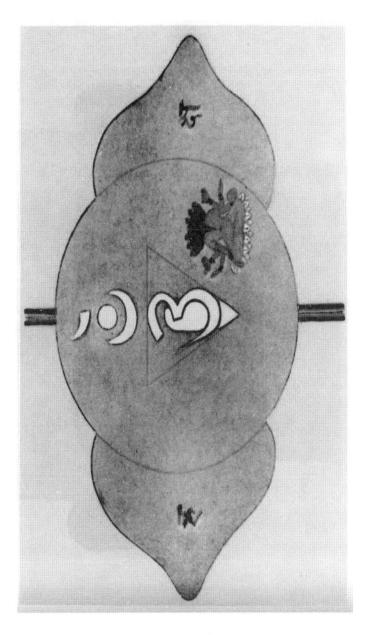

7. Chacra *Âjñâ*

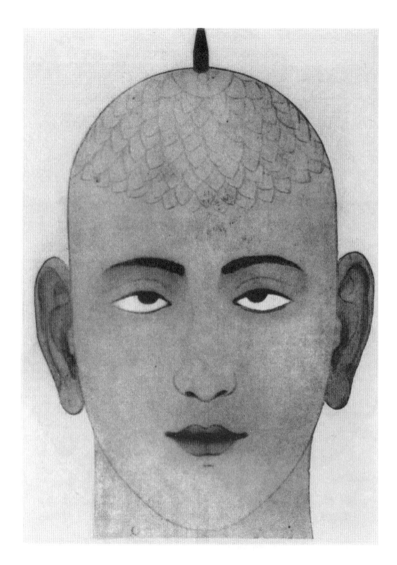

8. Chacra *Sahasrâra*

Preleção 1

12 de outubro de 1932

Dr. Jung: Senhoras e Senhores, acabamos de ter um seminário sobre a ioga tântrica[1] e, como sempre existem mal-entendidos na esteira de um evento como este, dedico algum tempo à discussão e elucidação de quaisquer dúvidas ou perguntas que vocês possam ter. Suponho que mesmo os que não participaram estarão interessados, porque falei dos chacras antes[2]. Além disso, na busca de nossas visões chegamos agora ao estágio onde começam a operar símbolos análogos aos da ioga tântrica. Como vocês se lembram, nós vimos como as visões de nossa

---

1. A respeito da terminologia, Hauer começou seu seminário observando: "Para a ioga kundalini, uso geralmente a expressão Tantra Ioga, sendo a palavra tantra o nome para designar as obras nas quais se expõe a ioga kundalini" (*HS*, p. 1).

2. Cf. apêndice 1. A respeito dos chacras, Woodroffe afirmou: "De acordo com a doutrina hindu, esses chacras são diferentes centros de consciência, vitalidade e energia tattvik" (In: AVALON, Arthur (pseud. Sir John Woodroffe). *The Serpent Power*. Londres, 1919, p. 16). Hauer os definiu como "símbolos da experiência da vida, que mostram o sentido interior real dessa experiência, para ajudar a pessoa a entender e interpretar espiritualmente o que ela viveu" (*HS*, p. 58).

paciente em seu desenvolvimento natural e totalmente livre de influências produziram o primeiro mandala. Na última hora de nosso seminário da primavera mostrei a vocês um mandala que se criou, o mandala da criança dentro dos círculos, e as tentativas da paciente de unir-se à criança[3]. Isto é entrar no mandala e ali já começa o simbolismo da ioga tântrica. Portanto, não é irrelevante discutirmos este tema agora; ele se encaixa muito bem no que fizemos aqui. Na verdade, nosso seminário anterior nos preparou o caminho para a psicologia da ioga tântrica, que até agora chamei de psicologia do mandala.

Abordarei primeiro esta questão colocada pela Sra. Bailward: "Entendo que o *klesha asmitâ* 'contém o germe do ser da personalidade' e que o *klesha dvesha* contém 'o desejo de ser dois', ou aversão[4]. Será que o Professor

---

[3]. A visão era a seguinte: "Vi dois anéis de ouro sobre o chão escuro. Um anel era menor e estava circundado pelo anel maior. Dentro do anel menor estava uma criança do sexo masculino como se estivesse no útero". (Ou seja, no centro.) "Ela estava envolvida pelo líquido amniótico. Eu queria chegar até à criança que tinha seu braço erguido para mim, mas dava a impressão de que eu não conseguia ultrapassar o aro exterior"; sobre isso Jung comentou: "Aqui começa a psicologia do mandala" (*Interpretation of Visions* vol. 6, 29 de junho de 1932, p. 127-128).

[4]. Hauer definiu os *kleshas* da seguinte maneira: "As raízes do subconsciente são chamadas *klesha* [...] e eu traduzo *klesha* como 'doença, ou a força que causa a doença'" (*HS*, p. 37). Ele define o *klesha dvesha* como "o desejo de ser dois, ou seja, colocar seu próprio ser e personalidade contra alguém, é o poder de ser ele mesmo" (Ibid., p. 38) e o *klesha asmitâ* como "a característica de ser um eu. A maneira como supomos que *eu* penso, que *eu* sinto, ou que *eu* experimento é uma certa faculdade em nós que eu chamo de *asmitâ*" (Ibid., p. 40). Dasgupta definiu os *kleshas* como aflições (DASGUPTA, Surendranath. *Yoga as Philosophy and Religion*. Londres, 1924, p. 104). Zimmer definiu o *klesha* como "qualquer coisa que, aderindo à natureza do homem, restringe ou deteriora sua manifestação da sua verdadeira essência" (ZIMMER, Heinrich. *Philosophies of India*. Ed. Joseph Campbell. Bollingen Series XXVI. Londres, 1953, p. 294). Ele definiu o *klesha asmitâ* como "a sensação, e crua noção, de que 'eu sou eu': *cogito ergo sum*; o eu óbvio, que serve de base da minha experiência, é a essência real e fundamento do meu ser". ZIMMER. *Philosophies*

Hauer entende aqui a personalidade ou a individualidade? Quando ela estabeleceu a personalidade, como pode a aversão ser arrancada pela raiz?"

Ora, existe o *klesha* da divisão e discriminação, do tornar-se uma personalidade, um eu, onde existe também o aspecto da aversão. Os *kleshas* são impulsos, uma forma instintiva natural na qual a libido aparece pela primeira vez fora do inconsciente; essa é a energia psicológica, ou libido, em sua forma mais simples de manifestação[5]. Ora, de acordo com a doutrina tântrica, existe um impulso de produzir uma personalidade, algo que esteja centrado e separado de outros seres, e que seria o *klesha* da discriminação. É o que descreveríamos, em termos filosóficos ocidentais, como um impulso ou instinto de individuação.

O instinto de individuação encontra-se em todo lugar na vida, porque não existe vida na terra que não seja individual. Toda forma de vida se manifesta naturalmente num ser diferenciado, caso contrário não poderia existir a vida. Um impulso inato da vida consiste em produzir um indivíduo tão completo quanto possível. Por exemplo,

---

of India, p. 295. Ele definiu o *klesha dvesha* como o sentimento de "desafeto, aversão, antipatia, repugnância e ódio" (*Philosophies of India*). Feuerstein afirmou: "Os *kleshas* providenciam a estrutura dinâmica da consciência fenomenal; eles impelem o organismo a realizar uma grande atividade, a sentir, a pensar, a querer. Sendo os fatores emocionais e motivacionais básicos, eles estão na raiz de toda desgraça. [...] Assim a situação humana normal pode ser caracterizada como o produto de um erro cognitivo [...] para o qual existe um remédio: a recuperação do si-mesmo como a verdadeira identidade do homem" (*The Philosophy of Classical Yoga*. Manchester, 1980, p. 65-66).

5. Em seu comentário aos *Yoga Sutras* de Patanjali, Jung afirmou que os *kleshas* são "impulsos e opressões instintivos. São mecanismos compulsivos que constituem a base do ser humano. [...] O desconhecimento de nosso verdadeiro eu é o fundamento de todos os outros *kleshas*" (*Modern Psychology* 3, p. 16).

um pássaro com todas as suas penas e cores e tamanhos, que pertence a essa determinada espécie. Assim a *entelecheia*, o impulso de realização, impele naturalmente o homem a ser ele mesmo. Dada uma chance de ser ele mesmo, ele irá com certeza adquirir sua própria forma, se não houver obstáculos e inibições de muitos tipos que o impedem de tornar-se o que ele está realmente destinado a ser. Por isso, o *klesha* que contém o germe da personalidade pode igualmente ser chamado de *klesha* da individuação, porque o que chamamos de personalidade é um aspecto da individuação. Mesmo que alguém não se torne uma realização completa de si mesmo, ele se torna pelo menos uma pessoa; ele tem certa forma consciente. Evidentemente não é uma totalidade; é apenas uma parte, talvez, e a verdadeira individualidade dele está ainda atrás dos bastidores – no entanto, o que se manifesta na superfície é certamente uma unidade. Um indivíduo não está necessariamente cônscio da totalidade e talvez outras pessoas vejam mais claramente do que ele próprio quem ele é. Portanto, a individualidade sempre existe. Ela está em todo lugar. Tudo o que tem vida é individual – um cachorro, uma planta, qualquer coisa –, mas evidentemente está longe de ter consciência da sua individualidade. Um cachorro tem provavelmente uma ideia extremamente limitada de si mesmo, se comparada com a soma total de sua individualidade. Embora em sua maioria as pessoas, independentemente do que pensem de si mesmas, são eus, mas são ao mesmo tempo indivíduos, quase como se fossem individuadas. Porque elas são de certa maneira individuadas desde o início de sua vida, mas não têm consciência disso. A individuação só ocorre quando alguém está consciente de si mesmo, mas a individualidade está sempre ali desde o início de sua vida.

Sra. Baynes: Eu não consegui entender onde entra a aversão, o *dvesha*.

Dr. Jung: A aversão é a coisa que divide, a força que discrimina. Isso acontece quando duas pessoas se apaixonam; no início elas são quase idênticas. Existe muita *participation mystique*, de modo que precisam da aversão para separar-se. Após algum tempo, tudo se transforma em aversão selvagem; elas criam resistências uma contra a outra a fim de forçá-la a sair – do contrário elas permanecem num estado de inconsciência comum que simplesmente não conseguem suportar. Vemos isso também na análise. No caso de uma transferência exagerada, depois de um tempo existem resistências correspondentes. Também isso é uma certa aversão.

Os antigos gregos usavam o termo *phobos*, medo, em vez de aversão. Eles diziam que a primeira coisa a surgir era ou o Eros ou o *phobos*, de acordo com seus temperamentos. Existem otimistas que dizem que a coisa real é o amor e existem pessimistas que dizem que a coisa real é o *phobos*. O *phobos* separa mais do que a aversão, porque o medo leva alguém a fugir, a afastar-se do lugar de perigo.

Certa vez um hindu me fez uma pergunta filosófica: "Um homem que ama a Deus precisa de mais o de menos encarnações para atingir sua salvação final do que um homem que odeia a Deus?" Ora, que resposta vocês dariam? Eu naturalmente desisti. E ele disse: "Um homem que ama a Deus precisa de sete encarnações para tornar-se perfeito e um homem que odeia a Deus precisa de apenas três, porque ele certamente pensará nele e se apegará a ele muito mais do que o homem que ama a Deus". Isto, de certa forma, é verdade; a aversão é uma tremenda argamassa. Por isso, para nós, a formulação grega *phobos* é talvez melhor do que aversão para designar o princípio de separação. Houve, e ainda há, mais *participation mystique* na Índia do que na Grécia; e o Ocidente tem certamente uma mente mais discriminadora do que o Oriente. Por isso, como nossa civilização depende abundantemente do gênio grego, para nós se trataria de medo e não de aversão.

Sra. Crowley: Mas nos chacras o gesto mais importante é aparentemente o de dissipar o medo.

Dr. Jung: Sim. Mas os deuses também estão sempre carregando armas e as armas não são uma expressão de algum amor particular.

Srta. Wolff: Tenho aqui minhas anotações e penso ver o que causou confusão à Sra. Bailward. O Professor Hauer falou em alemão *hasserfüllte Zweiung*, mas isto não significa exatamente "tornar-se dois"; significa tornar-se um sujeito contra um objeto – existem duas coisas[6]. A tradução inglesa não é tão clara.

Dr. Jung: *Entzweiung* significa separação. Qual é o resto da pergunta?

Sra. Bailward: Quero dizer o seguinte: será que o iogue considera o estado de aversão uma condição necessária para desenvolver a individualidade?

Dr. Jung: Sim. Ele não pode deixar de considerá-la assim, porque todo o processo da ioga, seja ioga clássica ou ioga kundalini, tem naturalmente a tendência a tornar

---

6. Cf. nota 4.

o indivíduo algo uno, assim como o deus é uno, como brahman, uma unicidade inexistente existente.

A pergunta continua: "E quando construiu a individualidade, como a aversão seria arrancada pela raiz?"

Srta. Wolff: O Professor Hauer falou dos dois aspectos do *klesha*[7]. Na condição imperfeita – o aspecto *sthûla* – o impulso para ser um sujeito contra um objeto está misturado com a aversão. Mas no aspecto *sûksma* o mesmo impulso é o poder de tornar-se uma personalidade.

Dr. Jung: Sim. É uma coisa importante e muito desconcertante em toda esta terminologia o fato de sempre precisar fazer a distinção entre o aspecto *sthûla* e o aspecto *sûksma*[8]. Não falo do aspecto *parâ*, porque ele é o que o Professor Hauer chama de metafísico. Devo confessar que para mim aqui começa o nevoeiro – aqui não me arrisco. O aspecto *sthûla* é simplesmente as coisas como as vemos. O aspecto *sûksma* é o que conjeturamos a respeito delas, ou as abstrações ou conclusões filosóficas que

---

7. Hauer afirmou: "Os *kleshas* estão na *citta* em duas formas ou aspectos: o *sthûla*, que significa o aspecto ordinário grosseiro [...], e o *sûksma*, ou aspecto sutil!" (*HS*, p. 37) e "o aspecto sutil ou *sûksma* do *dvesha* é o poder de ser uma personalidade diferenciada; esta é a força metapsíquica que cria ou torna possível a personalidade. Mas o aspecto *sthûla* é o aspecto que experimentamos na vida ordinária, que está misturado com aversão" (Ibid., p. 38).

8. Hauer afirmou que, de acordo com a ioga tântrica, existem três aspectos da realidade – *sthûla*, *sûksma* e *parâ*: "O aspecto *sthûla* significa a realidade como ela aparece aos nossos sentidos. [...] Por trás disto, ou funcionando como a força dinâmica neste aspecto *sthûla*, temos o aspecto *sûksma*, que, traduzido literalmente, significa o aspecto sutil e refinado" (Ibid., p. 26). Ele definiu o aspecto *parâ* como "as causas e a característica real desses centros de energia. Porque, por trás destas forças dinâmicas de tipo sutil [...], existe um poder que já não é mais concebido em meros termos de energias cósmicas. [...] Aqui entramos na esfera religiosa, que está conectada com a divindade como ela é em sua natureza interior" (Ibid., p. 26-27).

deduzimos dos fatos observados. Quando vemos pessoas se esforçando para consolidar-se, para ser eus, e por isso resistem e têm aversão umas às outras, vemos o aspecto *sthûla* e apenas temos consciência do *klesha* da aversão, chamado *dvesha*. Mas, se damos um passo à frente, compreendemos de repente que este tipo louco de aversão, todas estas resistências pessoais, são meramente aspectos externos de coisas muito importantes e profundas.

Para citar um caso prático: quando uma pessoa se queixa que está sempre em conflito com sua mulher ou com as pessoas que ela ama e que existem cenas terríveis ou resistências entre elas, ver-se-á, ao analisar essa pessoa, que ela tem um ataque de aversão. Ela está vivendo em *participation mystique* com os que ela ama. Ela se envolveu com outras pessoas ao ponto de tornar-se idêntica a elas, o que é uma violação do princípio da individualidade. Então elas criam resistências naturalmente a fim de manter-se separadas. Eu digo:

> Evidentemente, é muito lamentável que vocês sempre estejam arranjando problemas, mas vocês não veem o que estão fazendo? Você ama alguém, se identifica com as pessoas e evidentemente você se impõe aos objetos de seu amor e os reprime pela identidade manifesta que você sente. Você os trata como se fossem você mesmo e naturalmente haverá resistências. É uma violação da individualidade dessas pessoas e é um pecado contra a própria individualidade de você. Essas resistências são um instinto extremamente útil e importante: você tem resistências, disputas e decepções para poder tornar-se finalmente consciente de você mesmo e então a aversão desaparece.

Este é o aspecto *sûksma*.

Se uma pessoa compreende isto profundamente, ela concordará e não se preocupará. Em outras palavras: ela sabe que, quando ama, logo sentirá aversão. Por isso, sorrirá quando sobe e chorará quando desce, como Till Eulenspiegel[9]. Ela perceberá o paradoxo da vida – que ela não pode ser perfeita e nem sempre pode ser una consigo mesma. É nosso anseio ser uno, ter situações absolutamente claras na vida. Mas isso é totalmente impossível – tudo é demasiado unilateral e nós não somos unilaterais. Como vocês podem ver, o processo analítico arranca a aversão pela raiz explicando o aspecto *sûksma*, ou seja, o aspecto no nível da compreensão, da abstração, da teoria, da sabedoria. E assim aprendemos que aquilo que é um hábito lamentável, por exemplo, ou os humores impossíveis ou divergências inexplicáveis no aspecto *sthûla*, é algo muito diferente no aspecto *sûksma*.

Agora uma segunda pergunta: "Existe um equivalente psicológico do *tattva*[10] e do *samskâra*?"[11] Ora, o *tatt-*

---

9. Esta foi uma analogia que Jung usou em diversas ocasiões; cf. OC 7, § 47; e *Nietzsche's "Zarathustra": Notes of the Seminar Given in 1934-1939*. Vol. 1. Ed. por James Jarrett. Bollingen Series XCIX. Princeton/Londres, 1988, p. 226. Os editores das cartas de Jung apresentam a seguinte nota: "Uma figura popular no folclore alemão, representando a superioridade do esperto camponês sobre os moradores das cidades e comerciantes. A primeira coletânea de seus feitos e brincadeiras foi publicada em 1515. Na história aqui mencionada, Till Eulenspiegel, ao contrário de seus companheiros, se alegra ao subir morro acima, pensando nas delícias da descida" (*C.G. Jung: Cartas*, vol. 3, p. 297).

10. Hauer traduziu *tattva* "literalmente" como *thatness*, ou em alemão *Dasheit*. Thatness significa essa força oculta no universo inteiro que tem certa tendência a criar e mover-se numa maneira específica – that and that [isso e isso] (*HS*, p. 31).

11. Hauer traduziu *samskâra* como "o artífice que faz coisas de tal modo elas são um conjunto que funciona, um todo que funciona" (*HS*, p. 41). E comentou: "Neste momento, o que pensamos, como nos sentamos, como falamos,

va, sendo a essência das coisas, é psicologicamente mais uma vez um aspecto *sûksma* das coisas. O termo *libido*, ou energia, é um bom exemplo de um *tattva*. Não é uma substância, mas uma abstração. A energia não pode ser observada na natureza; ela não existe. O que existe na natureza é a força natural, como uma cachoeira, ou uma luz, ou um fogo, ou um processo químico. Nesse caso aplicamos o termo energia, mas a energia em si não existe, apesar do fato de podermos comprá-la das centrais elétricas. Mas esta é apenas uma energia metafórica. A energia verdadeira é uma abstração de uma força física, uma certa quantia de intensidade. Ela é um conceito das forças naturais em seu aspecto *sûksma*, no qual não há mais manifestações, mas *tattva*, essência, abstração. Como vocês podem ver, a mente oriental é concretista – quando ela chega a uma conclusão ou constrói uma abstração, esta última já é uma substância; ela já é visível ou audível – podemos quase tocá-la. Ao passo que, entre nós, esse processo é um tanto espúrio, como quando um conceito como energia se torna muito conhecido, de modo que qualquer trabalhador fala dele. Então as pessoas supõem naturalmente que essa energia deve ser algo que se pode pôr numa garrafa – pode-se comprá-la e vendê-la, de modo que deve ser algo tangível. Nesse ponto a qualidade concretista da mente oriental aparece também entre nós. Porque na realidade a energia não é substancial: ela é, digamos, uma conformidade das coisas ou a intensidade de vários processos físicos ou materiais. No Orien-

---

tudo isso é causado pelo *samskâra*. Se pensamos que agora estamos falando livremente; se o experimentamos como o que está em nossa consciência [...] isso é ilusão" (Ibid., p. 42).

te, quando alguém fala de *tattva*, as pessoas o imaginam já numa existência e, vejam bem, uma existência completa – como se um *tattva* pudesse realmente tornar-se visível para elas. Não sei se todos tiveram uma visão do *tattva*, mas pode ser que sim, porque eles conseguem visualizar qualquer conceito, por mais abstrato que seja. Por isso, o *tattva*, que no Oriente é uma coisa concreta, tem entre nós um aspecto *sûksma* – é uma abstração, uma ideia. O conceito de energia é um exemplo muito apropriado, mas existem evidentemente outras ideias desse tipo, como os princípios da gravidade, ou a ideia de um átomo, ou de elétrons – estes são os equivalentes dos *tattvas*. Na psicologia, como eu digo, seria a *libido*, que é também um conceito.

Portanto, o *samskâra*, se for entendido como algo concreto, não tem realmente nenhuma analogia entre nós. Nós somos incapazes de concretizar estas coisas. É uma doutrina totalmente filosófica, que para nós só tem certa validade na medida em que acreditamos na migração das almas, na reencarnação, ou em quaisquer condições preexistentes. Nossa ideia de hereditariedade seria semelhante à ideia do *samskâra*, como também nossa hipótese do inconsciente coletivo. Porque a mente numa criança não é de forma alguma uma *tabula rasa*. A mente inconsciente está cheia de um rico mundo de imagens arquetípicas. Os arquétipos são condições, leis ou categorias da fantasia criativa e, portanto, o equivalente psicológico do *samskâra*. Mas, vejam bem, na mente oriental a doutrina do *samskâra* é tão diferente dessa definição que um hindu talvez apresente objeções a qualquer tentativa de comparação de minha parte.

Mas as imagens arquetípicas são realmente as coisas mais próximas que podemos ver.

Dr. Reichstein: Eu gostaria de perguntar sobre o aspecto *sthûla*. Eu pensava que o *sthûla* fosse o aspecto mais físico e que o *sûksma* fosse o aspecto mais psicológico, não só abstrato. Porque não pode ser percebido apenas pelo intelecto; é uma maneira particular de estar conectado com as coisas.

Dr. Jung: Você em toda a razão. Mas o aspecto psicológico das coisas implica também uma filosofia a respeito delas. Por exemplo, tomemos o aspecto psicológico de uma cadeira: ela tem tanto um aspecto *sthûla* quanto um aspecto *sûksma*. É um fenômeno físico e, como tal, é óbvio em seu aspecto *sthûla*. Mas em seu aspecto *sûksma* ele não tão óbvio – o aspecto *sûksma* é a ideia. Assim como, na doutrina platônica do *eidolon*, o *eidos* de uma coisa é o aspecto *sûksma*. Mas em Platão ainda podemos ver caracterizações: ele diz que todas as coisas consistem em derivados ou imitações incompletas dos *eidola*, que são guardados numa espécie de armazém celeste, no qual estão os modelos de todas as coisas existentes. Assim todas as formas do nosso mundo empírico derivariam desses *eidola*. Esta ideia é o aspecto *sûksma*, ou, podemos dizer, a psicologia das coisas. Mas para nós as ideias platônicas, que Platão entendia como realmente existentes, são conceitos psicológicos, ou até meras ilusões ou pressuposições. Porque, mesmo que suponhamos que existe esse armazém celestial onde os modelos das coisas existem realmente, não estamos nem um pouco seguros disto; pensar assim não produz a coisa. Se a mente primitiva pensa uma coisa, ela *é*. Um sonho, por exemplo, é para os primitivos tão real como esta cadeira. Eles precisam ter muito cuidado para não pensar certas coisas, já que o pensamento pode facilmente tornar-se realidade. Nós ainda somos assim – dizemos tudo o que nos vem à mente e, mesmo assim, batemos na madeira.

Sra. Diebold: Será que o aspecto *sûksma* corresponde à coisa em si [*das Ding an sich*] de Kant?

Dr. Jung: Sim, como seria também seu uso do termo *noumenon*. O *noumenon* é a ideia, a essência espiritual de uma coisa. Como vocês podem ver, Kant já era um homem muito crítico e em sua *Crítica da razão pura*[12] ele diz que a coisa em si, *das Ding an sich*, é um conceito limítrofe puramente negativo, que não garante de modo algum que uma coisa existe. Ele simplesmente usa esse conceito para expressar o fato de que, por trás do mundo dos fenômenos, existe algo sobre o qual nada podemos dizer. No entanto, em suas palestras psicológicas, ele falou de uma pluralidade de *noumena* – que existem muitas coisas em si mesmas –, o que é uma contradição com sua *Crítica da razão pura*[13].

Sra. Crowley: Não é isto realmente um arquétipo?

Dr. Jung: Sim. O *eidos* em Platão é evidentemente o arquétipo. O termo arquétipo vem de Santo Agostinho, que o usou no sentido platônico. Neste aspecto ele era

---

12. KANT, Immanuel. *Critique of Pure Reason*. Trad. por Noman Kemp Smith. Londres, 1929, p. 266ss.

13. Em sua preleção de 1898, perante a Sociedade Zofingia, "Thoughts on Speculative Inquiry", Jung criticou o conceito Kantiano da *Ding an sich*, argumentando contra a distinção rígida de Kant entre campo fenomenal conhecível e campo numenal incognoscível, afirmando que a ciência tornou o numenal progressivamente conhecido. *Zofingia Lectures*. In: *CW A*, § 195-199. Comentou também as preleções de Kant sobre a psicologia (*Vorlesungen über Psychologie*. Leipzig, 1989) em OC vol. 7/2, § 260, nota 7.

um neoplatônico, como muitos outros filósofos naquele tempo. Mas entre eles não era um conceito psicológico; as ideias eram concretizadas – ou seja, hipostasiadas, que é um termo muito bom. Como vocês podem ver, hipóstase não é uma hipótese. Uma hipótese é um pressuposto que eu crio, uma ideia que formei, a fim de tentar uma explicação dos fatos. Mas eu sei todo o tempo que eu apenas a pressupus e que minha ideia ainda precisa de prova. Hipótese significa colocar algo que ainda não é por baixo de outra coisa. O termo correspondente em alemão é *Unterstellung*. Quanto eu saiba, não existe um termo inglês que tenha exatamente esse sentido. Pode ser uma suposição, ou pode ter também uma nuança desfavorável de insinuação. Ora, hipóstase significa que por baixo existe algo que *é* substancial, sobre o qual alguma outra coisa repousa.

Sr. Dell: De que raiz vem hipóstase?

Dr. Jung: *Histêmi* é o verbo grego que designa estar de pé e *hypo* significa por baixo. A mesma raiz está na palavra grega *ikonostasis*, que, na Igreja ortodoxa grega, é o espaço atrás do altar, onde ficam as estátuas dos santos. A imagem ou pintura de um santo chama-se *eikôn* e *ikonostasis* é o lugar no qual ela está, geralmente um pedestal, ou uma parede na qual são colocadas essas imagens ou pinturas. Fazer uma hipótese significa inventar um tema que está pendurado no ar. Ela não tem nenhuma base, mas nós presumimos que ela tem e dizemos que ela é uma coisa real. Por exemplo, alguém inventa a ideia de um *tattva* e diz que ele não é de forma alguma uma mera palavra, um sopro de ar com nada subjacente. Ele diz que o *tattva* é uma essência; é algo substancial – por baixo está algo que o sustenta. Uma hipótese contém sempre o pressuposto de que uma coisa realmente é e que a mente primitiva natural está sempre hipostasiando. Em nossos melhores momentos, quando somos um pouco supersticiosos, nós também temos hipóstases.

Sr. Dell: A hipóstase da gravidade faz a maçã cair?

Dr. Jung: Sim. Presume-se que a coisa existe e isso faz a maçã cair. Ou, por exemplo, Kant, em sua famosa discussão sobre o pressuposto de Deus, diz que "Deus existe, Deus não existe" – ou seja, quando alguém diz que Deus existe, ele apenas diz isso, mas o fato de ele o dizer não significa que Deus existe. Ele pode dizer que Deus existe, mas talvez ele não exista. Mas, quando hipostasiamos, ao dizer que Deus existe, pressupomos que Deus existe realmente. Produzimos Deus, de modo que ele está na realidade. Alguém pode provocar situações muito infelizes declarando simplesmente que uma coisa é de determinada maneira. É isto que o *animus* faz e que alguém sempre desaprova no *animus*. "Oh! Eu pensava [...]" – e então a casa queima até os alicerces porque ele pensou que tinha apagado o fogo. Mas infelizmente a casa queimou até os alicerces.

Sra. Baynes: Todos os princípios heurísticos não tendem a transformar-se em hipóstases?

Dr. Jung: Eles correm um risco, sem dúvida. Logo que uma hipótese mostrou evidências de sua aplicabilidade, ela tende a tornar-se uma verdade, a tornar-se uma hipóstase – e esquecemos totalmente que ela é apenas uma hipótese, uma teoria arbitrária e intencional de nossa parte.

Dr. Kranefeldt: A teoria sexual de Freud poderia ser chamada uma hipótese que depois se tornou uma hipóstase.

Dr. Jung: Exatamente: ela prova sua evidência por certo número de fatos e então presume-se que deve ser uma verdade. Ora, isso se refere meramente a conceitos e na ioga tântrica havia coisas que precisavam de ulterior explicação a partir do lado psicológico.

Sra. Sawyer: Quando o Professor Hauer falou dos chacras, ele chamou de mandala só o quadro interno de cada um. Não poderíamos chamar de mandala a totalidade do chacra?

Dr. Jung: Sim. Os chacras são também ocasionalmente denominados mandalas. Naturalmente o Professor Hauer não liga esse sentido técnico ao mandala como nós fazemos. Ele deu à totalidade da imagem o nome de *padma*, o lótus ou chacra[14]. Mandala significa anel ou círculo. Pode ser um círculo mágico, por exemplo, ou pode ser simplesmente um ciclo. Existem *sutras* védicos nos quais a série de capítulos constitui um ciclo que é chamado de mandala: por exemplo, o terceiro mandala, capítulo 10, versículo 15 – o mandala é simplesmente o nome do ciclo.

Sra. Sawyer: Mas ele também chamou de mandala um quadrado[15].

Dr. Jung: Sim. Ele o chama de mandala e naturalmente qualquer coisa dentro dele é também um mandala; e é

---

14. Hauer afirmou: "Chacra significa círculo, mas é chamado também *padma*, que significa flor de lótus" (*HS*, p. 61).

15. Em sua descrição do chacra *mûlâdhâra*, Hauer se referiu ao "quadrado ou mandala da terra" (*HS*, p. 71).

justamente isto que se pode ver nos quadros lamaístas[16]: o mandala, o lótus, está dentro, como também o templo, e o claustro com as paredes quadrangulares, tudo cercado pelo círculo mágico; depois, em cima, estão os deuses e embaixo estão as montanhas. Entre nós o termo mandala adquiriu uma importância que ele não tem na Índia, onde ele é apenas um dos Yantras[17], um instrumento de culto no culto lamaísta e na ioga tântrica. E, vejam vocês, a escola tântrica é pouco conhecida na Índia – pode-se perguntar a milhões de hindus, e eles não têm a menor ideia do que ela é. Seria como se perguntássemos aos respeitáveis cidadãos de Zurique o que eles têm a dizer sobre a escolástica; eles sabem mais ou menos tanto quanto os hindus sabem a respeito da ioga tântrica. E se perguntássemos a um hindu o que é um mandala, ele dirá que uma mesa redonda ou qualquer coisa circular é um mandala. Mas para nós é um termo específico. Mesmo no marco da escola tântrica o mandala não tem a importância que tem entre nós. Nossa ideia a respeito se aproxima mais do lamaísmo, a religião tibetana, mas isto é pouco conhecido e seus livros escolares só foram traduzidos muito recentemente, apenas há uns dez anos. Uma das fontes fundamentais é o *Shrichakrasambhara*, um texto tântrico traduzido por Sir John Woodroffe[18].

---

16. [Nota à edição de 1932; cf. o frontispício de *Golden Flower*.] JUNG & WILHELM. *The Secret of the Golden Flower*. Londres/Nova York, 1931. Esta ilustração é reproduzida em "Simbolismo do mandala" em: OC vol. 9/1, fig. 1. • *Psicologia e alquimia*, em OC vol. 12, fig. 43.

17. Zimmer afirmou que "a imagem sagada figurativa (*pratimâ*) [entre as qual ele incluiu o mandala] é apenas um membro de toda uma família de imagens sagradas representativas (*yantras*)". *Artistic Form and the Sacred Images of India*. Trad. por G. Chapple e J. Lawson. Princeton, 1984, p. 29.

18. Este texto foi realmente editado e traduzido por DAWA-SAMDAP, Kazi. *Shrichakrasambhara: A Buddhist Tantra*. *Tantrik Texts*, vol. 7. Londres 1919. O

Dr. Barker: O Professor Hauer disse que, no segundo chacra na região da água, mergulhamos na vida sem quaisquer reservas[19]. Mas esta região ainda está muito acima de nós. É difícil acreditar nesta interpretação, porque, quando o adolescente entra na vida sem reservas, é como se ele fosse do superior ao inferior.

Dr. Jung: Ao apresentar tais questões você está desempenhando o papel de *mâyâ* (ilusão) que desnorteia o mundo[20]. Aqui você está realmente tocando algo sumamente desnorteante, porque, ao tentar traduzir esse material em linguagem psicológica, chega-se a conclusões espantosas. Tomemos o chacra *mûlâdhâra*[21], que parece bem simples. Sua localização psicológica está no períneo. Nós pressupomos que sabemos tudo a respeito dele, mas psicologicamente o que é o *mûlâdhâra*? Representamo-lo com a região inferior no abdômen, que tem a ver com a sexualidade e todos os tipos de coisas repugnantes. Mas isto não é o *mûlâdhâra*; o *mûlâdhâra* é algo totalmente diferente. Talvez devamos considerar primeiramente o segundo chacra[22].

---

editor geral da série foi Woodroffe, que escreveu um prefácio a este volume. A biblioteca de Jung continha seis volumes desta série, publicados entre 1914 e 1924. Jung providenciou um extenso comentário sobre este texto em suas preleções na Eidgenössische Technische Hochschule em 1938-1939, em *Modern Psychology* 3, p. 42-120.

19. Hauer descreveu o segundo chacra, *svâdhisthâna*, como "a vida que vivemos livremente e sem pensar, apenas jogando-nos na corrente da vida e deixando-nos levar, flutuando sobre tudo o que nos acontece" (*HS*, p. 75).

20. Um termo com o qual a Kundalini é descrita no *Shat-chakra-nirûpana*; cf. apêndice 4, p. 260.

21. Hauer descreveu o *mulâdhâra* como "o chacra que sustenta a raiz das coisas. É a região da terra, do poder criativo do homem e da mulher [...] o fundamento do mundo" (*HS*, p. 68).

22. A representação do *chakra svâdhisthâna* mostra um *makara*, um monstro marinho mitológico, sobre a água. Cf. figura 3.

No sistema dos chacras, o oceano com o monstro marinho está em cima, mas na realidade, em nossa psicologia, sempre o descobrimos em baixo – nós sempre descemos para o inconsciente. Por isso, o *mûlâdhâra* deve ser algo totalmente diferente do que estamos inclinados a pensar. Vocês estiveram alguma vez no *mûlâdhâra*? Alguns de vocês podem dizer que estiveram no inconsciente, no oceano, e ali viram o leviatã. Suponhamos que vocês fizeram realmente a travessia noturna do mar, que lutaram com um grande monstro. Isto significa que vocês estiveram no *svâdhisthâna*, o segundo centro, a região da água. Mas então vocês estiveram também no *mûlâdhâra*? Aqui está uma grande dificuldade. Vocês ficarão provavelmente perplexos quando eu vos disser a minha concepção do *mûlâdhâra*. Como vocês podem ver, o *mûlâdhâra* é um mundo inteiro; cada chacra[23] é um mundo inteiro. Talvez vocês se lembrem que lhes mostrei o quadro de uma paciente, onde ela estava enredada nas raízes de uma árvore e depois em cima ela estava se esticando em direção à luz[24]. Ora, onde estava essa mulher quando se encontrava nas raízes?

Resposta: No *mûlâdhâra*.

Dr. Jung: Sim. E a que condição isto corresponderia na realidade?

Srta. Hannah: Era o si-mesmo adormecido?

---

23. Hauer definiu os chacras como "símbolos da experiência da vida" (*HS*, p. 58).

24. [Nota à edição de 1932: cf. o *Golden Flower*, n. 5.] Em OC vol. 13, figura A5. Esta ilustração é reproduzida em "Simbolismo do mandala", em OC vol. 9/1, figura 25. No entanto, a descrição parece corresponder mais exatamente a uma visão de Christiana Morgan que Jung discutiu a 25 de fevereiro de 1931. Cf. *The Visions Seminar*, vol. 2, p. 77.

Dr. Jung: Evidentemente, o si-mesmo está então adormecido. E em que estágio o si-mesmo está adormecido e o eu está consciente? *Aqui*, evidentemente, nesse mundo consciente, onde todos nós somos pessoas razoáveis e respeitáveis, indivíduos adaptados, como se diz. Tudo decorre tranquilamente; nós vamos almoçar, temos encontros marcados, somos cidadãos perfeitamente normais de certos Estados. Temos certas obrigações e não podemos fugir facilmente sem ficarmos neuróticos; precisamos cuidar de nossos deveres. Assim somos todos enraizados, estamos em nosso chacra-raiz. ("Chacra-raiz" é a tradução literal de *mûlâdhâra*.) Estamos em nossas raízes precisamente neste mundo – quando você compra seu bilhete do motorista do bonde, por exemplo, ou a entrada para o teatro, ou paga o garçom – esta é a realidade palpável. E então o si-mesmo está adormecido, o que significa que todas as coisas concernentes aos deuses estão adormecidas.

Mas, depois desta afirmação surpreendente, precisamos descobrir se esta interpretação é realmente justificável. Não tenho certeza absoluta. Estou até convencido de que o Professor Hauer não concordaria comigo neste ponto. Nestas questões precisamos de muita psicologia a fim de torná-las palatáveis ao espírito ocidental. Se não nos esforçarmos ao máximo, correndo o risco de cometer muitos erros ao assimilá-las à nossa mentalidade ocidental, ficaremos simplesmente envenenados com elas. Porque estes símbolos têm uma terrível tendência de apegar-se a nós. Eles se apoderam de alguma forma do inconsciente e grudam em nós. Mas são um corpo estranho em nosso sistema – *corpus alienum* – e inibem o crescimento e desenvolvimento natural de nossa própria psicologia. É como um crescimento secundário ou um veneno. Por isso, é preciso fazer tentativas quase heroicas para dominar estas coisas, fazer algo contra esses símbolos a fim de privá-los de sua influência. Talvez vocês não possam compreender plenamente o que quero dizer, mas considerem-no uma hipótese. É mais do que uma hipótese, é até uma verdade. Vi muitíssimas vezes quão perigosa pode ser sua influência.

Se supusermos que o *mûlâdhâra*, ao ser as raízes, é a terra na qual estamos, deve necessariamente ser nosso mundo consciente, porque é aqui que estamos, sobre esta terra, e aqui estão os quatro cantos desta terra. Estamos no mandala da terra. E tudo o que dissermos sobre o *mûlâdhâra* vale para este mundo. É um lugar onde a humanidade é vítima de impulsos, instintos, inconsciência, de *participation mystique*, onde estamos num lugar escuro e inconsciente. Somos vítimas infelizes das circunstâncias, nossa razão pode fazer muito pouco na prática. Sim. Quando os tempos estão tranquilos, e não há nenhuma tempestade psicológica importante, podemos fazer algo com a ajuda da técnica. Mas então vem uma tempestade, digamos, uma guerra ou uma revolução, e tudo é destruído e não estamos em lugar nenhum.

Além disso, quando estamos neste espaço tridimensional, falando com sensatez e fazendo coisas aparentemente significativas, nós somos não-indivíduos – somos meros peixes no oceano. Só às vezes temos uma vaga ideia do próximo chacra. Algo ocorre em certas pessoas nos domingos de manhã, ou talvez num dia no ano, digamos a Sexta-feira Santa – as pessoas sentem um tranquilo anseio de ir à igreja. Muitas pessoas, ao invés, têm um anseio de ir para as montanhas, para a natureza, onde elas têm outro tipo de emoção. Ora, a beleza adormecida tem um leve sobressalto; algo que não podemos dar-nos conta se inicia na consciência. Algum estranho impulso subjacente força estas pessoas a fazerem algo que não é exatamente a coisa ordinária. Por isso, podemos assumir que o lugar onde o si-mesmo, o não-eu psicológico, está adormecido é o lugar mais banal do mundo – uma estação ferroviária, um teatro, a família, a situação profissional – ali os deuses estão adormecidos. Ali somos simplesmente razoáveis, ou irracionais, como animais inconscientes. E isso é o *mûlâdhâra*.

Se é assim, então o próximo chacra, *svâdhisthâna*, deve ser inconsciente, simbolizado pelo mar, e no mar existe um gigantesco leviatã que ameaça aniquilar-nos. Além disso, devemos recordar que os homens criaram esses símbolos. A ioga tântrica em sua antiga forma é certamente produto de varões, de modo que podemos esperar uma boa dose de psicologia masculina. Por isso, não causa surpresa que no segundo chacra está a grande meia-lua, que é evidentemente um símbolo feminino. Igualmente, todo o conjunto está na forma do *padma* ou lótus e o lótus é a *yoni*[25]. (*Padma* é apenas o nome hierático, a metáfora para a *yoni*, o órgão feminino.)

Sra. Sawyer: O Professor Hauer disse que a meia-lua não é um símbolo feminino, mas pertencia a Shiva[26].

---

25. Hauer descreveu a representação deste chacra da seguinte maneira: "Dentro de um círculo, o pericarpo, contendo um mandala do lótus branco. [...] Há uma meia-lua, também branca" (*HS*, p. 74).

26. Hauer afirmou: "O crescente no *svâdhisthâna* representa Shiva", ao que a Sra. Sawyer perguntou: "O crescente não é geralmente um símbolo feminino?"

Dr. Jung: É assim para o Oriente; se perguntarmos a um hindu sobre estas coisas, ele nunca admitirá que a possibilidade de situar o *mûlâdhâra* acima do *svâdhisthâna*. O ponto de vista deles é absolutamente diferente. Se lhes perguntarmos sobre a analogia com o sol, eles igualmente a negarão, mas pode-se mostrar que o simbolismo do mito do sol está presente também ali presente.

Sra. Crowley: Seu simbolismo não pode ser o mesmo que o nosso; seus deuses estão na terra.

Dr. Jung: Naturalmente. Como você pode ver, para um hindu o normal é não estar neste mundo. Por isso, se você assimila estes símbolos, se você entra na mentalidade hindu, você está simplesmente de cabeça para baixo, você está completamente errada. Eles têm o inconsciente em cima, nós o temos embaixo. Tudo é exatamente o oposto. O sul em todos os nossos mapas está embaixo, mas no Oriente o sul está em cima e o norte embaixo e Oriente e Ocidente estão trocados. É totalmente o inverso.

Ora, o segundo centro tem todos os atributos que caracterizam o inconsciente. Por isso, podemos supor que a saída de nossa existência *mûlâdhâra* leva para a água. Um conhecido meu, que não está em análise, teve sonhos interessantes que representavam isto frequentemente e eram todos idênticos. Ele se via andando por certa estrada, ou numa ruela ou trilha, num veículo ou a pé – o sonho sempre começava com um movimento semelhante – e então, para sua grande surpresa, todos esses caminhos levavam à água, o segundo chacra.

Hauer respondeu: "Não na Índia. Ali o crescente é sempre o sinal de Shiva" (*HS*, p. 84).

Portanto, a primeira exigência de um culto de mistério sempre foi dirigir-se à água, à fonte batismal. O caminho para um maior desenvolvimento passa pela água, com o perigo de ser engolido pelo monstro. Diríamos hoje que este não é o caso no batismo cristão – não há perigo em ser batizado. Mas, se estudarmos as belas imagens em mosaico no batistério dos ortodoxos em Ravena (que remonta ao século IV ou ao início do século V, quando o batismo ainda era um culto de mistério), veremos quatro cenas representadas na parede: duas descrevem o batismo de Cristo no Jordão e a quarta é São Pedro afogando-se num lago durante uma tempestade e sendo resgatado pelo Salvador[27]. O batismo é um afogamento simbólico. Existem na Rússia algumas seitas que, a fim de torná-lo real, mergulham as pessoas na água por tanto tempo que, às vezes, chegam a afogar-se. É uma morte simbólica da qual surge uma nova vida, um bebê recém-nascido. Muitas vezes os iniciados são depois alimentados com leite, como no culto de Átis, onde após o batismo as pessoas eram alimentadas com leite por oito dias como se fossem bebezinhos e recebiam um novo nome[28].

---

27. Jung proporciona um relato desta experiência em *MSR*, p. 283-287. Ali ele afirmou que pediu a um conhecido que ia para Ravena que lhe obtivesse as gravuras e o conhecido ficou sabendo que os mosaicos não existiam (Ibid., p. 284). Aniela Jaffé observou que Jung explicou isso "como uma nova criação momentânea do inconsciente, em relação à ideia arquetípica da iniciação. A causa imediata da concretização estaria, segundo ele, "na relação de sua anima como Galla Placidia" (Ibid., p. 419). As recordações de Jung dos mosaicos em *MSR* diferem um pouco do que foi apresentado aqui; estas diferenças são anotadas em NOEL, Dan. "A Viewpoint on Jung's Ravenna Vision". *Harvest: Journal for Jungian Studies* 39 (1993), p. 159-163, que é uma reavaliação de todo este episódio.

28. Jung forneceu uma interpretação do mito de Átis em *Símbolos da transformação* (OC vol. 5, § 659-662).

Por isso, o simbolismo no chacra *svâdhisthâna* é a ideia universal do batismo com água, com todos os perigos de ser afogado ou devorado pelo makara. Hoje, em vez de mar ou de leviatã, nós falamos de "análise", que é igualmente perigosa. A pessoa mergulha na água, se familiariza o leviatã que ali habita e isso se transforma em fonte de regeneração ou de destruição. E se esta analogia é verdadeira, também deve ser verdadeira a analogia do mito solar, porque toda a história batismal está no mito solar. Vemos que o sol da tarde fica velho e fraco e por isso se afoga; ele mergulha no mar do poente, viaja sob as águas (a travessia noturna do mar) e de manhã surge renascido no Oriente. Por isso, poderíamos designar o segundo chacra como o chacra ou mandala do batismo, ou do renascimento ou da destruição – quaisquer que possam ser as consequências do batismo.

Podemos também dizer algo sobre os detalhes deste chacra. O vermelho vivo é compreensível. O *mûlâdhâra* é mais escuro, a cor do sangue, da paixão escura. Mas a cor escarlate do *svâdhisthâna* contém muito mais luz e, se supusermos que isto tem realmente algo a ver com o curso do sol, pode tratar-se dos raios do sol quando se põe ou se levanta – a cor da aurora ou os últimos raios do sol são um tipo de vermelho um tanto úmido. Em seguida, depois do segundo centro, podemos esperar a manifestação da vida recém-nascida, uma manifestação de luz, de intensidade, de grande atividade, e isto seria o *manipûra*[29]. Mas, antes de falar desse centro, devemos

---

29. Hauer definiu o chacra *manipûra* da seguinte maneira: "*Mani* significa pérola ou joia e *pûra* significa plenitude ou riqueza; poderíamos chamá-lo tesouro da pérola, ou tesouro das joias" (*HS*, p. 68).

tratar exaustivamente deste segundo chacra. É um fato peculiar que o Oriente não coloca estes chacras sob os nossos pés, mas em cima. Nós situaríamos o *mûlâdhâra* em cima, porque este é nosso mundo consciente, e o próximo chacra está em baixo – este é o nosso sentimento, porque nós começamos realmente em cima. Tudo é trocado. Nós começamos em nosso mundo consciente, de modo que podemos dizer que nosso *mûlâdhâra* não está embaixo na barriga, mas em cima na cabeça. Como vocês podem ver, isto põe tudo de ponta-cabeça.

Sra. Sawyer: Mas no inconsciente ocorre a mesma coisa.

Dr. Jung: Ah! Agora vem o inconsciente onde *les extrêmes se touchent*. Ali tudo é sim e não e ali o *mûlâdhâra* está tanto em cima como também embaixo. Temos uma analogia no sistema tântrico dos chacras. Qual é a analogia entre o *âjñâ*[30], o centro mais alto, e o *mûlâdhâra*? Isto é muito importante.

Sra. Fierz: A união de Shakti e Shiva[31].

Dr. Jung: Sim. A Kundalini está unida ao linga no *mûlâdhâra*[32] no estado da beleza adormecida e a mesma

---

30. Hauer definiu o chacra *âjñâ* como significando "mandato"; é algo que alguém sabe que deve fazer, tem a ver com *Erkenntnis*, conhecimento. [...] Em inglês podemos chamá-lo acknowledgment [reconhecimento]. É um mandato, ou reconhecimento dirigido a si mesmo, que nos diz que algo é nosso dever" (*HS*, p. 69).

31. Hauer descreveu o chacra *âjñâ* da seguinte maneira: "A *yoni* e o *linga*, poder da mulher e poder do homem, estão unidos, não estão separados" (*HS*, p. 90).

32. Haus descreveu o chacra *mûlâdhâra* da seguinte maneira: "Aqui estão novamente a *yoni* e o *linga*, e aqui a Kundalini dorme. Esta *yoni* é vermelha e o *linga* é marrom, o que é o símbolo da vida erótica em sua plenitude. É um vermelho muito diferente do vermelho que está no centro do coração [*âjñâ*],

condição prevalece em cima no centro *ájñâ*, onde a *devî* retornou ao deus e eles são novamente um. Novamente eles estão na condição criativa, mas numa forma totalmente diferente. Como estão unidos embaixo, também estão unidos em cima. Por isso, os dois centros podem ser trocados.

Como vocês podem ver, ao adaptar esse sistema a nós mesmos, devemos compreender onde nos encontramos antes de podermos assimilar uma coisa dessas. Entre nós é aparentemente o contrário: nós não subimos ao inconsciente, nós descemos – é uma *katabasis*. Sempre foi assim. Os antigos cultos de mistério ocorriam em lugares subterrâneos. Nas antigas igrejas cristãs vemos isto na cripta embaixo do altar – a igreja subterrânea (*underchurch*). É a mesma ideia do *spelaeum* mitraico, que era a caverna ou sala onde ocorria o culto de Mitra. Era sempre um lugar subterrâneo ou era uma gruta real. Também o culto de Átis ocorria em grutas. Diz-se que a gruta onde Cristo nasceu em Belém foi um *spelaeum*[33]. E vocês se lembram que a atual basílica de São Pedro em Roma está situada no lugar onde antigamente ocorriam os *taurobolia*, os batismos de sangue no culto de Átis. Os sumos sacerdotes do culto de Átis tinham igualmente o título de "Papas", título assumido pelo papa, que antes era simplesmente um bispo de Roma. O próprio Átis é

---

onde reside a vida erótica no sentido mais elevado, ao passo que aqui ele está no sentido terreno real" (*HS*, p. 92).

33. Em "As visões de Zósimo" (1937), Jung anotou: "Átis relaciona-se mais de perto com Cristo no sentido de que, de acordo com a tradição, a gruta do nascimento em Belém teria sido um santuário de Átis. Através de novas escavações, esta tradição foi confirmada" (OC vol. 13, § 92, nota 39).

um deus que morre e ressuscita – mostrando a continuidade da verdadeira história.

Sr. Baumann: O Professor Hauer mencionou que o homem pode seguir dois caminhos para o inconsciente – ou para a esquerda ou para a direita. Num caminho ele enfrenta o monstro e é devorado por ele e no outro caminho ele chega por trás e pode atacar o monstro marinho[34].

Dr. Jung: Estas são sutilezas do sistema hindu. Devemos dar-nos por satisfeitos se conseguirmos digerir e assimilar este material em suas linhas gerais. Bem, com isto expliquei por que no Oriente o inconsciente está em cima, ao passo que no Ocidente está embaixo. Por isso, podemos inverter a coisa toda como se estivéssemos descendo do *mûlâdhâra*, como se ele fosse o centro mais alo. Evidentemente, podemos expressar-nos desta maneira. Mas, então, podemos dizer também que estamos subindo.

Sra. Sawyer: Em todas as visões das quais tratamos no seminário em inglês, primeiro a gente desce e depois sobe. Eu não sei como se pode mudar isto.

Dr. Jung: Quando você começa no *mûlâdhâra* você desce, porque então o *mûlâdhâra* está no topo.

Sra. Sawyer: Mas o *mûlâdhâra* está no subsolo.

Dr. Jung: Não, ele não está necessariamente no subsolo, ele é da terra. Esta é uma *façon de parler*. Nós estamos sobre a terra ou na terra. Aquela mulher enredada nas raízes está enredada justamente em sua vida pessoal. Na verdade, acontece que ela esteve particularmente assim e por isso se representou a si mesma enredada nos

---

34. Cf. apêndice 3, nota 5, p. 228.

deveres da vida, em suas relações com a família e assim por diante. Para ela, submeter-se à análise era certamente subir. E passar pelo batismo cristão é subir, mas isto não impede que ele seja representado como descida para a água. Cristo não sobe ao Jordão.

Sra. Crowley: O Sr. não pensa que a ideia oriental do inconsciente é diferente da nossa? É um tipo diferente de inconsciente.

Dr. Jung: Sim. Eles têm certamente uma ideia totalmente diferente, mas não adianta discutir qual é a ideia deles, porque não a conhecermos.

Sra. Crowley: Mas é possível obtê-la lendo os textos sânscritos – os textos védicos.

Dr. Jung: Eu li bastante, mas a coisa não está clara. Só sei que eles veem estas coisas de maneira muito diferente. Por exemplo, mantive alguma correspondência com um pândita [mestre] hindu a respeito dos chacras mandalas. Ele me informou que eles tinham a ver com a medicina, que eram anatômicos e carecem completamente de significado filosófico. Esta ideia não entrava em seu horizonte. Trata-se de um homem que tinha lido os textos sânscritos. Não o conheço pessoalmente; ele é um professor universitário em Dacca.

Sra. Crowley: Lá existem divisões em suas tipologias assim como aqui existem divisões em nossas tipologias.

Dr. Jung: Naturalmente – eles têm muitas visões diferentes e todo o Oriente tem visões muito diferentes das nossas sobre estas questões. Eles não reconhecem o inconsciente e também pouco sabem sobre o que nós entendemos por consciência. Sua representação do mundo é totalmente diferente da nossa, de modo que só podemos conhecê-la na medida em que a entendemos em nossos próprios termos. Por isso, tento abordar o tema do ponto de vista psicológico. Sinto muito tê-los desnorteado, mas vocês ficarão mais desnorteados se tomarem estas coisas literalmente. (É melhor que não o façam.) Se pensarem nestes termos, vocês construirão um sistema aparentemente hindu com a psicologia da mente ocidental e vocês não podem fazê-lo – vocês simplesmente se envenenariam a si mesmos. Portanto, se tratamos disso tudo – e eu temo que devamos fazê-lo porque temos estruturas semelhantes em nosso próprio inconsciente –, devemos fazê-lo da seguinte maneira: devemos dar-nos conta, ou pelo menos levar em consideração, que o *mûlâdhâra* é aqui, a vida desta terra, e aqui o deus está adormecido. E depois precisamos ir ao *krater*[35] – para usar uma antiga citação de Zósimo – ou ao inconsciente e este é entendido como uma condição superior à de antes, porque aqui a pessoa se aproxima de outro tipo de vida. E a única maneira de chegar ali é através da Kundalini que foi despertada[36].

Agora precisamos falar da Kundalini: o que ela é, ou como pode ser despertada[37]. Vocês se lembram que o

---

35. Em "As visões de Zósimo" Jung escreveu sobre o *krater*: "O *krater* é, pelo visto, um recipiente miraculoso, uma pia batismal ou uma piscina na qual foi realizado o *baptismos*, a imersão espiritual" (OC vol. 13, § 97).

36. No manuscrito "Die Beschreibung der beiden Centren Shat-chakra Nirupana", Jung escreveu: "No Mûlâdhâra a Kundalini dorme. É uma atividade latente, que se mostra fora. Através dela o homem está ligado ao mundo da aparência e acredita que seu eu é idêntico a seu si-mesmo. A Kundalini é a cit (consciência) oculta e, quando desperta, ela retorna a seu senhor. Ela é a 'consciência do mundo', em contraposição com cit-âtmâ = consciência individual" (p. 2).

37. Hauer definiu a Kundalini da seguinte maneira: "A Kundalini, como é entendida aqui, não é de modo algum um poder erótico do varão, mas uma forma de poder feminino, que não é senão puro conhecimento. Existe no poder

Professor Hauer disse que o que desperta a Kundalini é certo impulso vindo de cima e disse também que a pessoa precisa ter um *buddhi*[38] purificado, ou espírito purificado, a fim de despertá-la. Assim o avanço para o segundo chacra só é possível se tivermos despertado a serpente e a serpente só pode ser despertada mediante a atitude correta. Expresso em termos psicológicos, isso significa que só podemos aproximar-nos do inconsciente de uma maneira determinada, ou seja, mediante uma mente purificada, mediante uma atitude correta e pela graça do céu, que é a Kundalini. Algo em nós, um impulso interior deve levar-nos a isso. Se isso não ocorrer, tudo é puramente artificial. Por isso, deve haver algo peculiar na pessoa, uma centelha orientadora, algum incentivo, que a obrigue a atravessar a água em direção ao próximo centro. E isso é a *Kundalini*, algo absolutamente irreconhecível, que pode manifestar-se, digamos, como medo, como uma neurose, ou aparentemente também como um interesse vigoroso; mas deve ser algo superior à nossa vontade. Do contrário, não a atravessaremos. Recuaríamos ao encontrar o primeiro obstáculo; ao avistar o leviatã, fugiríamos. Mas, se essa centelha viva, esse impulso, essa necessidade nos agarrar pelo pescoço, então não podermos recuar; precisaremos arcar com a responsabilidade.

---

feminino certo poder de conhecimento, uma força que não tem nada a ver com o erótico, e ela precisa ser libertada e unida à força de conhecimento do poder masculino em seu ponto mais alto de desenvolvimento" (*HS*, p. 97).

38. Hauer definiu o *buddhi* da seguinte maneira: "*Buddhi* significa o órgão da intuição que é composto de puro *sattva*, a luz-mundo-substância que está na base da cognição ou conhecimento, insight" (*HS*, p. 96). Eliade afirmou que *buddhi* era o termo para designar o intelecto no Samkhya ioga. ELIADE, Mircea. *Yoga: Immortality and Freedom*. Trad. por Willard R. Trask. Bollingen Series LVI; reimp. Londres, 1989, p. 18.

Apresentarei a vocês um exemplo tirado de um livro medieval, o famoso *Hypnerotomachia*, ou *Le Songe de Poliphile*[39], que citei aqui antes. Foi escrito no século XV por um monge cristão pertencente a uma famosa família romana. Ele penetrou, por assim dizer, no inconsciente. É como o início do *Inferno* de Dante, mas expresso em termos totalmente diferentes. Ele se apresenta viajando pela Floresta Negra, que naquele tempo, especialmente para os italianos, ainda era a *ultima Thule*, onde ainda vivia o unicórnio; era tão selvagem e desconhecida como as florestas da África central para nós. Ali ele se perde e então aparece um lobo. No início ele se assusta, mas depois segue o lobo até uma fonte onde ele bebe da água – uma alusão ao batismo. Depois ele chega às ruínas de uma antiga cidade romana e entra pelo portão e vê estátuas e inscrições simbólicas peculiares, que ele cita e que são sumamente interessantes de um ponto de vista psicológico. Então, de repente, ele sente medo; tudo se torna estranho e misterioso. Ele quer recuar e se vira para sair novamente pelo portão, mas agora há um dragão sentado atrás dele que lhe barra o caminho, e ele não pode recuar. Não tem outra opção senão seguir em frente. O dragão é a Kundalini. Como vocês podem ver, em termos psicológicos a Kundalini é aquilo que nos impulsiona a realizar as maiores aventuras. Eu digo: "Droga! Por que comecei uma coisa destas?" Mas, se recuo, toda a aventura desaparece da minha vida e minha vida já não

---

[39]. *The Dream of Poliphilo*, relatado e interpretado por Linda Fierz-David, traduzido por Mary Hottinner na Bollingen Series XXV; reimpr. Dallas, 1987. Jung escreveu um prefácio a este volume, que é reproduzido em OC vol. 18/2, § 1.749-1.752.

é mais nada; ela perdeu seu sabor. A busca é que torna a vida vivível e isto é a Kundalini; isto é o impulso divino. Por exemplo, quando um cavaleiro na Idade Média realizava feitos maravilhosos como os grandes trabalhos de Hércules, quando combatia dragões e libertava donzelas, ele fazia tudo para a sua Senhora, ela era a Kundalini. E quando Leo e Holly vão para a África em busca de *She*[40], e She os impulsiona a realizar as mais incríveis aventuras, isto é a Kundalini.

Sra. Crowley: A anima?

Dr. Jung: Sim. A anima é Kundalini[41]. Esta é a verdadeira razão por que sustento que este segundo centro, apesar da interpretação hindu segundo a qual o quaro crescente é masculino, é intensamente feminino, porque a água é o útero do renascimento, a fonte batismal. A lua é evidentemente um símbolo feminino; e, além disso, tenho em casa um quadro tibetano no qual Shiva é representado na forma feminina, dançando sobre os cadáveres no cemitério. De qualquer modo a lua é sempre entendida como receptáculo das almas dos mortos. Elas migram para a lua após a morte e a lua dá à luz as almas no sol.

---

40. Para uma discussão de Jung sobre *She* de Rider Haggard (Londres, 1987), cf. seu *Analytical Psychology*, p. 136-144.

41. /A interpretação Junguiana da Kundalini como anima pode ter sido sugerida em parte pela seguinte descrição dela citada em *The Serpent Power*: "Ela [...] é a 'Mulher Interior' à qual se faz referência quando se disse: 'Que necessidade tenho eu da mulher exterior? Eu tenho uma Mulher Interior em mim mesmo'" (1ª ed., p. 272). Esta frase está fortemente marcada no exemplar que Jung tinha do livro; a frase inteira é citada em seu "Die Beschreibung der beiden Centren Shat-chakra Nirupana" (p. 2), e a última parte da frase, "Eu tenho uma Mulher Interior em mim mesmo", é citada novamente em seu manuscrito "Avalon Serpent" (p. 1). Em "Simbolismo do mandala" (1950), Jung disse a respeito da serpente: "Ela move-se para fora: trata-se do despertar da Kundalini, i. é, a natureza ctônica torna-se ativa. [...] Praticamente, isto significa uma conscientização da natureza instintiva" (OC vol. 9/1, § 667).

Primeiro ela fica completamente cheia de almas dos mortos – é a lua-cheia grávida – e depois as entrega ao sol, onde as almas adquirem nova vida (um mito maniqueu). Assim a lua é um símbolo do renascimento. Por isso, a lua neste chacra não está em cima – ela está embaixo, como uma taça da qual flui a oferenda das almas aos chacras superiores, *manipûra* e *anâhata*. Como vocês podem ver, temos novamente o mito do sol.

Preleção 2

19 de outubro de 1932

Dr. Jung: Prosseguiremos com ulteriores informações sobre os chacras. Como vocês devem se lembrar, eu lhes disse na última vez que iria analisar o sentido dos atributos simbólicos do *mûlâdhâra*. Provavelmente vocês notaram que, ao analisar estes símbolos, seguimos em grande parte o mesmo método que usamos na análise dos sonhos: consideramos todos os sonhos e procuramos construir o sentido que parece indicado pela totalidade dos atributos. Desta maneira chegamos à conclusão de que o *mûlâdhâra* era um símbolo de nossa existência pessoal terrestre consciente.

Para repetir em poucas palavras o argumento: o *mûlâdhâra* se caracteriza por ser o sinal da terra; o quadrado no centro é a terra, o elefante é a força sustentadora, a energia psíquica ou libido. Em seguida, o nome *mûlâdhâra*, que significa o suporte-raiz, mostra também que estamos na região das raízes da nossa existência, que seria nossa existência corporal pessoal nesta terra. Outra característica muito importante é que os deuses estão adormecidos; o *linga* é um mero germe e a Kundalini, a beleza adormecida, é a possibilidade de um mundo que ainda não surgiu. Portanto, isso mostra uma condição na qual o homem parece ser a única força ativa e os deuses, ou poderes não-eu impessoais, são ineficientes – eles não fazem praticamente nada. E essa é em grande parte a situação da nossa consciência europeia moderna. Em seguida, temos ainda outra característica que não aparece no próprio símbolo, mas sim nos comentários hindus – a saber, que este chacra está localizado, por assim dizer, na cavidade abdominal inferior, o que dá imediatamente um sentido totalmente diferente à coisa. Porque então ela é algo que está dentro do nosso corpo, sendo que tínhamos chegado à conclusão de que estava fora – ou seja, que se tratava do nosso mundo consciente. O fato de os comentários hindus situarem o mundo consciente dentro do corpo é para nós um fato muito surpreendente.

Podemos considerar este comentário exatamente como se se tratasse de uma associação realizada por um paciente num sonho ou numa visão e, de acordo com sua ideia, a associação seria: era algo em sua barriga. Ora, por que ele diz isto? Talvez nossa existência aqui na carne, no espaço tridimensional, tenha realmente algo a ver com o símbolo em questão. Talvez seja uma condição que poderia ser expressa pela alegoria do abdômen – como se estivéssemos num abdômen. E estar num abdômen significaria muito provavelmente que estávamos na mãe, numa condição de desenvolvimento ou de início. Este ponto de vista lançaria uma luz peculiar sobre nosso simbolismo. Transmitiria a ideia de que nossa existência real, este mundo, é uma espécie de útero; nós somos apenas inícios, menos do que embriões; somos apenas germes que ainda precisam chegar a ser, como um ovo no útero. Evidentemente, este é apenas um comentário, que mostra como o hindu observa o mundo como ele é – talvez ele entenda seu mundo consciente como um mero berçário.

Ora, isto é uma amostra de filosofia. Como vocês podem ver, é uma analogia com a filosofia cristã, segundo a qual esta existência pessoal real é apenas transitória. Não estamos destinados a permanecer nesta condição; fomos plantados nesta terra com a finalidade de tornar-nos cada vez melhores e, quando morrermos, nos tornaremos anjos. No mundo islâmico existe uma ideia muito semelhante. Recordo uma conversa com um árabe nas tumbas dos califas no Cairo. Eu estava admirando uma tumba feita num estilo maravilhoso, realmente uma coisa muito bela. Ele observou minha admiração e disse:

> Vocês europeus são pessoas engraçadas. Admirar esta casa é o que *nós* fazemos, é aquilo em que acreditamos. Vocês acreditam em dólares e automóveis e estradas de ferro. Mas o que é mais sábio: construir uma casa para um tempo curto ou para um longo tempo? Se alguém sabe que permanecerá num lugar apenas por alguns anos e depois permanecerá noutro lugar por cinquenta anos, ele construirá sua casa para aqueles poucos anos ou para os cinquenta anos?

Como era de esperar, eu disse: "Para os cinquenta anos". E ele disse: "É isso que nós fazemos – construímos nossa casa para a eternidade, onde permaneceremos por muito mais tempo"[1]. Este é o ponto de vista de muitas pessoas, sejam hindus ou cristãos ou muçulmanos. De acordo com a ideia dos hindus, o *mûlâdhâra* é uma coisa transitória, a condição germinal na qual as coisas começam. Evidentemente, isto se opõe em grande parte ao que as pessoas de hoje acreditam. Nós lemos nossos jornais, examinamos o mundo político e econômico, acreditando que isso é a realidade definitiva, como se tudo dependesse do que faremos com o dinheiro corrente, das condições econômicas em geral e assim por diante. Somos todos muito loucos a respeito destas coisas, como se fosse particularmente correto preocupar-se com isso. Mas essas outras pessoas são incontáveis; nós somos poucos em número em comparação com as pessoas que têm um ponto de vista totalmente diferente quanto ao sentido do mundo. Para elas, nós somos simplesmente ridículos; vivemos numa espécie de ilusão a respeito do nosso mundo. Portanto, este ponto de vista da filosofia da ioga faz parte, até o momento, da tendência geral do mundo filosófico e religioso. É muito comum considerar o *mûlâdhâra* um fenômeno transitório.

Para nosso objetivo podemos deixar de lado este comentário filosófico particular. Ele é muito interessante, mas não nos perturbaria. Porque devemos aceitar sem questionar que este é o mundo onde acontecem as coisas reais, que é o único mundo e talvez não haja nada para além – pelo menos, não temos experiências que o comprovem para nós. Precisamos preocupar-nos com a realidade imediata e devemos dizer, como se mostra no sím-

---

1. Jung esteve no Cairo em 1926 e seu relato da viagem encontra-se em *MSR*, p. 241-248, onde esta historieta não aparece.

bolo do *mûlâdhâra*, que os deuses que representam essa outra ordem eterna das coisas estão adormecidos. Eles são ineficientes, não significam nada. No entanto, nos é permitido admitir que no próprio centro desde campo da consciência encontram-se germes de algo que apontam para um tipo diferente de consciência, embora por enquanto estejam inativos. Portanto, expressando-nos num nível psicológico, parece evidente que mesmo em nossa consciência – esta consciência acreditamos ser "nada mais que" e perfeitamente clara e evidente por si mesma e banal – mesmo nesse campo existe a centelha de algo que aponta para outra concepção de vida.

Esta é apenas uma afirmação a respeito de uma condição geralmente predominante, ou seja: através do *consensus gentium* – da harmonia de opiniões no mundo inteiro entre os homens – entende-se que, em algum lugar no interior de nossa consciência normal, existe uma coisa como esta. Ali existem deuses adormecidos, ou um germe, que pode habilitar-nos, como habilitou pessoas em todos os tempos, a considerar o mundo *mûlâdhâra* de um ponto de vista inteiramente diferente, que lhes permite até situar o *mûlâdhâra* de ponta-cabeça na base do tronco onde as coisas começam – o que significa que, no grande corpo do mundo cósmico, este mundo ocupa o lugar mais baixo, o lugar do início. Portanto, o que consideramos o ponto culminante de uma longa história e de uma longa evolução seria realmente um berçário e as coisas grandes e importantes estão muito acima dele e ainda por vir – exatamente como os conteúdos inconscientes que sentimos em baixo em nosso abdômen estão subindo lentamente para a superfície e tornando-se conscientes, de modo que começamos a ter a convicção: isto é definitivo, isto é claro, isto é realmente o que buscamos. Enquanto estava embaixo no abdômen, simplesmente perturbava nossas funções; era um pequeno germe. Mas agora ele é um embrião, ou, quando chega ao consciente, começa lentamente a ser visto como uma árvore plenamente desenvolvida.

Se olhamos o símbolo do *mûlâdhâra* desta maneira, compreendemos o objetivo da ioga no despertar da Kundalini. Isto significa separar do mundo os deuses, de modo que se tornem ativos, e com isso a pessoa inicia outra ordem de coisas. Do ponto de vista dos deuses, este mundo é menos do que um brinquedo de criança; é uma semente na terra, uma mera potencialidade. Todo o nosso mundo da consciência é apenas uma semente do futuro. E quando conseguimos o despertar da Kundalini, de modo que ela começa a sair de sua mera potencialidade, iniciamos necessariamente um mundo que é um mundo de eternidade, totalmente diferente do nosso mundo.

Aqui ficará claro por que dediquei-me a falar detalhadamente sobre todo este problema.

Vocês se lembram que, em nossos seminários anteriores, eu sempre procurei mostrar-lhes que a série de visões era uma experiência de tipo não-pessoal ou impessoal e explicar-lhes por que eu, em particular, fui tão reticente em falar sobre os aspectos pessoais de nossa paciente; o lado pessoal é perfeitamente descartável em comparação com as visões dela. Suas visões podiam ser as visões de qualquer um, porque são impessoais, correspondem ao mundo da Kundalini e não ao mundo do *mûlâdhâra*. São experiências que significam realmente o desenvolvimento da Kundalini e não da Sra. Tal-e-Tal. Com toda certeza, um analista muito perspicaz seria capaz de analisar, utilizando esse material, uma série de incidentes pessoais na vida dela, mas seria apenas do ponto de vista do *mûlâdhâra*, ou seja, do nosso ponto de vista racional deste mundo como se fosse o mundo definitivo. Mas, do ponto de vista da ioga kundalini, esse aspecto não é interessante, porque é meramente acidental[2]. O *mûlâdhâra* é o mundo da ilusão a partir desse outro ponto de vista – da mesma maneira que o mundo dos deuses, a experiência impessoal, é naturalmente uma ilusão a partir da psicologia do *mûlâdhâra*, o ponto de vista racional do nosso mundo.

Insisto neste simbolismo particular, porque ele pode realmente dar-nos uma oportunidade incomparável para compreender o que se entende pela experiência impessoal e pela dualidade – e mesmo duplicidade – peculiar da psicologia humana, na qual dois aspectos se entrecruzam de aneira desconcertante. Por um lado, o aspecto pessoal, no qual as coisas pessoais são as únicas coisas significativas; e, por outro, a psicologia, na qual as coisas pessoais são totalmente desinteressantes e inúteis, fúteis, ilusórias. Devemos à existência destes dois aspectos o fato de termos conflitos fundamentais, de termos a possibilidade de adotar um outro ponto de vista, de modo que podemos criticar e julgar, reconhecer e compreender. Porque,

---

2. Quando o seminário sobre as visões foi retomado a 2 de novembro, Jung reiterou esta afirmação: "Como vocês sabem, devo abster-me totalmente de falar da vida pessoal da nossa paciente, poraquê isso não leva a nada; se vocês começam a pensar sobre ela como um ser pessoal, isso induzirá vocês em erro. As visões não devem ser entendidas de maneira pessoal, porque então elas não seriam senão a loucura subjetiva de uma personagem" (*The Visions Seminar*, vol. 7, p. 7). Evidentemente, o excurso sobre a ioga kundalini tinha como objetivo psicológico enfatizar este ponto.

quando alguém é exatamente um com alguma coisa, ele é completamente idêntico – não cabe compará-la, nem discriminá-la, nem reconhecê-la. Ele precisa sempre ter um ponto de vista externo se quiser compreender. Por isso, as pessoas de natureza problemática e cheias de conflitos são as pessoas que podem produzir a maior compreensão, porque sua natureza problemática as capacita a ver outros aspectos e a julgar por comparação. Possivelmente não poderíamos julgar este mundo se não tivéssemos um ponto de vista externo e este é dado pelo simbolismo das experiências religiosas.

Ora, se o iogue ou a pessoa ocidental consegue despertar a Kundalini, o que se inicia não é de modo algum um desenvolvimento pessoal, embora evidentemente um desenvolvimento impessoal possa influenciar o *status* pessoal, como ocorre muitas vezes e de maneira muito favorável. Mas nem sempre é assim. O que começa são os acontecimentos impessoais com os quais não devemos identificar-nos. Se o fizermos, logo sentiremos consequências desagradáveis – experimentamos uma inflação, tudo dá errado para nós. Esta é uma das grandes dificuldades ao experimentar o inconsciente – a pessoa se identifica com ele e se torna um idiota. Não devemos identificar-nos com o inconsciente; devemos manter-nos fora, à margem e observar objetivamente o que acontece. Mas então vemos que todos os acontecimentos que ocorrem na ordem impessoal e não-humana das coisas têm a capacidade muito desagradável de apegar-se a nós, ou nós nos apegamos a eles. É como se a Kundalini, em seu movimento ascendente, nos puxasse junto com ela, como se fizéssemos parte desse movimento, particularmente no início.

É verdade que nós *fazemos* parte, porque então somos aquilo que contém os deuses; eles são germes em nós, germes no *mûlâdhâra*; e, quando começam a mover-se, têm o efeito de um terremoto que naturalmente nos sacode e até demole nossas casas. Quando ocorre esta convulsão, somos arrastados por ela e naturalmente podemos pensar que estamos subindo. Mas, evidentemente, uma coisa é voar e outra muito diferente é ser levantado por uma onda ou um forte vento. Porque voar é uma atividade que nós próprios realizamos e podemos pousar novamente em segurança; mas, ser lançados para o alto escapa ao nosso controle e depois de algum tempo somos arremessados para baixo de uma maneira muito desagradável – então isso significa uma catástrofe. Portanto, como vocês podem ver, é sensato não identificar-se com estas experiências, mas administrá-las como se fosse algo fora do campo humano. Esta é a maneira mais segura de agir – e de fato absolutamente necessária. Caso contrário, nos inflacionamos e a inflação é apenas uma forma menor de insanidade, um termo mitigado para designá-la. E se ficarmos completamente inflados ao ponto de estourar, trata-se de esquizofrenia.

Evidentemente a ideia de uma experiência psíquica impessoal nos é muito estranha e é extremamente difícil aceitar uma coisa dessas, porque estamos tão imbuídos do fato de nosso inconsciente ser uma coisa própria nossa – meu inconsciente, o inconsciente dele, o inconsciente dela – e nosso preconceito é tão forte que podemos ter a maior dificuldade de desidentificar-nos. Mesmo que devamos reconhecer que existe uma experiência de não-eu, há um longo caminho a percorrer até entendermos do que se trata. É por isso que estas experiências são secretas; são chamadas de místicas, porque o mundo ordinário não pode compreendê-las e as pessoas chamam de "místico" tudo o que não conseguem compreender – o termo inclui tudo. Mas a questão é que aquilo que elas denominam "místico" é, simplesmente, o que não é óbvio. Por isso, o caminho da ioga, ou a filosofia da ioga, sempre foi um segredo, mas não porque as pessoas o *mantiveram* secreto. Porque, logo que *mantemos* um segredo, ele já é um segredo aberto; nós sabemos a respeito dele e outras pessoas sabem a respeito dele e então ele não é mais um segredo. Os segredos reais são segredos porque ninguém os compreende. Não se pode nem mesmo falar sobre eles e deste tipo são as experiências da ioga kundalini. Esta tendência de manter coisas em segredo é apenas uma consequência natural, quando a experiência é de um tipo tão peculiar que é melhor não falarmos sobre ela, porque nos expomos às maiores incompreensões e mal-entendidos. Embora seja uma questão de experiência dogmatizada das coisas que já têm certa forma, ainda assim sentimos, enquanto a impressão fresca original dessa experiência está viva, que é melhor continuar a mantê-la oculta. Sentimos que estas coisas não se encaixam, que elas podem ter uma influência quase destrutiva sobre as condições do mundo do *mûlâdhâra*.

Porque as convicções do mundo do *mûlâdhâra* são muito necessárias. É extremamente importante sermos racionais, acreditarmos que nosso mundo tem um contorno preciso, que este mundo é o ponto culminante da história, a coisa mais desejável. Essa convicção é absolutamente vital. Caso contrário, permanecemos desligados do *mûlâdhâra* – nunca entramos nele, até mesmo nunca nascemos. Existe uma multidão de pessoas que ainda não nasceram. Elas parecem estar todas aqui, elas perambulam entre nós – mas na verdade ainda não nasceram, porque estão atrás de uma parede de vidro, estão num útero. Estão no mundo apenas em liberdade condicional e logo serão devolvidas ao pleroma donde surgiram originalmente. Não estabeleceram uma conexão com este mundo; estão suspensas no ar; são neuróticos que levam uma vida provisória. Elas dizem: "Agora estou vivendo em tal-e-tal condição. Se meus pais se comportarem de acordo com meus desejos, permanecerei. Mas, se por acaso fizerem algo de que não gosto, partirei imediatamente". Como vocês podem ver, esta é a vida provisória, uma vida condicional, a vida de alguém que ainda está ligado por cordão umbilical tão grosso como uma corda de navio ao pleroma, o mundo arquetípico do esplendor. Ora, é de muita importância nascermos; precisamos vir a este mundo – caso contrário, não podemos realizar o si-mesmo e o objetivo deste mundo terá malogrado. Sendo assim, só nos ser jogados de volta no crisol e nascer novamente.

Os hindus têm uma teoria extremamente interessante sobre isso. A metafísica não é o meu forte, mas devo admitir que na metafísica existe uma boa dose de psicologia. Como vocês podem ver, é absolutamente importante que a pessoa esteja neste mundo, que realize realmente sua *entelecheia*, o germe da vida que ela é. Caso contrário, nunca se pode iniciar o processo da Kundalini; nunca é possível desapegar-se. Somos simplesmente arremessados de volta e nada aconteceu; é uma experiência absolutamente inútil. Devemos acreditar neste mundo, criar raízes, fazer o melhor que pudermos, mesmo que precisemos acreditar nas coisas mais absurdas – acreditar, por exemplo, que este mundo é perfeitamente claro e definido, que é absolutamente importante firmar ou não tal-e-tal tratado. Pode ser completamente fútil, mas precisamos acreditar nele, precisamos transformá-lo numa espécie de convicção religiosa, apenas para o fim de colocar nossa assinatura no tratado, de modo que permaneça um rastro nosso. Porque precisamos deixar algum rastro neste mundo que notifique que estivemos aqui, que algo aconteceu. Se não acontece nada deste tipo, nós não nos realizamos; o germe de vida caiu, por assim dizer, numa espessa camada de ar que o manteve suspenso. Ele nunca tocou o solo e, por isso, nunca pôde produzir a planta. Mas, se tocamos a realidade na qual vivemos e permanecemos por várias décadas, se deixarmos nosso rastro, então o processo impessoal pode começar. Como vocês podem ver, o broto deve brotar do chão e, se a centelha pessoal nunca entrou no solo, nada brotará dela. Não haverá nenhum *linga* nem Kundalini, porque permanecemos ainda no infinito que existia antes.

Mas se, como digo, conseguirmos completar nossa *entelecheia*, este broto nascerá do chão; ou seja, a possibilidade de desapegar-se deste mundo – do mundo de *Mâyâ*, como diriam os hindus – que é uma espécie de despersonalização. Porque no *mûlâdhâra* somos justamente idênticos. Estamos enredados nas raízes e nós mesmos somos as raízes. Nós criamos raízes, fazemos com que as raízes existam, estamos enraizados no solo e não há como fugir de nós mesmos, porque devemos permanecer ali enquanto vivermos. Esta ideia, de que podemos sublimar-nos a nós mesmos e tornar-nos totalmente espirituais, sem deixar nenhum cabelo, é uma inflação. Sinto muito, isso é impossível; não faz nenhum sentido. Por isso, devemos inventar um novo esquema e falar do impessoal. Outros tempos podem inventar outros termos para designar a mesma coisa.

Como vocês sabem, na Índia as pessoas não dizem "pessoal" e "impessoal", "subjetivo" e "objetivo", "eu" e "não-eu". Os indianos falam de *buddhi*, consciência pessoal, e Kundalini, que é a outra coisa; e nunca sonham em identificar as duas coisas. Eles nunca pensam: "Eu próprio sou Kundalini". Muito pelo contrário, eles podem experimentar o divino porque estão profundamente conscientes da diferença total entre Deus e homem. Nós nos identificamos com isso desde o início, porque nossos deuses, visto que não são apenas abstrações conscientes, são meros germes ou funções, por assim dizer. O divino em nós funciona como neuroses do estômago, ou do cólon, ou da bexiga – meras perturbações do submundo. Nossos deuses adormeceram e se mexem só nas entranhas da terra[3]. Porque nossa ideia consciente de Deus é abstrata e remota. Quase não ousamos falar dela. Ela se tornou um tabu, ou é uma moeda tão gasta que dificilmente podemos trocá-la.

---

3. Em seu "Comentário a 'O segredo da flor de ouro'" (1929), Jung escreveu: "Os deuses tornaram-se doenças. Zeus não governa mais o Olimpo, mas o plexo solar, e produz espécimes curiosos que visitam o consultório médico" (OC vol.13, § 54). Para uma reavaliação desta noção muitas vezes citada, cf. GIEGERICH, Wolfgang. "Killings". *Spring: A Journal of Archetype and Culture* 54 (1993), p. 9-18.

Ora, a ioga kundalini em seu sistema de chacras simboliza o desenvolvimento da vida impessoal. Por isso, ela é ao mesmo tempo um simbolismo de iniciação e é o mito cosmogônico. Vou contar-vos um exemplo. Existe entre os índios Pueblo um mito segundo o qual o homem foi gerado bem fundo na terra, numa caverna escura como breu. Depois, transcorrido um tempo incalculável de uma existência adormecida e absolutamente negra semelhante a um verme, dois mensageiros celestes desceram e semearam todas as plantas. Finalmente encontraram um bambu suficientemente longo para atravessar a abertura no teto e ajustado como uma escada, de modo que a humanidade pôde subir e chegar ao chão da próxima caverna; mas ela era ainda escura. Então, após um longo tempo, colocaram novamente o bambu sob o teto e subiram e alcançaram a terceira caverna. E assim mais uma vez, até que chegaram finalmente à quarta caverna onde havia luz, mas uma luz incompleta e fantasmagórica. A caverna se abria para a superfície da terra e, pela primeira vez, eles chegaram à superfície; mas ela ainda era escura. Então aprenderam a fazer uma luz brilhante da qual finalmente surgiram o sol e a lua.

Como vocês podem ver, este mito descreve maravilhosamente como aconteceu a consciência, como ela sobe de um nível para outro. Esses níveis eram chacras, os novos mundos de consciência que se desenvolvem de maneira natural, um acima do outro. E este é o simbolismo de todos os cultos de iniciação: o despertar a partir do *mûlâdhâra* e a entrada na água, a fonte batismal com o perigo do makara, que representa a característica ou atributo devorador do mar.

Então, se atravessamos esse perigo, alcançamos o próximo centro, o *manipûra*, que significa a abundância das joias. É o centro do fogo, realmente o lugar onde o sol nasce. Agora o sol aparece; a primeira luz vem depois do batismo. Isto, de acordo com Apuleio, se assemelha aos ritos de iniciação nos mistérios de Ísis, nos quais o iniciado, no final da cerimônia, era colocado sobre o pedestal e adorado como se fosse o deus Helios; trata-se da deificação que sempre vem após o rito batismal[4]. Nascemos para uma nova existência; somos um ser muito diferente e temos um nome diferente.

Pode-se ver tudo isso de maneira muito bela no rito católico do batismo, quando o padrinho segura a criança e o sacerdote se aproxima com a vela acesa e diz: "*Dono tibi lucem aeternam*" (Dou-te a luz eterna) – que significa: eu te dou o parentesco com o sol, com Deus. A pessoa recebe a alma imortal, que não possuía antes; ela é então um "renascido". Cristo recebe sua missão e o espírito de Deus em seu batismo no Jordão. Ele só é um Cristo após o batismo, porque Cristo significava o ungido. Também ele é um "renascido". Agora ele está acima do homem mortal ordinário, que era sua condição enquanto Jesus, o filho do carpinteiro. Agora ele é um Cristo, uma personalidade não-pessoal ou simbólica; deixa de ser uma mera pessoa pertencente a esta ou àquela família. Ele pertence ao mundo inteiro e em sua vida fica evidente que este é um papel muito mais importante do que o fato de ser o filho de José e Maria.

---

4. LUCIUS APULEIUS. *The Golden Ass*. Trad. por Robert Graves. Londres, 1950, p. 286.

Portanto, o *manipûra* é o centro da identificação com o deus, onde a pessoa se torna parte da substância divina, tendo uma alma imortal. Já fazemos parte daquilo que não está mais no tempo, no espaço tridimensional; pertencemos agora à ordem tetradimensional das coisas, onde o tempo é uma extensão, onde não existe espaço e não existe tempo, onde existe apenas duração infinita – a eternidade.

Trata-se aqui de um simbolismo universal e antigo, não só no batismo cristão e na iniciação nos mistérios de Ísis. Por exemplo, no simbolismo religioso do antigo Egito, o faraó morto vai para o submundo e embarca na barca solar. Como vocês podem ver, aproximar-se da divindade significa fugir da futilidade da existência pessoal e conquistar a existência eterna, fugir para uma forma intemporal de existência. O faraó entra na barca solar, viaja toda a noite, conquista a serpente e depois nasce novamente com o deus e domina os céus por toda a eternidade. Esta ideia difundiu-se nos séculos posteriores, de modo que até os nobres que tinham particular amizade com o faraó conseguiam entrar na barca de Ra. Por isso, encontram-se tantas múmias sepultadas na tumba dos faraós, pois se esperava que todos os corpos nas tumbas ressuscitariam com ele. Numa tumba recém-escavada no Egito vi algo muito comovedor. Pouco antes de fechar a tumba de determinado nobre, um dos operários depositara logo atrás da porta um bebezinho recém-falecido, deitado num cestinho miserável de junco e envolto em trapos, de modo que o bebê – que era provavelmente seu filho – ressuscitaria junto com o nobre no grande dia do julgamento. Ele estava satisfeito com sua própria futilidade, mas seu filho, pelo menos, alcançaria o sol. Por isso, este terceiro centro é com razão chamado de abundância das joias. É a grande riqueza do sol, a interminável abundância de poder divino que o homem atinge pelo batismo.

Mas, evidentemente, tudo isso é simbolismo. Passamos agora à interpretação psicológica, que não é tão fácil como o método simbólico ou comparativo[5]. É muito menos fácil entender o *manipûra* a partir de um ponto de vista psicológico. Se alguém sonha com o batismo, com a entrada na banheira ou na água, sabemos o que isso significa quando as pessoas estão em análise: significa que elas estão sendo empurradas para o inconsciente a fim de serem purificadas; elas devem entrar na água com o propósito de renovação. Mas permanece obscuro o que se segue após o banho. É muito difícil explicar em termos psicológicos o que se seguirá quando se trava conhecimento com inconsciente. Vocês têm uma ideia? Vejam bem, esta pergunta não é fácil de responder, porque estaremos inclinados a dar uma resposta abstrata, por uma razão psicológica.

Dr. Reichstein: Poderíamos dizer que o velho mundo está queimando até os alicerces.

Dr. Jung: Isto não é exatamente abstrato, mas é muito universal e se encontra a uma distância segura.

Dr. Reichstein: As antigas formas e ideias convencionais estão desmoronando.

Dr. Jung: Sim. Nossa filosofia do mundo pode estar tremendamente transformada; mas isto não é nenhuma prova de que se alcançou o *manipûra*.

---

5. Isto é o contraponto de Jung ao método de interpretação de Hauer.

Dr. Reichstein: Mas o *manipûra* não é um símbolo do fogo, de coisas queimadas?

Dr. Jung: Ora, ele não é simplesmente um símbolo destrutivo; significa mais uma fonte de energia. Mas você tem razão – existe sempre uma nota de destruição quando se fala do fogo; a simples menção do fogo basta para despertar a ideia de destruição. E aqui você aponta para o medo que causa abstração; nós nos tornamos facilmente abstratos quando não queremos tocar uma coisa muito quente.

Srta. Hannah: Então uma pessoa é incapaz de ver os opostos ao mesmo tempo?

Dr. Jung: Sim. Isto está bem colocado, muito abstrato, mas você poderia designá-lo de maneira mais completa.

Sra. Sawyer: Nas visões a paciente chegou a um lugar onde ela devia suportar o fogo e depois as estrelas caíram[6]. Assim começam as coisas impessoais.

Dr. Jung: Exatamente – ali temos uma conexão.

Dra. Bertine: Não é uma capacidade de viver mais plenamente? Uma maior intensidade da vida consciente?

Dr. Jung: Nós pensamos que estamos vivendo muito conscientemente e com grande intensidade. Qual é o próximo efeito quando nos familiarizamos com o inconsciente e o levamos a sério? A pessoa se sente inclinada a não levá-lo a sério e a inventar uma teoria apotropaica que consiste em "nada mais que" – nada mais que memórias infantis ou desejos inibidos, por exemplo. Por que se aceita esta teoria? Na realidade ela é algo bastante diferente.

Sra. Crowley: É familiarizar-se com o lado sombrio.

---

6. Cf. *The Visions Seminar*, vol. 5, 9 de março de 1932, p. 114.

Dr. Jung: Isto também está expresso adequadamente, mas o que significa?

Sra. Sigg: Isolamento.

Dr. Jung: Poderia ser a consequência dele, mas antes de mais nada é exatamente a coisa horrível que leva ao isolamento, exatamente o oposto.

Sra. Crowley: Desejo, todo lado sombrio de nós mesmos.

Dr. Jung: Sim. Desejo, paixões, todo o mundo emocional se libera. Sexo, poder e todo demônio em nossa natureza se libera quando nos familiarizamos com o inconsciente. Então, de repente, a pessoa vê uma nova imagem de si mesma. Por isso, as pessoas têm medo e dizem que não existe nenhum inconsciente, como crianças brincando de esconde-esconde. Uma criança vai atrás da porta e diz: "Não há ninguém atrás da porta. Não olhe aqui!" E assim temos duas maravilhosas teorias psicológicas de que não existe nada atrás da porta: não precisa olhar ali, porque não há nada de importante[7]. Estas são teorias apotropaicas. Mas nós veremos que existe algo atrás da porta, precisamos admitir que existem tais poderes. Então fazemos uma abstração, fazemos sinais abstratos maravilhosos e falamos disso com uma espécie de tímida insinuação. Falamos eufemisticamente. Da mesma forma que os marinheiros nunca se atreviam a dizer: "Este maldito mar, este mar funesto, sempre tempestuoso, que estraçalha nossos barcos!" Eles dizem: "O mar benévolo e hospitaleiro..." – a fim de não despertar esses sinais de alarme, ou não irritar esses demônios sombrios

---

7. Jung se refere à psicanálise de Freud e à psicologia individual de Adler.

do vento. Em vez de dizer arcebispo de Cantuária, dizemos Vossa Excelência. Não dizemos que o papa publicou uma encíclica ridícula, dizemos que quem a fez foi o Vaticano. Ou, em vez de falar desses mentirosos diabólicos, dizemos Wilhemstrasse ou Downstreet ou Quai d'Orsay. É uma maneira eufemística, abstrata, de apresentar as coisas. Nossa ciência tem o mesmo propósito ao usar palavras latinas ou gregas. É um maravilhoso escudo contra os demônios – os demônios têm medo do grego porque não o entendem. E por isso, como você acabou de demonstrar, ao falar nós usamos esta maneira abstrata.

Portanto, é exatamente isso – entramos no mundo do fogo, onde as coisas se tornam incandescentes. Depois do batismo vamos direto para o inferno – nisso consiste a enantiodromia. E agora vem o paradoxo do Oriente: também ele é a abundância das joias. Mas o que é a paixão, o que são as emoções? Existe a fonte do fogo, existe a plenitude da energia. Um homem que não arde no fogo não é nada: é algo ridículo, é bidimensional. Ele precisa arder no fogo, mesmo às custas de tornar-se objeto de zombaria. Uma chama precisa arder em algum lugar, senão nenhuma luz brilha; não existe calor, nada. É terrivelmente constrangedor, certamente; é doloroso, cheio de conflitos, aparentemente uma mera perda de tempo – seja como for, é contra a razão. Mas a maldita Kundalini diz: "É a abundância das joias; ali está a fonte de energia". Como diz muito bem Heráclito: a guerra é o pai de todas as coisas.

Ora, este terceiro centro, o centro das emoções, está localizado no *plexus solaris*, ou centro do abdômen. Eu disse a vocês que minha primeira descoberta a respeito da ioga kundalini foi que estes chacras estão realmente relacionados com o que designamos como localizações psíquicas. Este centro seria então a primeira localização psíquica existente em nossa experiência psíquica consciente. Preciso referir-me novamente à história de meu amigo, o chefe Pueblo, que pensava que todos os americanos eram loucos, porque estavam convencidos de que pensavam com a cabeça. Ele disse: "Mas nós pensamos com o coração". Isto é o *anâhata*[8]. Além disso, existem tribos primitivas que têm sua localização psíquica no abdômen. E isto vale também para nós: existe certa categoria de acontecimentos psíquicos que ocorrem no estômago. Por isso se diz: "Alguma coisa pesa no meu estômago". E, se alguém está muito irritado, ele tem icterícia; se alguém está com medo, ele tem diarreia; ou, se está num estado de ânimo particularmente obstinado, ele tem o intestino preso ou constipação intestinal. Como vocês podem ver, isto mostra o que significa a localização psíquica.

Pensar com o abdômen significa que houve um tempo em que a consciência era tão opaca que as pessoas observavam apenas as coisas que perturbavam suas funções intestinais e todo o resto simplesmente não recebia atenção; não existia, porque não tinha nenhum efeito sobre elas. Ainda existem vestígios disto entre os aborígenes da Austrália central, que fazem as cerimônias mais engraçadas para dar-se conta de alguma coisa. Eu falei a vocês sobre a cerimônia que serve para deixar alguém irritado; e vemos outras formas disso em todas as tribos primitivas. Antes de decidirem partir para a caça, por exemplo, é preciso

---

8. Hauer descreveu o chacra *anâhata* como "o lótus do coração, que significa aquele que não foi ou não pode ser ferido" (*HS*, p. 69).

haver todo um cerimonial para despertar neles o estado de ânimo de caçar; caso contrário, não o fazem. Precisam ser excitados por alguma coisa. Portanto, isto tem a ver não apenas com os intestinos, mas com todo o corpo.

Daí o método primitivo dos professores de escola elementar de cinquenta anos atrás, pelo qual eu próprio passei. Ensinavam-nos o alfabeto com um chicote. Éramos oito rapazes sentados num banco e o professor tinha um chicote com três varas de salgueiro, longo o suficiente para bater em todas as costas de uma vez. Ele dizia: "Isto é A" (bang). "Isto é B" (bang). Como vocês podem ver, causar uma sensação física era o antigo método de ensinar. Não era muito doloroso, porque, quando ele batia em oito costas ao mesmo tempo, a gente simplesmente se agachava e não sentia muito. Mas causa uma impressão; nós os rapazes ficávamos de fato sentados e ouvindo. Isso substituía o "Tenham a gentileza de prestar atenção, por favor". Nesse caso os rapazes não prestam atenção; pensam que o professor é um perfeito idiota. Mas quando ele estala o chicote em cima deles e diz "Isto é A", então eles compreendem.

É pela mesma razão que os primitivos causam feridas nas iniciações ao transmitir os segredos, a doutrina mística da tribo. Ao mesmo tempo eles provocam dor intensa: fazem incisões e esfregam cinzas sobre elas, ou fazem os iniciantes passar fome, não os deixam dormir ou lhes dão um grande susto até apavorá-los. Depois lhes transmitem a doutrina e ela se apodera deles porque entrou com dor ou desconforto físico.

Ora, como eu disse, a primeira localização física de que temos consciência é o abdômen; não temos consciência de nada mais profundo. Não conheço nenhum vestígio na psicologia primitiva onde as pessoas localizavam sua psique na vesícula. Depois, o próximo centro é o coração, que é um centro bem definido que ainda funciona entre nós. Dizemos, por exemplo: "Você sabe isto com a cabeça, mas não com o coração". Existe uma extraordinária distância entre a cabeça e o coração, uma distância de dez, vinte ou trinta anos, ou de toda uma vida. Porque podemos saber algo na cabeça por quarenta anos e este algo talvez nunca tocou o coração. Mas só quando o compreendemos no coração começamos a dar-lhe atenção. E a partir do coração existe uma distância igualmente longa até o *plexus solaris* e então somos capturados. Porque aqui, de fato, não temos nenhuma liberdade. Não há nenhuma substância aérea: somos apenas ossos e sangue e músculos; estamos nos intestinos; funcionamos ali como um verme sem cabeça. Mas no coração estamos na superfície. O diafragma seria aproximadamente como a superfície da terra. Enquanto estamos no *manipûra*, estamos, por assim dizer, no calor terrível do centro da terra. Só existe o fogo da paixão, dos desejos, das ilusões. É o fogo do qual fala Buda em seu sermão em Benares, onde diz: O mundo inteiro está em chamas: teus ouvidos, teus nossos; em toda parte despejas o fogo do desejo e este é o fogo da ilusão, porque desejas coisas fúteis. No entanto, existe o grande tesouro da energia emocional liberada.

Portanto, quando se familiarizam com o inconsciente, as pessoas muitas vezes entram num estado extraordinário – elas se inflamam, explodem, emergem velhas emoções sepultadas, elas começam a chorar por coisas que aconteceram quarenta anos atrás. Isto significa simplesmente que elas foram desligadas prematuramente desse estágio da vida; esqueceram que existem fogos soterrados que continuam ardendo. Então elas eram inconscientes; mas, quando tocam os centros inferiores, elas retornam a esse mundo e tomam consciência de que ele ainda está quente, como um fogo que foi esquecido sob as cinzas. Mas, retirem as cinzas e ainda existem as brasas candentes por baixo, como se diz a respeito dos peregrinos que vão a Meca: eles deixam seu fogo enterrado sob as cinzas e, quando retornam no ano seguinte, as brasas ainda estão acesas.

Portanto, no *manipûra* a pessoa alcançou a camada superior onde aparece uma mudança definitiva[9]. A localização corporal deste chacra sob o diafragma é o símbolo da mudança peculiar que agora ocorre. Acima do diafragma chega-se ao *anâhata*, o coração ou centro do ar, porque o coração está encaixado nos pulmões e toda a atividade do coração está estreitamente associada aos pulmões. É preciso ter certa ingenuidade para entender estas coisas. Na experiência primitiva ocorre a mesma coisa. De fato, é uma verdade fisiológica. Nós compreendemos mais ou menos o que significa psicologicamente o *manipûra*, mas agora chegamos ao grande salto: o *anâhata*. O que se segue psicologicamente depois que a pessoa caiu no inferno? Quando ela entrou no turbilhão das paixões, dos instintos, dos desejos e assim por diante, o que vem depois?

---

9. No manuscrito "Die Beschreibung der beiden Centren Shat-chakra Nirupana" Jung descreveu o *manipûra* como "centro dos homens corpóreos, carnívoros" (p. 2).

Sra. Crowley: Geralmente uma enantiodromia; a confluência com algum oposto. Seguir-se-á, talvez, alguma visão ou algo mais impessoal.

Dr. Jung: Uma enantiodromia, que seria a descoberta de algo impessoal? Em outras palavras, essa pessoa já não se identifica mais com seus próprios desejos. Ora, devemos considerar o fato de que é difícil falar destas coisas, porque em sua maioria as pessoas ainda continuam identificando-se com o *manipûra*. É extremamente difícil descobrir o que está por trás. Por isso, precisamos primeiramente deter-nos um pouco no simbolismo. O próximo centro, como eu disse a vocês, tem a ver com o ar. O diafragma corresponderia à superfície da terra e, ao entrar no *anâhata*, alcançamos aparentemente a condição onde nos elevamos acima da terra. O que aconteceu? Como afinal chegamos ali? Como vocês podem ver, no *manipûra* ainda não sabemos onde estamos; continuamos no *mûlâdhâra*, pelo menos nossos pés ainda estão no *mûlâdhâra*. Mas no *anâhata* eles se elevam acima da superfície da terra. Então, o que pode levantar literalmente alguém acima da terra?

Dr. Meier: O vento.

Dr. Jung: Sim. Isto estaria no simbolismo, mas existe outra coisa que pode torná-lo um pouco mais óbvio.

Dra. Bertine: Uma espécie de destilação?

Dr. Jung: Esta é uma boa ideia, que nos leva diretamente ao simbolismo alquímico. A este processo o alquimista dá o nome de sublimação. Mas, que tal permanecer no simbolismo do qual estamos falando hoje?

Sr. Allemann: O sol se eleva acima do horizonte.

Dr. Jung: Sim. De acordo com o simbolismo egípcio, nós nos elevamos acima do horizonte. Quem é idêntico ao sol, se eleva acima do horizonte com o barco solar e viaja sobre os céus. O sol é um poder superior. Se somos um apêndice do faraó, o sol pode elevar-nos a uma posição quase divina. E o contato com o sol no *manipûra* faz nossos pés se elevarem, penetrando na esfera acima da terra. Também o vento pode fazê-lo, porque nas crenças primitivas o espírito é uma espécie de vento.

Por isso, muitas línguas têm a mesma palavra para designar o vento e o espírito: por exemplo, *spiritus* em latim; e em latim *spirare* significa soprar ou respirar. *Animus*, espírito, vem do grego *anemos*, vento; e *pneuma*, espírito, é também uma palavra grega para designar o vento. Em árabe *ruch* é o vento ou alma do espírito; e em hebraico *ruah* significa espírito e vento. A conexão entre vento e espírito se deve ao fato de que originalmente se pensava que o espírito era a respiração, o ar que a pessoa sopra ou expira. Com a última respiração de uma pessoa seu espírito deixa o corpo. Por isso, o que nos eleva seria um vento mágico ou o sol. E onde encontramos as duas coisas unidas? Talvez vocês ainda se lembrem deste caso muito interessante na literatura analítica.

Sra. Sawyer: Seriam os primitivos soprando em suas mãos e venerando o sol nascente?

Dr. Jung: Isto é identificação com o sol. Não é a mesma coisa, como vocês podem ver, mas eu publiquei um exemplo em que o sol e o vento são a mesma coisa.

Sr. Baumann: O sol é às vezes a origem do vento.

Dr. Jung: Sim. Lembrem-se do caso do louco que viu uma espécie de tubo pendente do sol. Deu-lhe o nome de "falo solar" e era a causa do vento. Isto mostra que o sol e o vento são a mesma coisa[10].

Sr. Baumann: Creio que existe um mito grego segundo o qual ouvem-se vozes antes de o sol nascer.

Dr. Jung: Esta é a figura de Mêmnon no Egito, do qual se dizia que produzia um som peculiar quando o sol nasce, porque, de acordo com a lenda grega, Mêmnon é o filho de Aurora, que é o amanhecer ou aurora; por isso, quando surge a aurora, ele saúda sua mãe. Mas isso não é exatamente o vento e o sol. Como vocês podem ver, o simbolismo nos conta o que acontece no *anâhata*. Mas isto não é psicológico; estamos ainda no âmbito da mitologia e precisamos descobrir o que isso significa psicologicamente. Como somos elevados acima do centro *manipûra*, acima do mundo das nossas meras emoções?

Srta. Hannah: A pessoa sofre uma inflação e se identifica com o deus.

Dr. Jung: Isso pode ser, é algo muito inflacionário, mas aqui estamos falando do caso normal. Estamos supondo que a sequência da Kundalini é uma sequência

---

10. Em *Transformações e símbolos da libido* (1912), Jung citou a descoberta, feita por seu discípulo Johann Honegger, da alucinação de um paciente: "O paciente vê no sol um chamado 'rabo levantado' (ou seja, muito semelhante a um pênis ereto). Quando o paciente move a cabeça para trás e para frente, o pênis do sol também se move para trás e para frente, e disto surge o vento. Esta estranha ideia ilusória permaneceu ininteligível para nós por um longo tempo, até que me familiarizei com as visões da liturgia mitraica" (*Psychology of the Unconscious*, em *CWA*, § 173; tradução modificada). Em 1927 Jung afirmou que fez esta observação em 1906 e caiu em suas mãos *Eine Mithraslitugie* (Uma liturgia de Mitra) de Albrecht Dietrich (Leipzig, 1903) em 1910, o que exclui a possibilidade da criptomnésia (o ressurgimento de memórias esquecidas) ou da telepatia e, por isso, servia como prova do inconsciente coletivo. Os editores observaram que mais tarde Jung ficou sabendo que a edição de 1910 era a segunda edição e que a original fora publicada de fato em 1903. Acrescentaram que o paciente fora atendido antes de 1903 (OC vol. 8/2, § 319-321).

normal, porque se trata da condensação das experiências de milhares de anos talvez.

Sr. Baumann: Quando alguém é muito emocional, ele procura expressar-se, por exemplo, pela música ou pela poesia.

Dr. Jung: Você quer dizer que isto produz certa palavra ou expressão vocal. Mas as emoções sempre produzem palavras ou expressões vocais. Alguém pode manifestar todos os tipos de coisas quando está ainda preso em suas emoções. Deve ser algo acima das emoções.

Sra. Mehlich: Não será que então alguém começa a pensar?

Dr. Jung: Exatamente.

Dr. Reichstein: Diz-se que aqui nasce o purusha[11]; portanto, seria aqui que a primeira ideia do si-mesmo é vista mais completamente.

Dr. Jung: Sim. Mas como isto se mostra na psicologia? Precisamos agora tentar levar a coisa para o campo dos fatos psicológicos.

Dr. Reichstein: Porque nos tornamos conscientes de alguma coisa que, neste ponto, não é pessoal.

Dr. Jung: Sim. Começamos a raciocinar, a pensar, a refletir sobre as coisas, de modo que com isso começa uma espécie de contração ou retirada da mera função emocional. Em vez de seguir descontroladamente nos-

---

11. Woodroffe definiu o *purusha* como "um centro de consciência limitada – limitada pela Prakriti associada e seus produtos de Mente e Matéria. Popularmente por Purusha [...] entende-se o ser senciente com corpo e sentidos – ou seja, a vida orgânica" (AVALON, Arthur (pseud. Sir John Woodroffe). *The Serpent Power*. Londres, 1919, p. 49). Surendranath Dasgupta definiu o *purusha* como espírito (*Yoga as Philosophy and Religion*. Londres, 1924, p. 3) e como "a própria consciência" (Ibid., p. 173).

sos impulsos, começamos a inventar certo cerimonial que nos permite desidentificar-nos de nossas emoções, ou superar realmente nossas emoções. Refreamos nossa atitude descontrolada e nos perguntamos: "Por que estou me comportando desta maneira?"

Neste centro encontramos o simbolismo para isso. No *anâhata* contemplamos o *purusha*, uma pequena figura que é o si-mesmo divino, ou seja, aquilo que não se identifica com a mera causalidade, com a mera natureza, com uma mera liberação de energia que escorre cegamente sem nenhum propósito[12]. As pessoas se perdem totalmente em suas emoções e se exaurem e finalmente ficam reduzidas a pedaços e não sobra nada – apenas um monte de cinzas, e nada mais. A mesma coisa ocorre na demência: as pessoas entram num certo estado e não conseguem sair dele. Elas ardem inteiramente em suas emoções e explodem. Existe, no entanto, uma possibilidade de libertar-se disso e, quando um homem a descobre, ele se torna realmente um homem. Através do *manipûra* ele está no útero da natureza, extraordinariamente automático; trata-se meramente de um processo. No *anâhata* surge uma coisa nova, a possibilidade de elevar-se acima dos acontecimentos emocionais e contemplá-los. Ele descobre o *purusha* em seu coração, o duende, "menor do que o pequeno, maior do que o

---

12. Em seu comentário sobre os *Yoga Sutras* do Patanjali, Jung afirmou, a propósito da tradução do termo *purusha*: "Deussen [o] designa como 'das von allem Objectiven freie Subject des Erkennen's [o sujeito do conhecimento, livre de toda objetividade]. Eu duvido desta definição – ela é lógica demais e o Oriente não é lógico; ele é observante e intuitivo. Portanto, é melhor definir o *purusha* como homem primevo ou homem luminoso" (*Modern Psychology* 3, p. 121).

grande"[13]. No centro do *anâhata* aparece novamente Shiva na forma de *linga*, e a pequena chama significa a primeira aparição do si-mesmo como um germe.

Sr. Dell: O processo que o Sr. descreve é o começo da individuação em termos psicológicos?

Dr. Jung: Sim. É o afastar-se das emoções; a pessoa não se identifica mais com elas. Se alguém consegue lembrar-se de si mesmo, se consegue fazer uma diferença entre ele e essa explosão de paixões, ele descobre o si--mesmo; ele começa a individuar-se. Portanto, no *anâhata* começa a individuação. Mas aqui de novo existe a probabilidade de sofrer uma inflação. A individuação não significa a pessoa tornar-se um eu – neste caso ela se tornaria um individualista. Como vocês sabem, um individualista é um homem que não teve sucesso na individuação; ele é um egoísta filosoficamente depurado. A individuação consiste em tornar-se aquilo que não é o eu, e isto é muito estranho. Por isso, ninguém compreende o que é o si-mesmo, porque o si-mesmo é apenas aquilo que a pessoa não é, aquilo que não é o eu. O eu descobre que ele é um mero apêndice do si-mesmo numa espécie de conexão solta. Porque o eu está sempre bem lá embaixo no *mûlâdhâra* e, de repente, se torna consciente de algo situado acima no quarto andar, no *anâhata*, e isto é o si-mesmo.

Agora, se alguém comete o erro de pensar que vive ao mesmo tempo no porão e no quarto andar, que ele próprio é o *purusha*, é porque está louco. Ele é o que o alemão chama muito adequadamente de *verrückt*, que eti-

---

13. Katha Upanishad 2.20-21; citado também em OC vol. 6, § 342, onde *purusha* é traduzido como "si-mesmo".

mologicamente significa arrancado do chão e deslocado para outro lugar. Ele apenas está sentado ali e devaneia. É-nos permitido contemplar apenas o *purusha*, contemplar seus pés lá encima. Mas nós não somos o *purusha*; ele é um símbolo que expressa o processo impessoal. O si-mesmo é algo extremamente impessoal, extremamente objetivo. Se você funciona em seu si-mesmo, você não é você mesmo – esta é a sensação que se tem. Você precisa fazer as coisas como se você fosse um estranho: você compra como se não comprasse; você vende como se não vendesse. Ou, como o expressa São Paulo: "Mas não sou eu que vivo, é Cristo que vive em mim", dando a entender que sua vida se tornara uma vida objetiva; não sua própria vida, mas a vida de alguém maior, o *purusha*.

Todas as tribos primitivas que chegaram a um nível um pouco superior de civilização geralmente descobriram o *anâhata*. Ou seja, começam a raciocinar e a julgar; elas já não são totalmente selvagens. Elas elaboraram cerimônias – quanto mais primitivas elas são, tanto mais elaboradas são as cerimônias. Precisam delas para precaver-se da psicologia do *manipûra*. Inventaram todo tipo de coisas: círculos mágicos, formas de negociação, para a intercomunicação entre as pessoas. Todos esses cerimoniais peculiares são técnicas psicológicas especiais para prevenir a explosão do *manipûra*. Numa negociação com os primitivos é simplesmente *de rigueur* fazer certas coisas – para nós coisas perfeitamente supérfluas. Mas com os primitivos não se pode fazer nada sem observar as normas.

Por exemplo, é preciso haver uma hierarquia inequívoca; por isso, o homem que convoca a negociação deve ser um homem de poder. Se convoco uma negociação, preciso ter um tamborete e as outras pessoas ficam no chão; elas precisam sentar-se imediatamente. O chefe tem homens com chicotes que chicoteiam os que não se sentam imediatamente. Chegados a esse ponto, a conversação não começa imediatamente a falar. Primeiro distribuem-se presentes – fósforos, cigarros – e o chefe precisa necessariamente ter muito mais cigarros do que seus súditos, porque a hierarquia desse momento precisa ser enfatizada a fim de mostrar que existe uma autoridade suprema[14]. Tudo isso são cerimônias contra o *manipûra* e só depois que isso foi feito silenciosamente o homem que convocou a negociação pode começar a falar. Eu digo que tenho um *shauri*, um negócio. Isto é o começo. Como vocês podem ver, preciso pronunciar um mantra capaz de cativar a todos – ninguém tem permissão de falar; todos escutam. Então eu digo meu *shauri*, depois do qual meu parceiro, com quem devo tratar, também fala, mas em voz bem baixa, mal e mal audível, e ele não pode levantar-se. Se um homem fala muito alto, alguém vem com um chicote. Ele não deve falar alto, porque isso mostraria emoção e, logo que há emoção, existe o perigo de combates e mortes. Por isso, não são permitidas armas. Também quando a negociação termina, deve-se dizer *shauri kisha*, que significa: "Agora a negociação terminou".

Certa vez me levantei antes de dizer essas palavras e meu chefe se aproximou de mim muito agitado e disse: "Não se levante agora!" E então eu disse *shauri kisha*

---

14. Para o relato de Jung de suas negociações com os Elgonyi no Quênia em 1925-1926, que se sobrepõe à sua descrição aqui, cf. *MSR*, p. 255-272.

e tudo estava em ordem. Se pronuncio um mantra, já posso ir embora. Devo dizer que agora todo o círculo mágico estava dissolvido e que eu podia ir sem levantar suspeita de que fiquei ofendido ou que partia com ânimo violento. Caso contrário, é perigoso, pode acontecer alguma coisa, talvez um assassinato, porque alguém se levanta obviamente porque está louco. Às vezes acontece que eles ficam tão excitados em suas danças que começam a matar. Por exemplo, os dois primos Sarasin, que fizeram a exploração em Célebes, quase foram mortos por homens que eram realmente muito amigos deles[15]. Estavam mostrando-lhes as danças de guerra e ficaram tão impregnados de ardor guerreiro, ficaram tão frenéticos, que atiraram suas lanças contra eles. Foi pura sorte terem escapado.

Como vocês podem ver, o *anâhata* é ainda muito débil e a psicologia do *manipûra* está muito próxima de nós. Ainda precisamos ser polidos com as pessoas a fim de evitar explosões do *manipûra*.

---

15. Paul e Fritz Sarasin publicaram um relato de sua expedição antropológica em *Reisen in Celebes ausgeführt in den Jahren 1893-1896 und 1902-1903* (Viagens em Celebes ocorridas nos anos 1893-1896 e 1902-1903). 2 vols. Wiesbaden, 1905.

Preleção 3
26 de outubro de 1932

Dr. Jung: Continuarei nossa discussão sobre os chacras. Como vocês se lembram, estávamos falando principalmente da transformação do *manipûra* para o *anâhata*. No *anâhata* atinge-se algo que começou no *mûlâdhâra*, através de uma série de quatro estágios. Como poderíamos também designar estes quatro estágios?

Dr. Reichstein: São os quatro elementos.

Dr. Jung: Exatamente. Cada um dos quatro chacras inferiores tem um elemento que lhe pertence – ao *mûlâdhâra* pertence a terra, ao *svâdisthâna* pertence a água, depois vem o fogo no *manipûra* e finalmente o ar no *anâhata*. Portanto, podemos ver a coisa toda como uma espécie de transformação dos elementos, com o aumento da volatilidade – da substância volátil. E a próxima forma que atingimos é o *vishuddha*[1], que é o centro do éter. Ora, o que é o éter? Vocês conhecem algo a respeito dele a partir do ponto de vista físico?

---

1. Hauer descreveu o chacra *vishuddha* como "o purificado ou a purificação" (*HS*, p. 69).

Observação: Ele penetra todas as coisas.
Sra. Sawyer: Não se pode agarrá-lo.
Dr. Jung: Por que não? Já que penetra tudo, como não pode ser observado em todo lugar?
Sr. Dell: Ele não pode ser mensurado. É um pensamento.
Dr. Jung: Sim. Encontramo-lo apenas em nosso cérebro, em nenhum outro lugar; é o conceito de uma substância que não tem nenhuma das qualidades que a matéria deve ter. Ele é matéria que não é matéria e uma coisa desse tipo deve necessariamente ser um conceito. Ora, no centro *vishuddha* – para além dos quatro elementos – alcança-se qual estágio?
Sra. Crowley: Um estado mais consciente, talvez um pensamento abstrato?
Dr. Jung: Sim. A pessoa atinge uma esfera de abstração. Ali ela dá um passo além do mundo empírico, por assim dizer, e pousa num mundo de conceitos. E o que são os conceitos? Como denominamos a substância dos conceitos?
Sra. Crowley: Psicologia?
Dr. Jung: Ou, digamos, psicologia psíquica; isto designa a ciência das coisas psíquicas. A realidade que ali alcançamos é uma realidade psíquica; é um mundo de substância psíquica, se pudermos aplicar esse termo. Penso que nos aproximamos o máximo dele quando dizemos que é um mundo de realidade psíquica. Por isso, outro ponto de vista para explicar a série dos chacras seria subir da matéria bruta para a matéria sutil, psíquica. Ora, a ideia desta transformação que parte da terra para chegar ao éter é um dos mais antigos constituintes da

filosofia hindu. O conceito dos cinco elementos faz parte da filosofia Samkhya, que é pré-budista e remonta pelo menos ao século VII a.C. Todas as filosofias hindus subsequentes, como os Upanixades, têm sua origem na filosofia Samkhya. Portanto, este conceito dos cinco elementos remonta uma data indeterminada – não existe nenhuma maneira de estabelecer sua idade. A partir da idade deste componente, vemos que as ideias fundamentais da ioga tântrica remontam a um passado obscuro. A ideia da transformação dos elementos mostra também a analogia da ioga tântrica com nossa filosofia alquímica medieval. Ali encontramos exatamente as mesmas ideias, a transformação da matéria bruta na matéria sutil da mente – a sublimação do homem, como era entendida então.

Falando deste aspecto alquímico dos chacras, quero chamar a atenção de vocês para o símbolo do *manipûra*, o centro de fogo. Vocês talvez se lembrem que no centro de fogo estão aquelas alças peculiares, como poderíamos chamá-las, que o Professor Hauer explicou hipoteticamente como partes da suástica[2]. Ora, devo confessar que nunca vi um símbolo da suástica com apenas três pés. Existe a forma grega do *triskelos*, mas não sei se ele existiu na Índia. Foi encontrado em moedas gregas na Sicília, de um período entre 400-200 a.C. aproximadamente – quando a Sicília pertencia à Magna Graecia e era uma grande e florescente colônia grega. O *triskelos* é assim: um ser de três pernas. Mas a suástica denota: correr com quatro patas. Por isso, sugiro que elas poderiam ser alças ligadas ao triângulo do *manipûra*. Inclino-me a pen-

---

2. Ibid., p. 5.

sar que são alças de um vaso – para levantar o vaso – e existe uma tampa no topo, que também tem uma alça. Penso que isso provavelmente deva ser explicado a partir do aspecto alquímico, porque o *manipûra* é a região do fogo, e esta é a cozinha, ou o estômago, onde o alimento é cozido. A pessoa acumula o alimento na panela, ou na barriga, e ali ele é aquecido pelo sangue. Assim o alimento é preparado para possibilitar sua digestão.

Cozinhar é uma antecipação da digestão, uma espécie de pré-digestão. Por exemplo, na África o mamoeiro tem a qualidade muito peculiar de que o fruto e as folhas estão cheios de pepsina, a mesma substância que se encontra no suco gástrico, a substância digestiva por excelência. Os negros deixam embrulhada a carne com por duas ou três horas com folhas de mamoeiro, em vez de cozinhá-la – assim ela se torna parcialmente digerida; ela é pré-digerida. E assim toda a arte de cozinhar é uma pré-digestão. Nós transferimos uma parte de nossa capacidade digestiva para a cozinha, de modo que a cozinha é o estômago de cada casa; e assim poupa-se ao estômago o trabalho de preparar a comida. Também nossa boca é um órgão pré-digestivo, porque a saliva contém uma substância digestiva. A ação mecânica dos dentes é pré-digestiva, porque cortamos o alimento em pedaços, que é o que fazemos na cozinha ao cortar em pedaços os legumes e verduras, e assim por diante. Portanto, podemos realmente dizer que a cozinha é uma extensão digestiva projetada a partir do corpo humano. E é o lugar alquímico onde as coisas são transformadas.

Por isso, o *manipûra* seria um centro onde as substâncias são digeridas, transformadas. A coisa seguinte que se esperaria é a transformação mostrada como completa. Na verdade, este centro se situa justamente abaixo do diafragma, que marca a linha divisória entre o *anâhata* e os centros do abdômen.

Porque, após o *manipûra*, segue-se o *anâhata*[3], no qual ocorrem coisas totalmente novas; ali encontra-se um novo elemento, o ar, que já não é matéria bruta. Mesmo o fogo é entendido de certa forma como matéria bruta. Ele é mais espesso, mais denso do que o ar, e é bem visível, ao passo que o ar é invisível. O fogo é extremamente móvel, mas perfeitamente bem definido, e também de certa maneira tangível, ao passo que o ar é extremamente leve e quase intangível – a não ser que o sintamos como um vento. Ele é relativamente suave em comparação com o fogo, que se move e queima.

Portanto, no diafragma cruzamos o limiar das coisas visíveis e tangíveis para entrar nas coisas quase invisíveis e intangíveis. E estas coisas invisíveis no *anâhata* são as coisas psíquicas, porque se trata da região que denominamos sentimento e mente. O coração é característico do sentimento e o ar é característico do pensamento. Ele é o ser que respira; por isso, as pessoas sempre identificaram a alma e o pensamento com a respiração.

Por exemplo, na Índia é costume que, quando o pai morre, o filho mais velho permaneça em vigília durante os últimos momentos, a fim de inalar a última respiração de seu pai, que é a alma, a fim de dar continuidade à vida dele. A palavra swahili *roho* significa a respiração ofegan-

---

[3]. Hauer afirmou a respeito do chacra *anâhata*: "Este lótus do coração é o chacra das intuições fundamentais da vida; é o que chamamos de vida criativa no sentido mais elevado" (*HS*, p. 90-91).

te de um homem moribundo, que no alemão chamamos de *röcheln*; e *roho* significa também a alma. É sem dúvida tomada da palavra árabe *ruch*, que significa vento, respiração, espírito, provavelmente com a mesma ideia original de respiração ofegante, Portanto, a ideia original de espírito ou de coisas psíquicas é a ideia de respiração ou ar. E eu disse a vocês que a mente em latim é *animus*, que é idêntico à palavra grega *anemos* que significa vento.

O coração é sempre característico do sentimento, porque os estados emocionais influenciam o coração. Em todas as partes do mundo os sentimentos são associados ao coração. Se não temos sentimentos, não temos coração; se não temos coragem, não temos coração, porque a coragem é um estado emocional definido. Em inglês vocês se dizem "take it to heart" (levar a sério) ou "to learn by heart" (aprender "de cor", ou seja, pelo coração). Evidentemente, vocês aprendem algo na cabeça, mas não o conservarão na mente se não a transladarem ao coração. Só se vocês aprenderem uma coisa de cor [pelo coração], vocês a conquistam realmente. Em outras palavras, se não estiver associada aos nossos sentimentos, se não submergir em nosso corpo até alcançar o centro *anâhata*, essa coisa é tão volátil que sai voando. Ela deve estar associada ao centro inferior a fim de ser mantida. Daí o método de ensinar aos alunos que apresentei a vocês na semana passada, no qual o professor usava o chicote, para que os sentimentos de irritação e sofrimento levassem os alunos a lembrar as letras. Se não estivessem associadas à dor, eles não guardariam de cor as letras. Isto vale particularmente para o homem primitivo: se não for dessa maneira, ele não aprende nada.

A importância real dos pensamentos e dos valores só se torna clara para nós quando os considerarmos forças constrangedoras e convincentes em nossa vida. O começo de um reconhecimento destes valores e pensamentos entre os primitivos se encarnava na doutrina secreta da tribo, que é transmitida no tempo dos ritos iniciáticos da puberdade, junto com a dor e a tortura que os levavam a recordá-la. Ao mesmo tempo lhes ensinam certos valores morais para evitar a mera ação cega do fogo da paixão do *manipûra*.

Portanto, o *anâhata* é realmente o centro onde começam as coisas psíquicas, o reconhecimento dos valores e das ideias. Quando o homem alcançou esse nível na civilização ou em seu desenvolvimento pessoal, podemos dizer que ele se encontra no *anâhata* e é aqui que ele consegue o primeiro vislumbre do poder e da substancialidade das coisas psíquicas, ou seja, da sua existência real.

Tomemos, por exemplo, um paciente em análise que alcançou o estágio do *manipûra*, onde ele é uma presa incondicional de suas emoções e paixões. Eu digo: "Mas você precisa realmente ser um pouco razoável. Você não vê o que faz? Você não para de causar problemas às pessoas com que se relaciona". E ele não mostra nenhuma reação. Mas depois esses argumentos começam a ter algum efeito; a pessoa sabe que o limiar do diafragma foi cruzado – ela alcançou o *anâhata*. Como vocês podem ver, os valores, as convicções, as ideias gerais são fatos psíquicos que não encontramos em nenhum lugar na ciência natural. Não se pode capturá-los com uma rede de apanhar borboletas, nem podemos encontrá-los com microscópios. Eles só se tornam visíveis no *anâhata*.

Ora, de acordo com a ioga tântrica, o *purusha* é visto primeiramente no *anâhata*: então se torna visível a essência do homem, o homem supremo, o assim chamado homem primordial. Portanto, o *purusha* se identifica com a sustância psíquica do pensamento e do valor, com o sentimento. No reconhecimento dos sentimentos e das ideias a pessoa vê o *purusha*. É o primeiro vislumbre de um ser na existência psicológica ou psíquica de você que não é você mesmo – um ser no qual você está contido, que é maior e mais importante do que você, mas que tem uma existência totalmente psíquica.

Como vocês podem ver, poderíamos terminar aqui; poderíamos dizer que tudo isto abarca aproximadamente todo o desenvolvimento da humanidade. Como estamos todos convencidos de que as coisas psíquicas têm certo peso, poderíamos dizer que a humanidade como um todo alcançou o *anâhata*. Por exemplo, a Grande Guerra ensinou praticamente a todos nós que as coisas que têm maior peso são os *imponderabilia*, as coisas que não podemos pesar, como a opinião pública ou o contágio psíquico. A guerra toda foi um fenômeno psíquico. Se procurarmos sua causa fundamental, provavelmente ela não poderá ser explicada como algo que brota da razão do homem ou da necessidade econômica. Poderíamos dizer que a Alemanha precisava expandir-se mais e precisava partir para a guerra, ou que a França se sentia ameaçada e precisava esmagar a Alemanha. Mas ninguém estava ameaçado – todos tinham dinheiro suficiente, as exportações da Alemanha estavam crescendo a cada ano, a Alemanha tinha toda a extensão de que necessitava. Nenhuma das razões econômicas que mencionamos se sustenta; elas não explicam esse fenômeno. Era simplesmente o momento de uma coisa dessas acontecer por razões psíquicas desconhecidas. Qualquer grande movimento do homem sempre começou a partir de razões psíquicas; portanto, foi nossa experiência que nos ensinou a acreditar no psíquico. Por isso, nos causa tanto medo a psicologia das massas, por exemplo. Todos os homens de hoje precisam levar isto em consideração. Anteriormente o homem não acreditava no valor da publicidade; agora vejam o que aconteceu! Ou alguém acreditou que os folhetos que apareciam a cada quinze dias – as gazetas, que hoje chamamos de jornais – se transformariam num poder mundial? A imprensa é reconhecida hoje como um poder mundial; é um fato psíquico.

Portanto, podemos dizer que nossa civilização alcançou o estado de *anâhata* – estamos acima do diafragma. Já não localizamos a mente no diafragma, como faziam os antigos gregos nos tempos de Homero. Estamos convencidos de que a sede da consciência deve estar em algum lugar na cabeça. Já temos uma visão mais perspicaz no *anâhata*; tornamo-nos conscientes do *purusha*. Mas ainda não confiamos na segurança da existência psíquica; portanto, não alcançamos o *vishuddha*. Ainda acreditamos num mundo material feito de matéria e força psíquica. E não conseguimos associar a existência ou substância psíquica com a ideia de algo cósmico ou físico. Ainda não encontramos a ponte entre as ideias da física e da psicologia[4].

---

4. Jung tentou construir essa ponte em sua colaboração com o físico Wolfgang Pauli em *The Interpretation of Nature and the Psyche* (Bollingen Series LI, 1955) [a contribuição de Jung é: "Sincronicidade: Um princípio de cone-

Por isso, não atravessamos coletivamente a distância entre o *anâhata* e o *vishuddha*. Por isso, se alguém fala do *vishuddha*, é evidentemente com certa hesitação. Quando tentamos compreender o que isto significa, estamos penetrando no futuro escorregadio. Porque no *vishuddha* vamos além da nossa concepção atual do mundo, chegamos de certa forma à região do éter. Estamos tentando algo que é maior do que o Professor Piccard alcançou![5] Ele estava apenas na estratosfera – alcançou algo extremamente tênue, devo reconhecer, mas ainda não se tratava do éter. Por isso, precisamos construir uma espécie de foguete de dimensões muito amplas que nos projete no espaço. É o mundo das ideais e valores abstratos, o mundo onde a psique é em si mesma, onde a realidade psíquica é a única realidade, ou onde a matéria é uma película fina envolvendo um enorme cosmos de realidades psíquicas, uma mera franja ilusória envolvendo a existência real, que é psíquica.

O conceito de átomo, por exemplo, pode ser considerado correspondente ao pensamento abstrato do centro *vishuddha*. Além disso, se nossa experiência alcançar este nível, obteremos uma vista panorâmica extraordinária do *purusha*. Porque então o *purusha* se torna realmente o centro das coisas; já não se trata de uma pálida visão,

---

xões acausais" em OC vol. 8/3]). Sobre esta questão, cf. especialmente *Wolfgang Pauli und C.G. Jung: Ein Briefwechsel 1932-1958*. Ed. por V.A. Meier. Berlim, 1992.

5. Auguste Piccard foi um professor suíço de física na Universidade de Bruxelas. A partir de 27 de maio de 1931, subiu pela primeira vez à estratosfera num balão especial para fazer observações científicas. Seu segundo voo partiu do aeródromo Dübendorf perto de Zurique a 18 de agosto de 1932. Cf. seu *Au dessus des nuages* (Acima das nuvens). Paris, 1933. Cf. tb. *Entre ciel et terre: réalités-visions d'avenir*. Lausanne, 1947.

mas da realidade última, por assim dizer. Como vocês podem ver, esse mundo será alcançado quando conseguirmos encontrar uma ponte simbólica entre as ideias mais abstratas da física e as ideias mais abstratas da psicologia analítica. Se pudermos construir essa ponte, teremos alcançado pelo menos a porta exterior do *vishuddha*. Essa é a condição. Quero dizer: então tivermos encontrado coletivamente esta ponte, então o caminho estará aberto. Mas estamos ainda a uma longa distância dessa meta. Porque o *vishuddha* significa exatamente o que eu disse: um pleno reconhecimento de que as essências ou substâncias psíquicas são as essências fundamentais do mundo; e não em virtude da especulação, mas do fato, ou seja, como experiência. Não adianta especular sobre o *âjñâ* e o *sahasrâra*[6] e sabe lá Deus o que mais. Podemos refletir sobre estas coisas; mas, se carecemos da experiência, não estamos ali.

Vou mostrar-lhes um exemplo da transição de um estado ao outro. Recordo o caso de um homem que era um extrovertido no sentido mais exagerado da palavra. Sempre estava convencido de que o mundo era melhor onde ele não se encontrava; lá estava a verdadeira felicidade e ele devia encaminhar-se para ela. Naturalmente ele corria o tempo todo atrás de mulheres, porque as mulheres que ele ainda não conhecia sempre continham o segredo da vida

---

6. Hauer afirmou que o chacra *sahasrâra* "é o chacra de mil raios ou de mil pétalas" (*HS*, p. 69). Eliade observou que "é aqui que se realiza a união final (*unmanî*) de Shiva e Shakti, a meta final do *sâdhana* tântrico e aqui a *Kundalini* termina sua jornada após atravessar os seis *chacras*. Devemos notar que o *sahasrâra* já não pertence ao plano do corpo, que ele já designa o plano da transcendência – e isto explica por que os autores geralmente falam dos 'seis' *chacras*" (In: ELIADE, Mircea. *Yoga: Immortality and Freedom*. Trad. por Willard R. Trask (Bollingen Series LVI); reimp. Londres, 1989, p. 243).

e da felicidade. Nunca podia ver uma mulher conversando com outro homem na rua sem ficar com inveja, porque essa poderia ser a mulher. Evidentemente ele nunca teve êxito, como vocês podem imaginar. Ele tinha cada vez menos sucesso e desempenhou perfeitamente o papel de palhaço. Ficou mais velho e as chances de encontrar a mulher definitiva se tornaram extremamente pequenas. Por isso, chegou o momento de considerar as coisas de outra maneira. Ele se submeteu à análise, mas nada mudou até acontecer o seguinte: ele estava andando na rua e apareceu um jovem casal falando com intimidade e instantaneamente ele sentiu uma dor no coração – essa era a mulher! Então de repente a dor desapareceu e por um momento ele teve uma visão absolutamente clara. Ele se deu conta: "Muito bem! Façam o que bem entenderem. Sigam em frente. Tudo está em ordem. Já não preciso preocupar-me com isso, graças a Deus!"

Ora, o que aconteceu? Aconteceu simplesmente que ele cruzou o limiar do diafragma, porque no *manipûra* a pessoa está cega pela paixão. Evidentemente, ao ver esse casal, ele pensa: "Eu a quero, eu sou igual a esse homem". E ele *é* igual no *manipûra*. Ele é igual a qualquer búfalo e naturalmente se queixa quando não pode sair de sua pele e entrar na pele de outro. Mas aqui de repente ele se dá conta de que não é aquele homem; ele rompe o véu da ilusão, essa identidade mística, e descobre que não é aquele homem. No entanto, ele tem um vislumbre de que, num sentido peculiar, ele é idêntico àquele homem, de que o homem é, ele próprio, vida contínua; ele não está à margem. Porque sua substância é não apenas seu si-mesmo pessoal, mas também a substância daquele homem jovem. Ele próprio continua a vida e tudo está em ordem. E ele faz parte disso, não está fora.

Como vocês podem ver, este é um quadro da existência psíquica acima ou para além da forma *manipûra*. Não é senão um pensamento – nada mudou no mundo visível; nenhum átomo ocupa num lugar diferente do anterior. Mas uma coisa mudou: a substância psíquica entrou no jogo. Como vocês podem ver, um mero pensamento, ou um sentimento quase indescritível, um *fato psíquico*, muda toda a sua situação, toda a sua vida, e ele penetra no *anâhata*, o mundo onde começam as coisas psíquicas.

Ora, a passagem do *anâhata* ao *vishuddha* é bastante análoga, mas vai muito além. Como vocês podem ver, no *anâhata* pensamento e sentimento se identificam com os objetos. Para um homem o sentimento se identifica com certa mulher, por exemplo, e para uma mulher ele identifica com um homem concreto. O pensamento de um cientista se identifica com tal-e-tal livro. Ele é esse livro. Portanto, sempre existem condições externas, seja para o sentimento seja para a mente. O pensamento é sempre específico – científico, filosófico ou estético, por exemplo –, porque sempre se identifica com um determinado objeto. E assim o sentimento se identifica com certas pessoas ou coisas. Alguém está irritado porque alguém fez isso ou aquilo, porque existem tais-e-tais condições. Portanto, existe uma interdependência entre nossas emoções, nossos valores, nossos pensamentos, nossas convicções e os fatos, o que chamamos de objetos. Eles não são em si mesmos ou por si mesmos. Eles estão, como digo, entrelaçados com fatos concretos.

Como vocês sabem, às vezes é um ideal não ter nenhum tipo de convicções ou sentimentos que não estejam baseados na realidade. Deve-se até ensinar às pessoas, quando precisam passar do *manipûra* ao *anâhata*, que suas emoções precisam ter uma base real, que elas não podem amaldiçoar e condenar a alguém com base em meras conjecturas e que existem razões absolutas em virtude das quais elas carecem de justificativa para fazer uma coisa dessas. Elas precisam realmente aprender que seus sentimentos devem basear-se em fatos.

Mas, para passar do *anâhata* ao *vishuddha* é preciso desaprender tudo isso. A pessoa precisa até admitir que todos os seus fatos psíquicos não têm nada a ver com os fatos materiais. Por exemplo, a raiva que uma pessoa sente por alguém ou por alguma coisa, independentemente de quão justificada seja, não é causada por essas coisas externas. É um fenômeno totalmente por si mesmo. É o que denominamos "considerar uma coisa em seu nível subjetivo". Digamos que alguém ofendeu você e você sonha com essa pessoa e sente novamente a mesma raiva no sonho. Então eu digo: "Esse sonho me diz apenas o que significa a raiva, o que ela é na realidade". Mas você sustenta que a pessoa disse tal-e-tal coisa, de modo que você está perfeitamente justificado a sentir essa raiva e assumir essa atitude contra ela. De minha parte devo admitir que tudo isso é perfeitamente verdadeiro e então digo humildemente: "Muito bem. Agora que essa raiva que você teve passou e você voltou ao estado normal, examinemos este sonho, porque existe ali um estágio subjetivo de interpretação. Você considera que esse homem é sua *bête noire* específica, mas na verdade ele é você mesmo.

Você se projeta nele, a sombra de você aparece nele e isso encoleriza você". Naturalmente uma pessoa não se inclina a admitir essa possibilidade; mas, após algum tempo, quando o processo de análise se mostra eficaz, começa a tornar-se evidente para ela que isso muito provavelmente é verdadeiro. Talvez somos idênticos ao nosso pior inimigo. Em outras palavras, nosso pior inimigo talvez esteja dentro de nós mesmos.

Se alguém chegou a este estágio, ele começa a deixar o *anâhata*, porque conseguiu dissolver a união absoluta dos fatos externos materiais com os fatos internos ou psíquicos. Ele começa a considerar o jogo do mundo como seu próprio jogo, as pessoas que aparecem fora são expoentes da condição psíquica dele mesmo. Tudo o que lhe acontece, qualquer experiência ou aventura dele no mundo exterior, é sua própria experiência.

Por exemplo, uma análise não depende daquilo que o analista é. Trata-se da experiência de alguém. O que alguém experimenta na análise não se deve a mim; é o que ele é. Ele terá comigo exatamente a experiência que é a experiência dele mesmo. Nem todos se apaixonam por mim, nem todos se ofendem quando faço uma observação cáustica e nem todos admiram uma expressão muito enérgica que eu uso. A experiência na análise, na qual sou sempre o mesmo Dr. Jung, é um processo muito diferente em pessoas diferentes. Os indivíduos são muito diferentes e, por causa disso, a análise é sempre uma experiência diferente, até para mim mesmo. Eu sou aquele que é igual a mim mesmo em todas essas condições, mas os pacientes variam e, consequentemente, a experiência da análise varia o tempo todo, inclusive para mim. Mas naturalmente o paciente acredita que sua análise é assim-e-assado porque eu estou nela. Ele não vê que se trata também sua experiência subjetiva. Enquanto o paciente considerar a análise desta maneira – um mero namorico pessoal ou uma discussão pessoal – não obtém o benefício que deveria ter obtido, porque não viu a si mesmo. Quando começa realmente a vê-la como sua própria experiência, então se dará conta de que o Dr. Jung, o parceiro no jogo, é apenas relativo. Ele é o que o paciente pensa dele. Dr. Jung é simplesmente um anzol no qual ele prende sua isca; ele não é tão essencial como parece ser. Ele é também a experiência subjetiva do paciente.

Se uma pessoa consegue ver isto, ela já está em seu caminho para o *vishuddha*, porque no *vishuddha* todo o jogo do mundo se torna a experiência subjetiva dela. O próprio mundo se torna um reflexo da psique. Por exemplo, quando digo que o mundo consiste apenas em imagens psíquicas – que tudo o que a pessoa toca, tudo o que ela experimenta, é imaginado porque ela não consegue perceber outra coisa; que, se toca esta mesa, ela pode pensar que a mesa é substancial, mas o que ela realmente experimenta é uma mensagem peculiar que os nervos tácteis enviam a seu cérebro; e pode acontecer que nem isso ela pode experimentar, porque posso cortar fora seus dedos, e ela continua experimentando seus dedos só porque os nervos cortados não podem funcionar de outra maneira; e que mesmo seu cérebro é apenas uma imagem ali em cima – quando digo tamanha heresia, estou no caminho para o *vishuddha*. Se eu conseguir – e espero que não consiga – levar todos vocês ao *vishuddha*, certamente vocês se queixarão; vocês se asfixiarão, já não conseguirão mais respirar, porque talvez não haja ali nada para respirar. É o éter. Ao chegar ao *vishuddha*, chega-se ao espaço sem ar, onde o indivíduo ordinário não tem nenhuma chance de respirar, como na terra. Assim tem-se a sensação de que é um tipo bastante crítico de aventura.

Ora, ao falar sobre estes centros, nunca devemos omitir os símbolos reais; eles nos ensinam muita coisa. Desejo chamar a atenção de vocês para o simbolismo animal do qual ainda não falei. Vocês sabem que a série de animais começa no *mûlâdhâra* com o elefante que sustenta a terra e que significa o tremendo impulso que sustenta a consciência humana, o poder que nos força a construir este mundo consciente. Para os hindus o elefante funciona como símbolo da libido domesticada, paralela à imagem do cavalo entre nós. Significa a força da consciência, o poder da vontade, a capacidade de fazer o que alguém quer fazer.

No próximo centro está o makara, o leviatã. Portanto, ao passar do *mûlâdhâra* ao *svâdhisthâna*, a força que alimentou a pessoa até aqui mostra agora uma qualidade totalmente diferente: o que o elefante é na superfície do mundo o leviatã o é nas profundezas. O elefante é o animal maior e mais forte na superfície da terra e o leviatã é o animal maior e mais terrível nas águas profundas. Mas trata-se de um e o mesmo animal: o poder que força a pessoa a entrar na consciência e que a sustenta em seu mundo consciente se mostra o pior inimigo quando ela chega ao próximo centro. Porque ali a pessoa está realmente saindo deste mundo e tudo o que leva a apegar-se a ele é seu pior inimigo. A maior bem-aventurança neste mundo é a maior maldição no inconsciente. Por isso, o makara é exatamente o inverso: o elefante aquático, o dragão-baleia que devora a pessoa, é a coisa que até então a alimentou e sustentou – exatamente como a mãe benévola que educou a pessoa se torna, na vida posterior, a mãe devoradora que a engole novamente. Se a pessoa não conseguir abandoná-la, a mãe se torna um fator absolutamente negativo – ela sustenta sua vida na infância e na juventude; mas para tornar-se adulta, a pessoa deve deixar tudo isto e então a força da mãe se volta contra ela. Da mesma forma, todo aquele que tenta deixar esse mundo para chegar a outro tipo de consciência, o mundo da água ou o inconsciente, tem o elefante contra si; então o elefante se torna o monstro do submundo.

No *manipûra* o animal simbólico é o carneiro, que é o animal sagrado de Agni, o deus do fogo. Isto é astrológico. O carneiro, Áries, é o domicílio de Marte, o planeta flamejante das paixões, da impulsividade, da temeridade, da violência e assim por diante. Agni é um símbolo adequado. Trata-se novamente do elefante, mas em nova forma. E já não é mais um poder insuperável – o poder sagrado do elefante. Agora ele é um animal sacrificial e se trata de um sacrifício relativamente pequeno – não o grande sacrifício do touro, mas o sacrifício menor das paixões. Ou seja, sacrificar as paixões não é tão terrivelmente custoso. O pequeno animal preto que se opõe à pessoa já não se assemelha ao leviatã das profundezas do chacra anterior; o perigo já diminuiu. As paixões da pessoa são realmente um perigo menor do que afogar-se no inconsciente; não ter consciência de sua paixão é muito pior do que sofrer por uma paixão. E isso é expresso por Áries, o carneiro; ele é um pequeno animal sacrificial do qual não precisamos ter medo, porque já não está equipado com a força do elefante ou do leviatã. Superamos o pior inimigo quando estamos conscientes dos nossos desejos ou paixões fundamentais.

O próximo animal é a gazela, novamente uma transformação da força original. A gazela ou antílope, à semelhança do carneiro, vive na superfície da terra – a diferença é que ela não é um animal domesticado como o carneiro, nem um animal sacrificial. Ela não é de modo algum um animal ofensivo; pelo contrário, ela é extraordinariamente arisca e esquiva e muito veloz – desaparece num instante. Quando topamos com um grupo de gazelas ficamos sempre estupefatos com a maneira como elas desaparecem. Elas simplesmente voam pelo espaço com grandes saltos. Existem na África antílopes que dão saltos de seis a dez metros – algo espantoso. É como se tivessem asas. E são também graciosas e delicadas e têm pernas e patas extremamente delgadas. Mal e mal tocam o solo e a menor agitação do ar é suficiente para levá-las a sair voando, como pássaros. Por isso, existe na gazela uma qualidade semelhante aos pássaros. Ela é tão leve quanto o ar; ela só toca a terra aqui e ali. É um animal terrestre, mas está quase liberta da força da gravidade. Este animal é adequado para simbolizar a força, a eficiência e a leveza da substância psíquica – o pensamento e o sentimento. Ela já perdeu parte do peso da terra. Isto denota também que no *anâhata* o psíquico é um fator fugidio, difícil de ser agarrado. Ela tem exatamente a qualidade que nós médicos damos a entender quando dizemos que é muito difícil descobrir o fator psicogênico numa doença.

Sr. Dell: O Sr. a compararia também ao unicórnio?

Dr. Jung: Eu diria que se trata de uma analogia próxima e vocês sabem que o unicórnio é um símbolo do Espírito Santo – isso seria um equivalente ocidental[7].

Sra. Sawyer: O unicórnio deriva do rinoceronte, de modo que também este seria uma analogia.

Dr. Jung: Sim. O rinoceronte sobreviveu na lenda do unicórnio. O unicórnio não é um animal real, mas o rinoceronte tem sido um animal muito real neste país. Por exemplo, uma metade de um rinoceronte foi encontrada, em estado bem preservado, num poço de petróleo em algum lugar da Europa oriental – creio que na Polônia. Era do período glacial, um rinoceronte europeu. Portanto, o unicórnio é muito provavelmente um tênue eco dos tempos em que o homem viu o rinoceronte real por aqui. Evidentemente, não se pode prová-lo; mas é pelo menos uma muito bela analogia para o nosso processo que estamos examinando – a transformação do elefante nesta delicada, suave, ágil e veloz gazela.

Ora, este é um símbolo muito adequado do fator psicogênico. E a descoberta do fator psicogênico na medicina foi realmente algo que podemos comparar com a passagem do *manipûra* ao *anâhata*. Lembro-me muito bem do tempo em que os professores diziam: "Ora, existe também algum distúrbio psíquico; naturalmente a imaginação tem algo a ver com ele e uma psicologia transtornada pode produzir todo tipo de sintomas" e assim por diante. Pensava-se originalmente que a psique era uma espécie de espuma ou essência, produzida pelo corpo,

---

7. Jung forneceu um extenso comentário sobre o significado simbólico do unicórnio em *Psicologia e alquimia*. OC vol. 12, § 518-554.

e não era nada em si mesma; e que a assim denominada causalidade psicológica não existia realmente, que ela era mais algo sintomático. Nem mesmo Freud considera o fator psicogênico algo substancial. Para ele a psique é algo um tanto fisiológico, uma espécie de enredo secundário na vida do corpo. Ele está convencido de que nela há ou deveria haver uma boa dose de química – que a coisa toda remonta à química do corpo, que se trata de hormônios ou sabe lá Deus o quê. Portanto, a descoberta de um fator psicogênico real (que ainda não é percebido na medicina, imaginem!) é um grande e eloquente acontecimento. Seria o reconhecimento da própria psique como algo que funciona evidentemente junto com o corpo, mas que tem a dignidade de uma causa. Como vocês podem ver, se um médico admite uma coisa dessas, ele está realmente dando um grande passo à frente. Se ele coloca o fator psicogênico, enquanto fator causal, entre micróbios, resfriados, condições sociais desfavoráveis, hereditariedade e assim por diante, ao fazer isso ele reconhece a psique como algo que existe e tem efeito real. A mentalidade médica lógica não confia muito que se trate realmente de algo sobre o qual se pode operar, porque ela tem a qualidade fugidia da gazela. E nós sabemos que, quando a psique se manifesta na realidade, ela o faz geralmente contra nós. Porque, enquanto não vai contra nós, ela simplesmente se identifica com a nossa consciência. Nossa consciência não vai contra nós e nós pensamos que tudo é obra nossa consciente, mas o fator psíquico é sempre algo que supomos não ser obra nossa. Nós procuramos negá-lo e reprimi-lo. Digamos que eu preciso escrever uma carta que me resulta desagradável.

Imediatamente tenho o fator psíquico contra mim. Não consigo encontrar essa carta – ela desapareceu misteriosamente; descubro que fui eu quem, inconscientemente, a pus num lugar equivocado. Eu queria ter um cuidado particular com essa carta; mas, por ter resistências contra ela, coloquei-a no bolso errado ou num canto onde levarei meses para encontrá-la. Estamos inclinados a falar de um duende que se ocupou com ela. Sentimos ali o demoníaco na maneira como desaparecem misteriosamente as coisas de que nos são dolorosamente necessárias. A mesma coisa ocorre na histeria: exatamente quando mais importa, as coisas tomam um rumo estranho. Onde é muito importante alguém dizer a coisa certa, dizemos justamente a coisa errada; nossas palavras se rebelam em nossa boca. Por isso, não podemos deixar de reconhecer o fato de que algum demônio vivo está contra nós. Daí a antiga ideia de que essas pessoas estavam possuídas por demônios, eram vítimas de bruxas e assim por diante.

Sr. Baumann: Existe um livro muito bom de Friedrich Theodor Vischer intitulado *Auch Einer* (Também um)[8].

Dr. Jung: Sim. Um livro alemão sobre um dos desses duendes que se ocupam com objetos. Por exemplo, quando alguém perde os óculos, ele sempre os perderá num lugar improvável, talvez numa cadeira em cujo padrão os óculos se encaixam perfeitamente. E podemos ter certeza absoluta de que, quando deixamos cair no chão uma fatia de pão com manteiga, ela sempre cairá com o lado da manteiga para baixo. Ou, quando colocamos a cafeteira na mesa, ela procura por todos os meios enfiar seu bico

---

8. VISCHER, Friedrich Theodor. *Auch Einer*. Stuttgart/Leipzig, 1884.

na alça do bule do leite, de modo que, ao levantar a cafeteira, derramamos o leite.

Sr. Dell: *Die Tücke des Objekts* (a malícia do objeto).

Dr. Jung: Sim. A astúcia demoníaca dos objetos; e em *Auch Einer* Vischer elaborou todo um sistema a partir disso. Naturalmente, isto é extremamente quixotesco, mas ele capta corretamente o fator psíquico, porque ele é de certa maneira obra nossa e, no entanto, não é obra nossa; ele acontece como coisa de duende. É surpreendente o caráter esquivo do fator psicogênico. Também na análise ele está sempre fugindo, porque, sempre que tentamos atacá-lo, o paciente o nega e diz: "Mas isso é o eu queria fazer; isto sou eu mesmo". O paciente o mantém fora do alcance todo o tempo, porque tem medo de descobri-lo. Ele tem medo de que um parafuso esteja frouxo em algum lugar da sua cabeça e pensa que isso significaria que ele era louco.

Por isso, a passagem do *manipûra* ao *anâhata* é realmente muito difícil. O reconhecimento de que a psique é uma coisa que se move por si mesma, algo genuíno e não você mesmo, é extremamente difícil de ver e admitir. Porque significa que a consciência que você chama de sua chegou a seu fim. Na nossa consciência tudo está conforme nós dispomos, mas então descobrimos que não somos donos de nossa própria casa, que não estamos vivendo sozinho em nosso quarto e que estão rondando por aí fantasmas que devastam nossas realidades, que significa o fim de nossa monarquia. Mas, se alguém entende isto corretamente, tal como mostra a ioga tântrica, este reconhecimento do fator psicogênico é simplesmente o primeiro reconhecimento do *purusha*. É o início do grande reconhecimento representado nas formas mais grotescas e ridículas. Como vocês podem ver, é o que a gazela significa.

Lembrem-se que o elefante aparece novamente no *vishuddha*. Pois encontramos aqui o pleno poder, a força sagrada insuperável do animal como ela era no *mûlâdhâra*. Ou seja, nós encontramos aqui todo o poder que nos levou à vida, a esta realidade consciente. Mas aqui ele não sustenta o *mûlâdhâra*, esta terra. Está sustentando as coisas que nós presumimos serem as mais etéreas, as mais irreais e as mais voláteis, ou seja, os pensamentos humanos. É como se o elefante estivesse criando realidades a partir dos nossos conceitos. Admitimos que nossos conceitos não são senão nossa imaginação, produtos de nosso sentimento ou de nosso intelecto – abstrações ou analogias, não sustentadas por nenhum fenômeno físico.

Aquilo que une todos eles, que expressa todos eles, é o conceito de energia. Na filosofia, por exemplo, tomemos o exemplo de Platão em seu mito da caverna[9]. Com esse mito um tanto canhestro, ele procura explicar a subjetividade do nosso julgamento, que é de fato a mesma ideia que mais tarde, na história da filosofia, foi denominada teoria do conhecimento. Ele descreve pessoas sentadas numa caverna, de costas para a luz, olhando para as sombras que aparecem na parede, projetadas por figuras que se movem fora. Ora, este é um mito muito adequado para explicar o problema, mas foram necessários mais de dois mil anos até o problema ser formulado de maneira filosoficamente abstrata na *Crítica da razão pura* de Kant.

---

9. PLATÃO. *A República*, 514a-518a.

Temos sempre a impressão de que estes conceitos filosóficos ou científicos como energia – denominemo-los teorias ou hipóteses – são coisas perfeitamente fúteis que amanhã mudam, como uma lufada de ar que não tem nenhuma existência. Mas estas são aparentemente as coisas sustentadas e empurradas pelo elefante, como se o elefante estivesse transformando em realidade esses conceitos que de fato são meros produtos de nossa mente. Este é o nosso preconceito – *pensar* que esses produtos não são também realidades.

Mas aqui está o problema da coisa toda: isto não é tão simples. Nossas especulações levam a abstrações e sentimos claramente que estas abstrações são meramente nossas conclusões. Elas são artificiais; nunca temos certeza de que existam na realidade. Mas, se porventura experimentamos na realidade a conclusão a que chegamos, então diremos: "Agora isto é real, na medida em que meu pensamento é real". Por exemplo, dizemos: "Amanhã teremos uma tempestade acompanhada de raios e trovões". Não é muito provável nesta época do ano; mas, com base em todos os dados meteorológicos, podemos tirar esta conclusão embora nós próprios pensemos que é muito improvável. E amanhã acontece realmente uma tempestade acompanhada de raios e trovões e então dizemos: "Não é maravilhoso eu ter chegado a essa conclusão? Meu sentimento deve estar correto". Assim substanciamos nosso pensamento na realidade e esta realidade afeta o homem inteiro. Ela nos afeta completamente – nós somos encharcados pela chuva, ouvimos o trovão e podemos ser atingidos pelo raio – isso nos atinge por completo.

Ora, de acordo com o simbolismo dos chacras, acontece algo semelhante no *vishuddha*. O poder do elefante é conferido às realidades psíquicas, que nossa razão gostaria de considerar como meras abstrações. Mas o poder do elefante nunca é conferido a produtos do mero intelecto, porque estes nunca são convincentes; precisam sempre de evidência física. E para coisas puramente psíquicas não há nenhuma possibilidade de algo parecido com a evidência física. Por exemplo, sabemos que é impossível no fato físico fazer um conceito de Deus, porque não se trata de um conceito físico. Não tem nada a ver com uma experiência no espaço e no tempo. Simplesmente não tem nenhuma conexão com o espaço e o tempo e, por isso, não podemos esperar qualquer efeito subsequente. Mas, se temos a *experiência* psíquica, se o fato psíquico se nos impõe, então nós o entendemos e podemos fazer dele um conceito. A abstração, ou o conceito de Deus, brotou da experiência. Não é um conceito intelectual nosso, embora possa ser também intelectual. Mas o principal nessa experiência é que ela é um fato psíquico. E os fatos psíquicos são a realidade no *vishuddha*. Por isso, a força insuperável da realidade já não sustenta os dados desta terra, mas os dados psíquicos.

Por exemplo, uma pessoa sabe que gostaria muito de fazer alguma coisa, mas sente que isto simplesmente não pode ocorrer, como se houvesse uma interdição absoluta. Ou ela sente fortemente que não quer fazer certa coisa, mas o fator psíquico o exige e ela sabe que não existe defesa – ela precisa seguir esse caminho, sem vacilação alguma. Esse é o poder do elefante, que a pessoa talvez sinta até naquilo que ela chamaria de disparates. Estas são experiências da realidade do *vishuddha* como são expressas mediante o simbolismo.

Esse é apenas o quinto chacra e já estamos sem fôlego – literalmente –, estamos além do ar que respiramos. Estamos chegando, digamos, ao futuro remoto da humanidade, de nós mesmos. Porque todo homem tem pelo menos a faculdade potencial de experimentar aquilo que será a experiência coletiva dentro de dois mil anos, talvez em dez mil anos. As coisas das quais tratamos hoje já foram tratadas antes, não sabemos quantos milhões de vezes, em priscas eras, entre os curandeiros primitivos ou entre os antigos romanos ou gregos – tudo foi antecipado. E nós antecipamos milhares de anos por vir, de modo que nos projetamos realmente num futuro que ainda não possuímos. Por isso, é um tanto audacioso falar do sexto chacra[10], que naturalmente está completamente além de nosso alcance, porque nem sequer chegamos ao *vishuddha*. Mas, como temos esse simbolismo, podemos pelo menos construir algo teórico a respeito.

O centro *ájñâ*, como vocês se lembram, assemelha-se a uma semente alada e não contém nenhum animal. Isso significa que não existe nenhum fator psíquico, nada contra nós cujo poder podemos sentir. O símbolo original, o *linga*, é repetido aqui numa forma nova, de cor branca. Em vez da condição escura do germinar, ele aparece agora em plena luz branca resplandecente, plenamente consciente. Em outras palavras, o Deus que estava ador-

---

10. A respeito do chacra *ájñâ*, Hauer afirmou: "O deus, poder masculino, desapareceu neste estágio, mas um poder feminino diferenciado continua operando e só desaparece no último chacra. Não estou certo se podemos encontrar paralelos psicológicos para isso" (*HS*, p. 90).

mecido no *mûlâdhâra* está aqui plenamente desperto, é a única realidade; e, por isso, este centro tem sido chamado de condição na qual alguém se une a Shiva. Poderíamos dizer que ele é o centro da *unio mystica* com o poder de Deus, ou seja, a realidade absoluta onde o indivíduo não é senão realidade psíquica, mas confrontado com a realidade psíquica que ele não é. E isto é Deus. Deus é o eterno objeto psíquico. Deus é simplesmente uma palavra para designar o não-eu. No *vishuddha* a realidade psíquica ainda se opunha à realidade física. Por isso, usava-se ainda o apoio do elefante branco para sustentar a realidade da psique. Os fatos psíquicos ainda ocorriam em nós, embora tivessem uma vida própria.

Mas no centro *âjñâ* a psique adquire asas – aqui a pessoa sabe que ela não é senão psique. E, no entanto, existe outra psique, uma contrapartida de nossa realidade psíquica, a realidade do não-eu, a coisa que nem sequer deve ser denominada si-mesmo; e a pessoa sabe que irá desaparecer nela. O eu desaparece completamente; o psíquico já não é um conteúdo em nós, mas nós nos transformamos em conteúdos dele. Como vocês podem ver, esta condição onde o elefante branco desapareceu no si-mesmo é quase inimaginável. Ele já não é mais perceptível nem mesmo em sua força, porque já deixou de atuar contra nós. Nós somos absolutamente idênticos a ele. Nós nem sequer sonhamos em fazer algo que não seja o que a força exigir; e a força não o exige porque nós já o estamos fazendo – já que nós somos a força. E a força retorna à sua origem: Deus.

Falar do lótus de mil pétalas situado acima, o centro *sahasrâra*, é totalmente supérfluo, porque é meramente um conceito filosófico que para nós carece de qualquer sustância; ele está além de qualquer experiência possível. No *ajñâ* ainda existe a experiência do si-mesmo, que aparentemente é diferente do objeto: Deus. Mas no *sahasrâra* compreendemos que não é diferente e assim a próxima conclusão é que não existe nenhum objeto, nenhum Deus, nada a não ser brahman. Não existe nenhuma experiência porque ele é único, não existe outro. Ele está adormecido, ele não é e, portanto, ele é o *nirvâna*. Este é um conceito inteiramente filosófico, uma mera conclusão lógica das premissas anteriores. É sem valor prático para nós.

Sra. Sawyer: Eu gostaria de perguntar ao Sr. se a ideia ocidental de subir através dos chacras significa que, cada vez que chegamos a um novo centro, precisamos retornar ao *mûlâdhâra*.

Dr. Jung: Enquanto uma pessoa vive ela está naturalmente no *mûlâdhâra*. É muito evidente que ela não pode viver sempre em meditação, ou numa condição de transe. Ela precisa perambular neste mundo; precisa estar consciente e deixar os deuses dormirem.

Sra. Sawyer: Sim. Mas pode-se pensar isto de duas maneiras: fazendo todas estas coisas ao mesmo tempo, ou fazendo uma viagem de subida e descida.

Dr. Jung: O simbolismo dos chacras tem o mesmo significado expresso em nossas metáforas da travessia noturna do mar, ou da escalada de uma montanha sagrada, ou da iniciação. Trata-se realmente de um desenvolvimento contínuo. Não é pular um subir e descer, porque o que alguém alcançou nunca se perde. Suponhamos que estivemos no *mûlâdhâra* e depois alcançamos o centro da água e depois aparentemente retornamos. Mas nós não retornamos; é uma ilusão imaginar que retornamos – nós deixamos algo de nós mesmos no inconsciente. Ninguém toca no inconsciente sem deixar ali algo de si mesmo. Podemos esquecê-lo ou reprimi-lo, mas então não somos mais inteiros. Quando aprendemos que dois mais dois são quatro, é assim por toda a eternidade – nunca serão cinco. Só retornam aqueles que pensaram tê-lo tocado, mas apenas estavam cheias de ilusões a respeito. Se alguém realmente o experimentou, ele nunca pode perder esta experiência. É como se uma boa parte da substância da pessoa tivesse permanecido ali, uma boa parte de seu sangue e de seu peso. Podemos retornar à condição anterior, esquecendo que perdemos uma perna, mas nossa perna foi arrancada pelos dentes do leviatã. Muitas pessoas que entraram na água dizem: "Nunca mais entrarei nela de novo!" Mas elas deixaram algo, algo permaneceu ali. E se atravessamos a água e entramos no fogo, nunca poderemos regressar, porque não podemos perder a conexão com nossa paixão que obtivemos no *manipûra*.

Pergunta: É como Wotan, que perde um olho?

Dr. Jung: Exatamente. E como Osíris, o deus do submundo, que também perde um olho. Wotan precisa sacrificar seu olho ao poço de Mimir, o poço da sabedoria, que é o inconsciente. Como vocês podem ver, um olho permanecerá nas profundezas ou voltado para elas[11]. Assim Jakob Boehme, quando foi "transportado pelo encantado para o centro da natureza", como ele diz, escreveu seu livro sobre o "olho invertido". Um dos seus

---

11. Para a análise junguiana que faz de Wotan, na qual ele não trata especificamente deste motivo, cf. "Wotan" (1936), em OC vol. 10/2.

olhos se voltou para dentro; continuou olhando para o submundo – o que equivale à perda de um olho. Deixou de ter dois olhos para este mundo. Portanto, quando alguém entrou de fato num chacra superior, ele nunca retorna realmente, mas permanece ali. Uma parte dele pode separar-se; mas, quanto mais longe tiver chegado na série dos chacras, tanto mais custoso será o aparente retorno. Ou, se ele retorna, tendo perdido a memória da conexão com esse centro, então ele é como um fantasma. Na realidade ele é apenas um nada, uma mera sombra, e suas experiências permanecem vazias.

Sra. Crowley: O Sr. pensa que a ideia é experimentar simultaneamente esses chacras pelos quais alguém foi passando?

Dr. Jung: Certamente. Como eu disse a vocês, em nosso desenvolvimento psicológico histórico real chegamos aproximadamente ao *anâhata* e dali podemos experimentar o *mûlâdhâra* e todos os centros subsequentes do passado, mediante conhecimento de testemunhos e da tradição e também através de nosso inconsciente. Suponhamos que alguém alcançou o centro *âjñâ*, o estado da consciência completa, não apenas a autoconsciência. Esta seria uma consciência extremamente ampliada, que inclui tudo – a própria energia –, uma consciência que conhece não só o "Isto é você", mas mais do que isso – que cada árvore, cada pedra, cada sopro de ar, cada lagartixa-do-mar – tudo isso é você mesmo. Não há nada que não seja você. Nessa consciência ampliada todos os chacras são experimentados simultaneamente, porque é o mais alto estado de consciência e não seria o mais alto se não incluísse todas as experiências anteriores.

Preleção 4[1]

2 de novembro de 1932

Dr. Jung: Temos aqui uma questão formulada pelo Sr. Allemann:

> Eu não compreendo por que nossa vida diária deve ser pensada como algo que só acontece no *mûlâdhâra*. O *mûlâdhâra* não se aplicaria mais à vida dos animais e dos primitivos que vivem em completa harmonia com a natureza? Não deveríamos de preferência considerar nossa vida civilizada sob o aspecto *sthûla* dos chacras superiores? O despertar da Kundalini seria então semelhante à compreensão consciente do aspecto *sûksma*. Isto significaria o seguinte: a fim de despertar a Kundalini precisamos descer às raízes das coisas, às "mães", e antes de mais nada compreender conscientemente o aspecto *sûksma* do *mûlâdhâra*, a terra.

O Sr. Allemann trouxe à baila um problema muito complicado. Compreendo suas dificuldades, porque re-

---

1. [Nota à edição de 1932: Esta preleção foi organizada pela Srta. Wolff para o relato do seminário em alemão, com material adicional do Dr. Jung.]

presentam as dificuldades do nosso ponto de vista ocidental quando confrontado com as ideias orientais. Somos confrontados com um paradoxo: pois nossa consciência está localizada no alto, no chacra *âjñâ*, por assim dizer, enquanto o *mûlâdhâra*, nossa realidade, está no chacra inferior. Além disso, outra contradição aparente nos impressiona: o *mûlâdhâra* é, como vimos, o nosso mundo. Portanto, como pode ser localizado na pélvis como ocorre no sistema dos chacras?

Procurarei mais uma vez apresentar uma explicação geral sobre como devemos compreender isto, mas por enquanto devemos manter bem separados o *simbolismo* dos chacras e a *filosofia* do aspecto *sthûla-sûksma* das coisas. Os três aspectos cobertos pelos termos *sthûla*, *sûksma* e *parâ* são uma maneira filosófica de considerar as coisas. Do ponto de vista da teoria, cada chacra pode ser considerado a partir de todos os três aspectos. Os chacras, no entanto, são *símbolos*. Eles reúnem na forma de imagem ideias complexas e múltiplas a respeito de ideias e fatos.

A palavra símbolo vem da palavra grega *symballein*, ajuntar/reunir. Portanto, tem a ver com coisas reunidas, ou um monte de material reunido, que nós, como mostra a expressão, consideramos um todo. Podemos traduzir a palavra símbolo como "algo visto como uma totalidade", ou "a visão de coisas reunidas num todo". Precisamos sempre recorrer a um símbolo quando tratamos de uma grande variedade de aspectos ou de uma multiplicidade de coisas que formam uma unidade conectada e que estão tão estreitamente entrelaçadas em todas as suas partes separadas a ponto de não podermos separar ou retirar qualquer parte sem destruir as conexões e perder o sentido da totalidade. A filosofia moderna formulou esta maneira de considerar as coisas sob o conceito que conhecemos como teoria da Gestalt[2]. Portanto, um símbolo é uma *Gestalt* ou forma viva – a soma total de um conjunto muito complexo de fatos que o nosso intelecto não consegue dominar conceitualmente e que, por isso, só podem ser expressos pelo uso de uma imagem.

Tomemos, por exemplo, o problema do conhecimento, que apresentou dificuldades tão grandes e múltiplas a ponto de ocupar os pensadores desde os inícios da filosofia até o momento presente. Platão, por exemplo, nunca chegou a formular uma teoria adequada do problema conhecimento; não conseguiu ir além da imagem da caverna e precisou descrever os problemas por meio de uma visão ou imagem concreta. Passaram-se dois mil anos até que Kant pôde formular uma teoria do conhecimento.

Assim também os chacras são símbolos. Eles simbolizam fatos psíquicos altamente complexos que até o momento presente só nos é possível expressar através de imagens. Portanto, os chacras são de grande valor para nós, porque representam um esforço real de apresentar uma teoria simbólica da psique. A psique é algo tão complicado, tão vasto em extensão e tão rico em elementos desconhecidos para nós, e seus aspectos se sobrepõem e se entrelaçam uns com os outros num grau tão surpreendente que nós sempre recorremos a símbolos para tentar representar o que sabemos sobre ela. Qualquer teoria sobre a psique seria prematura, porque acabaria enredan-

---

2. Cf. KOFFKA, Kurt. *Principles of Gestalt Psychology*. Nova York, 1935.

do-se em particularidades e perderia de vista a totalidade que nos propomos encarar.

Vocês viram, a partir de minha tentativa de uma análise dos chacras, como é difícil chegar ao seu conteúdo e quais condições complexas precisamos enfrentar quando estudamos não só a consciência, mas a totalidade da psique. Os chacras, portanto, se tornam um guia valioso para nós neste campo obscuro, porque o Oriente, e especialmente a Índia, sempre procurou compreender a psique como um todo. O Oriente tem uma intuição do si-mesmo e, portanto, vê o eu e a consciência apenas como partes mais ou menos secundárias do si-mesmo. Tudo isto nos parece muito estranho: para nós é como se a Índia estivesse fascinada com o pano de fundo da consciência, porque nós próprios estamos totalmente identificados com nosso primeiro plano, com o consciente. Mas agora, também entre nós, o pano de fundo ou o interior da psique adquiriu vida e, já que é tão obscuro e tão difícil de acessar, somos obrigados de início a representá-lo simbolicamente. Assim, por exemplo, nos damos conta da situação paradoxal de o *mûlâdhâra* estar localizado na pélvis e ao mesmo tempo representar o nosso mundo; e este paradoxo só pode ser expresso por um símbolo. O mesmo acontece com a aparente contradição contida no fato de imaginarmos a consciência localizada em nossa cabeça e, mesmo assim, vivermos no chacra mais inferior, o *mûlâdhâra*.

Como vimos no primeiro seminário em inglês deste outono, o *mûlâdhâra* é o símbolo de nossa atual situação psíquica, porque vivemos presos numa rede de causalidades terrenas[3]. Ele representa o emaranhamento e a dependência de nossa vida consciente *como ela é realmente*. O *mûlâdhâra* é não apenas o mundo exterior no qual vivemos; é nossa consciência total de todas as experiências pessoais exteriores e interiores. Em nossa vida consciente cotidiana somos como animais altamente evoluídos, sujeitos ao nosso ambiente, enredados nele e condicionados por ele. Mas nossa consciência ocidental não o entende desta maneira. Pelo contrário, em nosso mundo nós vivemos nos centros superiores. Nossa consciência está localizada na cabeça; sentimos que ela está ali; pensamos e queremos com nossa cabeça. Somos os senhores da natureza e temos o domínio sobre as condições ambientais e as leis cegas que mantêm o homem primitivo com as mãos e os pés amarrados. Em nossa consciência estamos sentados num alto trono e olhamos com desprezo a natureza e os animais. Para nós o homem arcaico é o homem de Neanderthal, um pouco melhor do que um animal. Não vemos, nem remotamente, que Deus aparece também como um animal. Para nós, animal significa "bestial". O que devia realmente parecer algo situado em cima nos parece estar situado em baixo e o consideramos algo regressivo e degradado. Por isso, nós "descemos" ao *svâdhisthâna* ou "caímos" na emocionalidade do *manipûra*. Por estarmos identificados com a consciência, falamos sobre o subconsciente. Quando entramos no inconsciente descemos a um nível inferior. Por isso, podemos dizer que a humanidade em geral alcançou o nível do chacra *anâhata* na medida em que ela se sente ligada aos

---

3. O seminário sobre as visões fora retomado mais cedo no mesmo dia. Para os comentários de Jung sobre o *mûlâdhâra*, cf. *The Visions Seminar* vol. 7, p. 10.

valores suprapessoais do *anâhata*. Toda cultura cria valores suprapessoais. Um pensador cujas ideias mostram uma atividade independente dos acontecimentos da vida diária pode dizer que está no centro *vishuddha*, ou quase no centro *âjñâ*.

Mas tudo isso é apenas o aspecto *sthûla* do problema. O aspecto *sthûla* é o aspecto pessoal. Para nós pessoalmente, é como se estivéssemos nos centros superiores. Pelo fato de nossa consciência e a cultura suprapessoal coletiva na qual vivemos estarem no centro *anâhata*, pensamos que estamos ali em todos os aspectos. Estando identificados com o consciente, não vemos que existe algo fora dele e que este algo não está em cima, mas embaixo.

Mas, mediante a psicologia ou a filosofia tântrica, podemos chegar a um ponto de vista a partir do qual podemos observar que os acontecimentos suprapessoais ocorrem dentro da nossa psique. Olhar para as coisas a partir de um ponto de vista suprapessoal é chegar ao aspecto *sûksma*. Podemos chegar a este ponto de vista porque, na medida em que criamos cultura, criamos valores suprapessoais e, ao fazê-lo, começamos a ver o aspecto *sûksma*. Mediante a cultura obtemos uma intuição de outras possibilidades diferentes das possibilidades psicológicas pessoais, porque nela aparece o suprapessoal. O sistema dos chacras se manifesta na cultura e, por isso, a cultura pode ser dividida em vários níveis, como os centros do abdômen, do coração e da cabeça. Por isso, podemos experimentar e demonstrar os vários centros da forma como aparecem na vida do indivíduo ou na evolução da humanidade. Começamos com a cabeça; nós nos identificamos com nossos olhos e com nossa consciência: inspecionamos o mundo de maneira bastante distanciada e objetiva. Isto é o *âjñâ*. Mas não podemos permanecer para sempre nas puras esferas da observação distanciada, precisamos trazer nossos pensamentos para a realidade. Nós os expressamos vocalmente e assim os lançamos no ar. Quando revestimos nosso conhecimento com palavras, estamos na região do *vishuddha*, ou o centro da garganta. Mas, logo que dizemos algo especialmente difícil, ou que nos causa sentimentos positivos ou negativos, sentimos o coração latejar e então o centro *anâhata* começa a ser ativado. E mais um passo adiante: quando, por exemplo, começamos uma disputa com alguém, quando ficamos irritadiços e zangados e fora do controle, então estamos no *manipûra*.

Se descermos ainda mais, a situação se torna impossível, porque então o *corpo* começa a falar. Por esta razão, na Inglaterra, qualquer coisa abaixo do diafragma é tabu. Os alemães sempre descem um pouco mais e por isso facilmente se tornam emocionais. Os russos vivem totalmente abaixo do diafragma – eles consistem em emoções. Os franceses e os italianos *se comportam* como se estivessem abaixo dele, mas sabem muito bem – e todos os outros também – que não estão.

É uma coisa um tanto delicada e dolorosa falar do que acontece no *svâdhisthâna*. Quando, por exemplo, uma emoção chega a um ponto de grande intensidade, ela já não se expressa em palavras, mas de maneira fisiológica. Ela não deixa o corpo através da boca, mas de outras maneiras – como, por exemplo, pela bexiga. O *svâdhisthâna* representa o nível onde se pode dizer que começa a vida psíquica. Só quando este nível foi ativado a humanidade despertou do sono do *mûlâdhâra* e aprendeu as primeiras normas da decência corporal. O princípio da educação corporal consistiu em fazer suas próprias necessidades nos lugares adequados para elas, exatamente como acontece na educação de uma criança pequena. Também os cães aprenderam isto; podemos dizer eles já vivem no *svâdhisthâna*, na medida em que deixam seus cartões de visita em árvores ou em esquinas. Os cães que vêm depois leem as mensagens e por elas reconhecem como está o terreno, se o cão anterior foi alimentado ou se estava de estômago vazio, se era um cão grande ou pequeno – uma diferença importante na época da procriação. Assim os cães podem dar todo tipo de informação a respeito uns dos outros e orientar-se de acordo.

O primeiro e mais baixo meio de expressar a vida psíquica ainda é usado pelos seres humanos, por exemplo por criminosos muito primitivos. Vocês sabem o que significa *grumus merdae* (monte de excrementos). O ladrão deposita seu excremento no lugar que ele pilhou e é como se dissesse: "Esta é minha a assinatura; isto me pertence; ai de quem cruzar o meu caminho". Assim isto se torna uma espécie de talismã apotropaico – uma relíquia de tempos arcaicos. Porque nas condições primitivas esta linguagem de sinais tinha de fato uma grande – até mesmo vital – importância. Com ela uma pessoa pode dizer se animais perigosos ou úteis seguiram determinada trilha e se as pegadas são recentes ou não. Naturalmente a mesma coisa vale para as trilhas humanas; se tribos hostis estão na vizinhança, o excremento humano recente é um sinal de alarme. Quanto mais primitivas as condições de vida, mais valiosas são as manifestações psíquicas deste nível. Podemos dizer que é a primeira linguagem da natureza. Por isso, manifestações psíquicas pertencentes ao *svâdhisthâna* estão presentes muitas vezes nos nossos sonhos; e certos chistes e os ditos grosseiros da Idade Média estão cheios delas.

Quanto ao *mûlâdhâra*, não sabemos nada a respeito dele porque neste nível a vida psíquica está adormecida. Por isso, o Sr. Allemann tem toda a razão ao dizer que o *mûlâdhâra* é a vida dos animais e dos primitivos que vivem em completa harmonia com a natureza. Nossa vida civilizada, por outro lado, deve ser considerada o aspecto *sthûla* dos chacras superiores. O despertar da Kundalini seria então semelhante à compreensão consciente do aspecto *sûksma*. Isto é bem verdade. Mas o que devemos fazer a fim de compreender conscientemente o aspecto *sûksma* do *mûlâdhâra*, ou da terra?

Aqui encontramos novamente o grande paradoxo. Na consciência estamos no *âjñâ* e, no entanto, ainda vivemos realmente no *mûlâdhâra*. Este é o aspecto *sthûla*. Mas podemos atingir outro aspecto? Como sabemos, não podemos compreender uma coisa se ainda estamos imersos nela e identificados com ela. Só quando chegamos a um ponto de vista "exterior" à experiência em questão, podemos compreender plenamente o que experimentávamos antes. Assim, por exemplo, só podemos formar um julgamento objetivo da nação, da raça ou do continente ao qual pertencemos quando tivermos vivido por algum tempo num país estrangeiro e formos capazes de olhar para nosso país a partir de fora.

Portanto, como podemos pôr de lado nosso ponto de vista pessoal, que representa o aspecto *sthûla*, e assumir outro, um ponto de vista suprapessoal que nos mostrará onde estamos realmente neste mundo? Como podemos descobrir o que somos no *mûlâdhâra*? O *mûlâdhâra* é uma condição de sono psíquico, como já dissemos; ali não temos nenhuma consciência e não podemos dizer nada sobre ele. Comecei dizendo que, mediante a cultura, nós criamos valores suprapessoais e que por este meio podemos ter uma vaga ideia de outras possibilidades psicológicas e chegar a outro estado da mente. Na criação de valores suprapessoais começamos com o aspecto *sûksma*. Vemos as coisas a partir do aspecto *sûksma* quando criamos símbolos. Podemos também ver nossa psique sob o aspecto *sûksma* e isto é justamente o que são os símbolos dos chacras. Só posso descrever para vocês esse ponto de vista por meio de um símbolo. É como se contemplássemos nossa psicologia e a psicologia da humanidade do ponto de vista de uma quarta dimensão, não limitada pelo espaço ou pelo tempo. O sistema dos chacras é criado a partir deste ponto de vista. É um ponto de vista que transcende o tempo e o indivíduo.

O ponto de vista espiritual da Índia em geral é um ponto de vista deste tipo. Para explicar o mundo os hindus não começam, como nós, tomando como ponto de partida o átomo do hidrogênio, nem descrevem a evolução da humanidade ou do indivíduo partindo do inferior para o superior, da consciência profunda para a consciência mais elevada. Eles não veem a humanidade sob o aspecto *sthûla*. Falam apenas do aspecto *sûksma* e por isso dizem: "No princípio era o brahman único e não existe outro. Ele é a única realidade indubitável, ser e não-ser"[4]. Eles começam com o *sahasrâra*; falam a linguagem dos deuses e consideram o homem de cima para baixo, tomando-o a partir do aspecto *sûksma* ou *parâ*. Para eles a experiência interior é revelação; nunca dizem acerca desta experiência: "Eu a pensei".

Naturalmente nós vemos o Oriente de maneira totalmente diferente. Em comparação com nossa cultura *anâhata* consciente, podemos na verdade dizer que a cultura coletiva da Índia está no *mûlâdhâra*. Para prová-lo basta pensar nas condições reais da vida na Índia, em sua pobreza, em sua sujeira, em sua falta de higiene, em sua ignorância das conquistas científicas e técnicas. Considerada a partir do aspecto *sthûla*, a cultura coletiva da Índia está realmente no *mûlâdhâra*, ao passo que a nossa alcançou o *anâhata*. Mas o conceito indiano da vida compreende a humanidade sob o aspecto *sûksma* e, olhado desse ponto de vista, tudo se inverte completamente. Nossa consciência pessoal pode realmente ser localizada no *anâhata* ou mesmo no *âjñâ*, mas mesmo assim nossa situação psíquica como um todo está indubitavelmente no *mûlâdhâra*.

Suponhamos que começamos a explicar o mundo em termos do *sahasrâra* e iniciamos uma preleção, por exemplo, com as palavras do Vedanta: "Este mundo era no início somente brahman; já que brahman estava sozinho, ele não se expandiu. Ele conhecia apenas a si mesmo e se deu conta: Eu sou brahman. Desta maneira ele se tornou o universo". Com razão seríamos considerados

---

[4]. Jung providenciou um extenso comentário sobre o brahman em *Tipos psicológicos*. OC vol. 6, § 326-348.

loucos, ou pelo menos se pensaria que estamos realizando uma reunião de reavivamento. Portanto, se somos sábios e vivemos na realidade, quando queremos descrever algo, começamos sempre com acontecimentos banais cotidianos e com o prático e concreto. Numa palavra, começamos com o aspecto *sthûla*. Para nós as coisas indubitavelmente reais são nossa profissão, o lugar onde vivemos, nossas contas bancárias, nossa família e nossos relacionamentos sociais. Somos obrigados a tomar estas realidades como nossas premissas se queremos realmente viver. Sem vida pessoal, sem o aqui e agora, não podemos atingir o suprapessoal. É preciso primeiro consumar a vida pessoal para poder introduzir o processo do aspecto suprapessoal da psique.

Repetidas vezes nos é demonstrado nas visões de nosso seminário o que é suprapessoal em nós; é um acontecimento exterior ao eu e à consciência. Nas fantasias de nossa paciente estamos sempre lidando com símbolos e experiências que não têm nada a ver com ela enquanto Sra. Tal-e-Tal, mas que surgem da alma humana coletiva existente nela e que, portanto, são conteúdos coletivos. Na análise o processo suprapessoal só pode começar quando toda a vida pessoal foi incorporada à consciência. Desta maneira a psicologia desenvolve um ponto de vista e tipos de experiência que estão além da consciência do eu. (O mesmo acontece na filosofia tântrica, mas com a seguinte diferença: ali o eu não desempenha nenhum papel.) Este ponto de vista e esta experiência respondem à seguinte questão: como podemos libertar-nos das realidades opressivas do mundo, ou seja, como desvencilhar do mundo a nossa consciência? Lembrem-se, por exemplo, do símbolo da água e do fogo, uma imagem na qual a paciente estava envolta em chamas[5]. Isto representa o mergulho no inconsciente, na fonte batismal do *svâdhisthâna* e o suportar o fogo do *manipûra*. Agora compreendemos que mergulhar na água e suportar as chamas não são uma descida, não são uma queda para níveis inferiores, mas uma ascensão. Trata-se do desenvolvimento para além do eu consciente, uma experiência do caminho pessoal para o suprapessoal – uma ampliação dos horizontes psíquicos do indivíduo, de modo a incluir o que é comum a toda a humanidade. Quando assimilamos o inconsciente coletivo, não o dissolvemos, mas o criamos.

Só depois de atingirmos este ponto de vista – só depois de ter tocado as águas batismais do *svâdhisthâna* – podemos dar-nos conta de que nossa cultura consciente, apesar de todas as suas alturas, ainda está no *mûlâdhâra*. Podemos ter atingido o *âjñâ* em nossa consciência pessoal, nossa raça em geral pode estar ainda no *anâhata*, mas tudo isto está ainda no lado pessoal – continua sendo o aspecto *sthûla*, porque só é válido para nossa consciência. E, enquanto o eu estiver identificado com a consciência, ele está enredado neste mundo, o mundo do chacra *mûlâdhâra*. Mas só vemos que é assim quando temos uma experiência e alcançamos um ponto de visa que transcende a consciência. Só quando estamos familiarizados com a psique em toda a sua extensão e já não permanecemos apenas dentro dos confins da consciên-

---

5. [Nota à edição de 1932: Seminário inglês impresso, n. 27.] Jung havia comentado esta imagem mais cedo no mesmo dia (*The Visions Seminar* vol. 7, p. 11).

cia, podemos saber que nossa consciência está enredada no *mûlâdhâra*.

Portanto, os símbolos dos chacras nos fornecem um ponto de vista que vai além do consciente. Existem intuições a respeito da psique como um todo, acerca de suas várias condições e possibilidades. Elas simbolizam a psique de um ponto de vista cósmico. É como se uma superconsciência, uma consciência divina oniabrangente, supervisionasse a psique a partir de cima. A partir da perspectiva fornecida por esta consciência tetradimensional, podemos reconhecer o fato de que ainda estamos vivendo no *mûlâdhâra*. Este é o aspecto *sûksma*. A partir deste ângulo, nossa entrada no inconsciente é uma subida, porque ele nos liberta da consciência cotidiana. No estado de consciência ordinária, estamos realmente embaixo, enredados, enraizados na terra por um conjunto de ilusões, somos dependentes – numa palavra, um pouco mais livres do que os animais superiores. Temos cultura, é verdade, mas nossa cultura não é suprapessoal; é uma cultura no *mûlâdhâra*. Podemos realmente desenvolver nossa consciência até atingir o centro *âjñâ*, mas nosso *âjñâ* é um *âjñâ* pessoal e, por isso, está no *mûlâdhâra*. No entanto, nós não sabemos que estamos no *mûlâdhâra*, da mesma forma que os índios americanos não sabem que vivem na América. Nosso *âjñâ* está enredado neste mundo. É uma centelha de luz, aprisionada no mundo; e, quando pensamos, estamos pensando meramente em termos deste mundo.

Mas o hindu pensa em termos da grande luz. Seu pensamento não parte de um *âjñâ* pessoal, mas de um *âjñâ* cósmico. Seu pensamento começa com o brahman e o nosso começa com o eu. Nosso pensamento começa com o individual e se abre para o geral. O hindu começa com o geral e desce para o individual. A partir do aspecto *sûksma* tudo é invertido. A partir deste aspecto nós nos damos conta do seguinte: em todo lugar estamos ainda envolvidos no mundo da causalidade, em termos dos chacras não estamos "no alto", mas completamente "lá embaixo". Estamos sentados num buraco, na pélvis do mundo, e nosso centro *anâhata* é o *anâhata* no *mûlâdhâra*. Olhando a partir do aspecto *sûksma*, tudo está ainda no *mûlâdhâra*.

Também o cristianismo se baseia no aspecto *sûksma*. Também para ele o mundo é apenas uma preparação para uma condição superior; e o aqui e agora, o fato de estar envolvido no mundo, é um erro e um pecado. Os sacramentos e ritos da Igreja antiga pretendiam todos libertar o homem do estado mental meramente pessoal e permitir-lhe participar simbolicamente de uma condição superior. No mistério do batismo – o mergulho no *svâdhisthâna* – o "antigo Adão" morre e nasce o "homem espiritual". A transfiguração e ascensão de Cristo são a representação simbólica e a antecipação do fim desejado, ou seja, elevar-se acima do pessoal e ingressar no suprapessoal. Na Igreja antiga Cristo representa o guia e, portanto, a promessa daquilo que o místico ou o iniciado também pode abarcar.

Mas para os não cristãos do Ocidente, o aqui e agora é a única realidade. O aspecto *sthûla*, o enraizamento no *mûlâdhâra*, deve primeiro ser vivido plenamente a fim de podermos, mais tarde, desenvolver-nos para além dele. Antes de chegarmos lá, não podemos saber que estamos presos no *mûlâdhâra*. Só desta maneira podemos desenvolver nossa consciência pessoal até o nível do centro *âjñâ* e só desta maneira podemos criar cultura. Trata-se de fato apenas de uma cultura pessoal, como eu disse, mas por trás da cultura está Deus, o suprapessoal. E assim atingimos o aspecto *sûksma*. Só então nós vemos que aquilo que nos parecia ser a culminância de nosso esforço é apenas algo pessoal, apenas a centelha de luz da consciência. Então nos damos conta de que, visto do ponto de vista da psique como um todo, foi apenas nossa consciência pessoal que atingiu o *âjñâ*, mas nós, partindo do aspecto do sistema cósmico dos chacras, ainda estamos no *mûlâdhâra*.

A melhor maneira de entender tudo isso é mediante uma metáfora. Podemos imaginar o sistema cósmico dos chacras como um imenso arranha-céu, cujos fundamentos penetram profundamente na terra e contêm seis porões um acima do outro. Alguém poderia então subir do primeiro até o sexto porão, mas ele ainda se encontraria nas profundezas da terra. Todo o sistema de porões é o *mûlâdhâra* cósmico e nós ainda nos encontramos nele, mesmo depois de alcançar o sexto porão – nosso *âjñâ* pessoal. Precisamos ter isto sempre em mente, do contrário caímos no erro cometido pela teosofia e confundir o pessoal com o cósmico, a centelha de luz individual com a luz divina. Se fizermos isto, não vamos a lugar nenhum; apenas sofremos uma tremenda inflação.

Partindo do ponto de vista do sistema cósmico dos chacras, portanto, podemos ver que ainda estamos muito embaixo, que nossa cultura é uma cultura no *mûlâdhâra*, apenas uma cultura pessoal na qual os deuses ainda não despertaram do sono. Por isso, precisamos despertar a Kundalini a fim de tornar a luz dos deuses clara para a centelha individual da consciência. No mundo do pensamento e nos acontecimentos psíquicos podemos alcançar este outro estado da mente, podemos olhar-nos a nós mesmos a partir do aspecto *sûksma*, mas então tudo é invertido. Vemos então que estamos metidos num buraco e que não descemos até o inconsciente, mas que, obtendo uma relação com o inconsciente, experimentamos uma evolução ascendente. Ativar o inconsciente significa despertar o divino, a *devî*, a Kundalini – começar o desenvolvimento do suprapessoal no individual a fim de acender a luz dos deuses. A Kundalini, que precisa ser despertada no mundo adormecido do *mûlâdhâra*, é o suprapessoal, o não-eu, a totalidade da psique através da qual unicamente podemos atingir os chacras superiores num sentido cósmico ou metafísico. Por isso, a Kundalini é o mesmo princípio do Soter, a Serpente Salvadora dos gnósticos. Esta maneira de olhar para o mundo é o aspecto *sûksma*. O aspecto *sûksma* é o sentido cósmico interior dos acontecimentos – o "corpo sutil", o suprapessoal.

O aspecto *parâ*, que o Professor Hauer chamou de metafísico, é para nós uma abstração puramente teórica. A mente ocidental não pode fazer nada com ele. Para a maneira indiana de pensar, essas abstrações hipostasiadas são muito mais concretas e substanciais. Por exemplo, para os indianos, o brahman ou *purusha* é a única realidade inquestionada; para nós é o resultado final de uma especulação extremamente ousada.

Sra. Baynes: O que o Professor Hauer entende por aspecto metafísico?[6]

Dr. Jung: Trata-se novamente do aspecto *sûksma*. Só podemos falar dele em símbolos. Esses símbolos, por exemplo, são a água e o fogo, a metábase para o inconsciente.

Sra. Crowley: Existe uma conexão entre o *samskâra* e o princípio criativo? E está o *puer aeternus* relacionado com eles?[7]

Dr. Jung: O *samskâra* pode ser comparado ao *mûlâdhâra*, já que eles são as condições inconscientes na quais vivemos. Os *samskâra* são germes herdados, poderíamos dizer – determinantes inconscientes, qualidades preexistentes das coisas futuras, vida nas raízes. Mas o *puer aeternus* é o broto que brota das raízes, a tentativa de síntese e de um libertar-se do *mûlâdhâra*. Só sintetizando as condições preexistentes podemos libertar-nos delas.

Dr. Reichstein: Os *samskâra* são arquétipos?

Dr. Jung: Sim. A primeira forma de nossa existência é uma vida nos arquétipos. As crianças vivem nesta forma antes de poderem dizer: "Eu". Este mundo do inconsciente coletivo é tão maravilhoso que as crianças estão continuamente retornando a ele e só com dificuldade conseguem separar-se dele. Existem crianças que nunca perdem a lembrança deste pano de fundo psíquico, tão

---

6. Hauer definiu este conceito do metafísico da seguinte maneira: "Faço uma distinção entre a teologia da ioga tântrica [...] no sentido de sua maneira de considerar os deuses, a maneira como eles os representam etc., e a metafísica, que é o aspecto filosófico dessa teologia" (*HS*, p. 25-26). Nisto ele incluiu as distinções entre os aspectos *sthûla*, *sûksma* e *parâ*.

7. Sobre o *puer aeternus*, cf.: VON FRANZ, Marie-Louise. *Puer Aeternus*. Santa Mônica, 1981. • *Puer Papers*. Ed. por James Hillman. Dallas, 1979.

extraordinárias são as maravilhas que ele contém. Essas lembranças continuam a viver nos símbolos. Os hindus as chamam de "mundo das joias" ou "manidvipa", a ilha das joias no mar de néctar. Com um choque repentino a criança passa deste mundo maravilhoso do inconsciente coletivo para o aspecto *sthûla* da vida ou, expresso de outra maneira, uma criança entra no *svâdhisthâna* logo que ela o observa em seu corpo, se sente desconfortável e chora. Ela se torna consciente de sua própria vida, de seu próprio eu, e assim deixou o *mûlâdhâra*. Agora começa sua própria vida: sua consciência começa a separar-se da totalidade da psique e o mundo das imagens primordiais, o mundo milagroso do esplendor, é deixado para trás para sempre.

Sra. Crowley: Existe alguma conexão entre *citta*[8] e Kundalini?

---

8. Woodroffe afirmou: "Citta em seu sentido especial é a faculdade (Vrtti) pela qual a Mente traz à memória (Smarana) aquilo do qual já houve antes Anubhava ou pratyaska Jñana – ou seja, cognição imediata" (In: AVALON, Arhur (pseud. Sir John Woodroffe). *The Serpent Power*. Londres, 1919, p. 64). Para Hauer, "Citta é absolutamente tudo o que se encontra em nosso mundo interior. [...] Tudo está sob o poder da *citta* e, por isso, *citta* é a 'alma', no sentido sentimento de ser o cosmo interior completo. [...] Se entendo suficientemente a psicologia do Dr. Jung, sinto que sua concepção da alma tem algo desta concepção de *citta*" (*HS*, p. 33). Zimmer definiu a *citta* como "tudo o que é experimentado ou sancionado pela mente" (In: ZIMMER, Heinrich. *Philosophies of India*. Ed. por Joseph Campbell. Bollingn Series XXVI, Londres, 1953, p. 321). Surendranath Dasgupta afirmou: "Os estados ou vrittis da *citta* são descritos como pertencentes a cinco tipos: 1) cognição correta, 2) conhecimento ilusório, 3) imaginação, 4) sono e 5) memória" (In: DASGUPTA. *Yoga Philosophy in Relation to Other Systems of Indian Thought*. Calcutá, 1930, p. 273). Feuerstein afirmou: "A palavra citta é o particípio passivo passado da raiz verbal cit, que significa 'reconhecer, observar, perceber' e também 'ser luminoso, brilhar'. É aplicada sempre que são expressos fenômenos psicomentais associados à atividade consciente" (*The Philosophy of Classical Yoga*. Manchester, 1980, p. 58). Para um comentário sobre as dificuldades de traduzir este termo, cf. FEUERSTEIN. *The Philosophy of Classical Yoga*. • BHARATI, Agehananda. *The Tantric Tradition*. Londres, 1992, p. 44-47.

Dr. Jung: *Citta* é o campo psíquico consciente e inconsciente, a mentalidade coletiva, a esfera onde ocorre o fenômeno da Kundalini. *Citta* é simplesmente nosso órgão do conhecimento, o eu empírico em cuja esfera irrompe a Kundalini[9]. A Kundalini é em essência muito diferente da *citta*. Por isso sua súbita aparição é o surgimento de um elemento absolutamente estranho à *citta*. Se ela não fosse totalmente diferente da *citta*, não poderia ser percebida.

Mas não devemos especular demais sobre esses conceitos, porque pertencem a um campo de pensamento especificamente oriental. Por isso, precisamos ter muita moderação no nosso uso destes conceitos. Em geral nossos termos psicológicos são bem adequados para nosso uso. É melhor usarmos os conceitos tântricos apenas como termos técnicos, quando nossa terminologia é insuficiente. Assim, por exemplo, somos obrigados a tomar emprestados da ioga tântrica os conceitos de *mûlâdhâra*, ou os aspectos *sthûla* e *sûksma*, porque nossa linguagem não possui expressões para os fatos psíquicos correspondentes. Mas não precisamos de um conceito como *citta*. Também o conceito de Kundalini tem para nós um único uso, ou seja, descrever nossas experiências com o inconsciente, as experiências que têm a ver com a iniciação dos processos suprapessoais. Como sabemos por experiência, o símbolo da serpente ocorre então com muita frequência.

---

9. Em seu comentário sobre *Yog Sutra* de Patanjali, Jung traduziu *citta* como consciência. *Modern Psychology* 3, p. 122.

Apêndice 1: Paralelos indianos[1]

11 de outubro de 1930

Neste último dia do seminário será apresentada uma concepção sobre o significado daquilo que foi visto, sobre a maneira como ele deve ser entendido. Esta série de imagens não foi mostrada como um modelo. Não precisamos contornar o mundo europeu e nossas próprias precondições para extrair desse processo um método terapêutico. O reavivamento das imagens interiores precisa desenvolver-se organicamente.

---

1. Para a fonte desta preleção cf. o prefácio, p. 9. Os manuscritos de Jung intitulados "Tantrismo" e "Chacras" correspondem de perto ao relatório deste seminário. A primeira página do primeiro manuscrito consiste numa lista das publicações de Woodroffe e referências e citações tiradas da obra de Zimmer *Artistic Form and Yoga in the Sacred Images of India*, traduzida por G. Chapple e J. Lawson (Princeton, 1984, p. 26-62). Isto sugere que estas obras constituíram a fonte principal de Jung para sua concepção geral da ioga tântrica. As p. 2 e 3 correspondem de perto às seções iniciais deste seminário. Em algumas poucas passagens a terminologia neste seminário foi tornada coerente com a usada nos seminários precedentes.

Aqui poderíamos improvisar uma resposta à objeção: será que este caso teria evoluído desta maneira se o Dr. Jung, que conhecia estas coisas, não estivesse presente? Em outras palavras: será que não ocorreu algum tipo de transmissão de pensamento ou de influência do tipo mais sutil. A isso só se pode responder que, como é sabido, não cabe fazer experimentos com o destino. É impossível determinar como um acontecimento se teria desenrolado caso este ou aquele momento tivesse sido diferente. No caso do desenvolvimento espiritual só é possível excluir o fator subjetivo investigando se em outros tempos e em lugares diferentes as coisas ocorreram da mesma maneira. O Dr. Jung procurou encontrar esses paralelos. Eles podem ser demonstrados na literatura de todas as épocas. Além disso, o Dr. Jung possui várias séries de imagens que se correspondem entre si e provêm de seres humanos de outras partes do mundo. Isto constitui uma prova. Mas existe ainda outra prova muito mais conclusiva: houve uma grande cultura que manteve estas coisas e símbolos como suas doutrinas religiosas e filosóficas por mais de dois milênios – a saber, a Índia. Aqui encontramos os paralelos históricos à série de imagens que surgem espontaneamente no círculo dos pacientes junguianos. Desse modo temos também a prova de que esses processos interiores não são influenciados pelo ponto de vista do Dr. Jung, mas correspondem antes a uma estrutura primordial da psique.

Os paralelos encontram-se sobretudo no tantrismo indiano (tantra significa livro). O tantrismo é um movimento que surgiu num tempo em que o budismo medieval se impregnou profundamente de elementos hindus;

ou seja, quando o budismo hinayana (o pequeno veículo) fracassou na Índia e transformou-se no budismo mahayana (o grande veículo) na Mongólia. Esse período do budismo no qual o ramo mahayana se desmembrou é um período de sincretismo peculiar: o hinduísmo reformou o budismo mediante a prática da meditação de tal modo que diversas formas intermediárias dificilmente podiam ser reconhecidas como budismo. A forma religiosa do shivaísmo continha sobretudo ideias tântricas A prática da ioga do budismo médio se divide em duas tendências: *sâdhana* e *vajrayâna*.

Nos rituais mágicos da prática *sâdhana* desempenham um papel os mantras (palavras de poder). Mediante o mantra é possível evocar o deus. O surgimento da visão do deus é sustentado por um *yantra*[2] (mandala). O yantra é uma imagem de culto, em cujo centro está representado o deus. Mediante a contemplação intensiva do deus, ele se torna vivo. O contemplador entra no deus e o deus está no contemplador (identificação com o deus, deificação do contemplador). Este método pode ser usado para alcançar a unidade com o Todo, mas também para a pura magia com objetivos mundanos (trapaças do faquir).

Contrário a isto é o ramo *vajrayâna*. *Yâna* significa veículo ou caminho. *Vajra* é ambivalente e tem ao mesmo tempo um sentido divino e um sentido fálico. Pode

---

2. A respeito do yantra Zimmer observou: "Esta palavra é uma palavra de sentido amplo para designar um instrumento de trabalho, um dispositivo ou mecanismo que uma pessoa usa para executar uma tarefa específica. A imagem sagrada é um dispositivo de construção muito eficiente usado tanto para funções mágicas quanto para funções espirituais ritualistas" (*Artistic Form and Yoga in the Sacred Images of India*, p. 28).

significar: relâmpago, força, libido, energia divina, inteligência, poder da consciência. Ou então é o relâmpago e significa misticamente o *linga*. Seu equivalente feminino é o *padma-lótus*, que significa misticamente a *yoni*. No culto encontram-se frequentemente símbolos da unificação de *vajra* e *lótus*.

Como consequência do sentido ambivalente de *vajra*, desenvolveram-se uma *escola da mão direita* e uma *escola da mão esquerda*. A primeira vê no *vajra* a energia divina. Ela representa a orientação filosófica e de tempos em tempos perde o rumo numa espiritualidade excessiva. A escola da mão esquerda, que é bastante desaprovada, defende o ponto de vista sexual. Para ela o *vajra* é a expressão do desempenho da sexualidade pessoal. (Na batalha entre estes dois pontos de vista, reconhecem-se facilmente os paralelos com a atual ciência da psicologia.)

O mahayana ensina que todas as coisas são embriões do Buda; elas são embriões do *tathâgata*, o completo. Todas as coisas são formadas a partir da mesma energia; o *vajra* está imanente em tudo. Assim também o quarto corpo (corpo sutil) do Buda é uma manifestação da força do raio na forma da bem-aventurança; ele é *vajrasattva* ou *ânanda* – bem-aventurança suprema. (Nietzsche: "Mas toda alegria quer eternidade, quer profunda eternidade"[3].) Neste estado de bem-aventurança e na forma de *vajra* o *tathâgata* abraça sua Shakti. Esta é a eterna coabitação do deus com sua forma feminina, sua prole, sua emanação, sua matéria. Esta

---

3. Richard Hollingdale traduz esta sentença assim: "A alegria deseja a eternidade de todas as coisas, deseja eternidade profunda, profunda, profunda" (NIETZSCHE, Friedrich. *Assim falava Zarathustra*. 7. ed. Petrópolis, 2014, p. 297).

crença ocorre sobretudo no shivaísmo[4]. O deus venerado é Shiva, o que tem muitos braços. Ele é o caçador nas montanhas, o raio, o poder oculto da criação. Ele é puramente contemplação. Sua esposa é Shakti, a emanação do poder, o poder criador atuante. Esta ideia corresponde a um antigo conceito upanixádico de *purusha* e *prakriti*. (Shiva e Shakti = *purusha* e *prakriti* = *linga* e *yoni*.) Shiva é também concebido e retratado em imagens de culto como *shiva-bindu* (*bindu* = ponto), ou seja, como poder pontiagudo latente da criação. Circundando *shiva-bindu*, em torno do centro, descansa a Shakti em forma de uma roda ou chacra. Esta é a forma primitiva do mandala. Este chacra é também chamado de *padma-lótus*. Com ele relacionam-se as sílabas místicas *Om mani padme um*, cuja melhor tradução seria: "Oh! Pela joia no lótus". Significam a mais alta perfeição e ao mesmo tempo o primeiro início. Nelas está contido tudo o que pode ser dito. Para nós estas especulações são o ponto máximo ao qual podemos chegar, ao passo que para os indianos são simplesmente o ponto inicial, o ponto de partida. Eles começam com o interno ao passo que nós vivemos constantemente no externo. Para eles o mundo visível é *Mâyâ*, aparência, ilusão, *Mâyâ-shakti*, ou seja, o produto de Shakti[5]. A consciência é

---

4. [Nota à edição de 1932: Em 1910 havia aproximadamente três milhões de seguidores, particularmente no sul da Índia.]

5. [Nota à edição de 1932: A espiritualidade excêntrica como também a sexualidade bruta são, para os que possuem conhecimento, *Mâyâ*, aparência. Por isso, Buda começa um de seus sermões falando dos dois caminhos existentes: o da mundanidade e o do ascetismo. Ambos são falsos: o caminho verdadeiro é o caminho do meio, é o caminho óctuplo do reto pensar e da reta ação. Mas ele não diz o que é reto em cada caso, porque isso só pode emergir da respectiva situação.]

Mâyâ, um véu que consiste na projeção da experiência anterior (os *samskâras*). A tábula rasa da consciência infantil é predeterminada através da experiência da previsão – através do inconsciente coletivo, diríamos nós. Mas o indiano diz: Shakti tem consciência em si mesma. (Aqui está a chave do inconcebível.) Os sonhos da primeira infância contêm os *samskâras*, os arquétipos. Por isso, não causa nenhuma surpresa encontrarmos chacras ou mandalas óbvios nos desenhos infantis[6]. As crianças pequenas são muito velhas; depois, conforme vamos crescendo, nos tornamos mais jovens. Em nossa meia-idade somos os mais jovens, precisamente no momento em que perdemos completamente ou quase completamente o contato com o inconsciente coletivo, os *samskâras*. Só nos tornamos novamente mais velhos quando, com o passar dos anos, nos lembramos novamente dos *samskâras*.

No ramo *vajrayâna* desenvolveu-se uma forma peculiar de prática da ioga, a ioga Shakti ou ioga Kundalini. (Kundala = espiralado; Shak = que tem poder, que é capaz.) Shakti-Kundalini ou Devî-Kundalini é uma deusa. Ela é o princípio feminino, a manifestação de energia que circunda a joia no centro. Ela é o *shabdabrahman*, a palavra da criação. Como uma serpente ela se enrola em torno do centro, a semente dourada, a joia, a pérola, o ovo[7]. No entanto, a serpente Kundalini é também uma Devî-Kundalini, uma série de luzes cintilantes, a "des-

---

6. [Nota à edição de 1932: Cf. a projeção do desenho de uma criança do círculo de Rothe, sobre o qual Frau Sigg deu uma preleção.]

7. [Nota à edição de 1932: Cf. os mistérios órficos: a serpente do mundo circunda o ovo.]

norteadora do mundo" ("world bewilderer"[8]). Criando confusão, ela produz o mundo da consciência, o véu de *Mâyâ*. Ela é a *anima*, a Devî-shakti, que concebeu o mundo[9]. (Esta é, evidentemente, uma visão que corresponde à psicologia masculina. A partir deste ponto de vista da mulher o *animus* planeja o mundo.)

Shiva emana Shakti. Shakti concebe *Mâyâ*. *Mâyâ* é o desejo e, portanto, o erro: ela é o fogo do erro. A consciência desejante enfrenta a consciência puramente contemplativa. O retrato visual desta emanação pode ocorrer horizontalmente como também verticalmente. No primeiro caso aparecem os mandalas supramencionados. *Mâyâ* é ali retratada como um círculo de fogo chamejante (a labareda que queima os favos). No segundo caso encontramos representações nos quais se mostra a escuridão e a confusão em baixo e o puro poder e a luz em cima[10]. Esse arranjo vertical de níveis de consciência na imagem de culto corresponde à doutrina dos diferentes chacras no corpo humano[11]. Nos Upanixades mais antigos o coração (com quatro ventrículos!) é a sede da alma ou do conhecimento, da consciência

---

8. [Em inglês no original.] Em seu exemplar de *The Serpent Power* (Londres, 1919), de Arthur Avalon (pseud. Sir John Woodroffe), Jung destacou a frase "a Devi Kundali [...] a desnorteadora do mundo" (p. 37).

9. Em seu exemplar de *The Serpent Power*, Jung destacou a seguinte passagem: "Kundali Shakti é Cit, ou consciência, em seu aspecto criativo como Poder. Enquanto Shakti, é através de sua atividade que o mundo e os seres humanos nele existem" (p. 254).

10. [Nota à edição de 1932: No Egito (encontra-se representação de) uma serpente enrolada em baixo, tendo encima Ísis com uma coroa de luz.]

11. [Nota à edição de 1932: a) De acordo com os sufis persas, distinguem-se três chacras: (1) a mãe do cérebro ou o coração esférico; (2) o coração do cedro; e (3) o coração do lírio. b) Cf. o livro mexicano de mitos *Popol Vuh*.]

em estado de vigília. É a raiz de todos os membros e a sede do *prâna*, o sopro da vida. *Prâna* é *vâju*. O *vâju* vem do *mûlâdhâra*, o suporte-raiz. Os *Hangsa Upanixades* ensinam: na região do coração existe um lótus de oito folhas. As oito folhas correspondem à bússola e representam tanto o estado moral quanto o estado psíquico. No centro vive o Vairagya, impassibilidade, desinteresse e desapego (cf. Mestre Eckhart).

De acordo com outra doutrina, o brahman pode ser atingido a partir de quatro pontos cardiais: estes aparecem separadamente na cabeça, no pescoço, no coração e no umbigo. Nos *Dhyanabindu Upanixades* se diz: "O grande e poderoso com os quatro braços, ou seja, Vishnu, deve ser venerado no umbigo". Nos chacras os elementos são purificados com a ajuda da Kundalini. Na ioga kundalini distinguem-se seis chacras ou centros. O primeiro chacra se situa próximo ao períneo e se chama *mûlâdhâra*. O segundo se chama *svâdhisthâna* e está localizado na pequena pélvis.

O terceiro tem sua sede na região do umbigo: chama-se *manipûra*. O *anâhata* está localizado próximo ao diafragma. No pescoço está o *vishuddha*. O centro superior, *âjñâ*, se situa na cabeça entre as sobrancelhas. Acima desses chacras corpóreos estão alguns chacras metafísicos: a partir daí o centro *mana* e acima dele o chacra *soma*. Esta doutrina dos chacras não deve ser entendida erroneamente como concreta e corpórea, como tendem a fazê-lo hoje os teosofistas. Estes centros não são entidades corpóreas. Quando se fala deles, entende-se "como se" estivessem situados em algum lugar no umbigo e assim por diante. Duas linhas serpenteantes levam do *mûlâdhâra* ao chacra *âjñâ*[12]. E, de fato, uma começa no testículo esquerdo e vai subindo em volta dos chacras até a narina direita. A outra tem seu início no testículo direito e termina na abertura nasal esquerda. Estes dois caminhos se chamam *idâ* e *pingalâ* (*idâ* = lua, feminino; *pingalâ* = sol, masculino). O que está à esquerda é a corrente da lua ou da água; o que está à direita é a corrente do sol ou do fogo. Além destas, existe também a corrente do meio, *sushumnâ* (cf. o último quadro da paciente)[13]. A liberação através do conhecimento e do *insight* ocorre ao longo destas rotas. O conhecedor se torna brahman.

Os chacras individuais (figuras 2-7)

O *mûlâdhâra* é o mais inferior, o centro da terra. Tem sua sede no períneo. O que está no *mûlâdhâra* é inconsciente, latente, adormecido. O *shiva-bindu* está no ponto mediano; em volta dele está enrolada Kundalini-shakti como uma serpente. O *Bindu* corresponde ao *lingam* autogerado em volta do qual está a serpente. Uma concha circunda ambos; esta concha é *Mâyâ*. Quando a Kundalini desperta, surge a consciência do mundo. Em si mesma, sem dúvida Shakti já é consciente de antemão; ela

---

12. Jung está se referindo às *nâdîs*. Para um exame destas, cf. ELIADE, Mircea. *Yoga: Immortality and Freedom*. Trad. por Willard R. Trask. Bollingen Series LVI. Reimp. Londres, 1989, p. 236-241. • FEUERSTEIN, Georg. *Yoga: The Technology of Ecstasy*. Wellingborough, 1990, p. 259-262.

13. *Bericht über das Deutsche Seminar von Dr. C.G. Jung* (1930), fig. 30. Nos seminários precedentes, Jung havia comentado as visões de Christiana Morgan. A ilustração em questão (não reproduzida em *The Visions Seminar*) representava uma mulher nua em pé numa cumeeira com os braços estendidos sob uma corrente de luz com uma lua crescente. Uma linha escura vertical vai dos seus genitais até o topo de seu corpo. Jung comentou: "Esta faixa representa o caminho da serpente, a Kundalini" (p. 92).

cria o mundo através da imaginação correspondente aos modelos dos *samskâras*. A Kundalini, porém, só desperta quando está acossada pela fome. A fome surge como uma consequência da disciplina espiritual, através do apaziguamento dos pares de opostos[14]. Quando o processo externo finalmente descansa, começa o interno. Surge a Kundalini-shakti; sua cabeça se transforma em luz. É o processo de tornar-se consciente[15]. O animal simbólico do chacra *mûlâdhâra* é o elefante, a imagem da firmeza e da força, a terra. A *yoni* está no mandala *mûlâdhâra* representada como *traispura*, o triângulo feminino ligado ao *lingam*, que também é denominado a folha[16].

O segundo centro é o *svâdhisthâna*, a sede do erro e do desejo. Está localizado na pequena pélvis que corresponde à região genital. O *svâdhisthâna* corresponde à esfera da água e administra a bexiga. Seu animal é o monstro das águas. O mandala retrata um lótus vermelho de seis pétalas e a lua.

O chacra *manipûra* tem sua sede na região do umbigo. É o lugar do fogo e do par de opostos. Estes geram

---

14. [Nota à edição de 1932: No drama sacro da paciente, o indiano permanece intocado no meio entre o fogo e a água.] Cf. *Interpretation of Visions* vol. 1, 8 de dezembro de 1930, p. 147.

15. [Nota à edição de 1932: "Quando um iogue, cuja mente está sob controle, é capaz de confinar a lua e também o sol em seu lugar próprio, então a lua e o sol se tornam confinados e, por conseguinte, a lua não pode derramar seu néctar, nem o sol pode secá-lo. [...] Então a Kundalini desperta por causa da fome e sibila como uma serpente. Depois, rompendo os três nós, ela corre para o Sahasrâra e morde a lua, que se encontra em seu centro".]

16. [Nota à edição de 1932: Cf. as representações dos mandalas dos chacras (figuras 2-7). Um jovem muçulmano, que Jung testou por causa de seus conhecimentos do Alcorão, citou três formas de aparição do Chidr: 1) ele aparece como um homem; 2) ele aparece como uma luz branca; e 3) ele está em tudo o que nos rodeia e que tocamos – na pedra, na madeira e também no aqui. E então o nativo apontou uma nova vegetação que brotava.]

as emoções e as paixões. Concentrando-se no umbigo, reprime-se a cólera. O *manipûra* "é resplandecente como uma joia"[17]. O *manipûra* é ao mesmo tempo o centro da região carnal, o ser humano corpóreo, o carnívoro. (Shakti Laktini com seios vermelhos de sangue pelos quais corre a gordura animal.) O carneiro, veículo de Agni, é seu animal.

O *anâhata* é o quarto centro. Pertence ao coração, ou melhor, ao diafragma. Aqui, no ar, *vâju pranashakti* (*prâna* = *pneuma*) tem sua sede. Aqui vive o *purusha*, o ser humano consciente. Daqui se contempla o *âtman* e o iogue agora sabe: "Eu sou ele". No *anâhata* nasce o espírito prospectivo; ele começa tornando-se consciente. O símbolo correspondente é a árvore *kalpataru*, que satisfaz seus desejos. Abaixo dele está o altar da *manipitha*[18].

O quinto chacra é o *vishuddha*: ele está situado no pescoço, particularmente na laringe. Aqui está a sede da fala e, com isso, o centro espiritual. Ele é "o centro purpúreo do éter branco [*akasha*] que está montado no elefante branco". Agora Shakti-shâkinî é branca e Shiva aparece em forma andrógina, metade branco e metade dourado. Juntos celebram sua união mística. O *vishuddha* é a região lunar e ao mesmo tempo a "porta da grande libertação" através da qual o homem deixa o mundo do erro e os pares de opostos. *Akasha* significa a plenitude dos arquétipos; diz respeito à renúncia ao

---

17. WOODROFFE. *The Serpent Power*, p. 119.

18. [Nota à edição de 1932: "Tua forma abençoada, ó Rainha, se manifesta no *anâhata* e é experimentada pela mente dos bem-aventurados voltada para o interior, cujo cabelo está eriçado e cujos olhos choram de alegria".]

mundo das imagens, um tornar-se consciente das coisas eternas[19].

O *âjñâ* é o sexto e mais alto centro corpóreo (*âjñâ* = conhecimento, compreensão, comando). Está localizado entre as sobrancelhas[20]. Aqui se recebe o comando do guia, do guru, procedente do alto. No mantra do *âjñâ* o lótus é representado com duas folhas brancas[21]. O triângulo da *yoni* é invertido; ele é branco e, no meio dele, o *itara-linga* cintila como relâmpago. Aqui o *âtman* brilha como uma chama. Ele é o poder puro, universal, na forma de um falo. O mantra ligado ao chacra *âjñâ* é *Om*. No sexto chacra está a sede da *mahat* (mente[22]) e do *prakriti*. Aqui se desenvolve o "corpo sutil"[23], o corpo de diamante (*The Secret of the Golden Flower*) – que é o que Goethe denominou "o Imortal de Fausto". É representado individualmente como *taijasa* e coletivamente como *hiranyagarbha*, a semente dourada (na tradição órfica: o ovo do mundo), o "grande si-mesmo". No momento da morte, o *prâna* é removido da *yoni* para o chacra *âjñâ*, do qual ele passa para a divindade, para o intemporal, para o *nirvana* – para os chacras situados acima

---

19. [Nota à edição de 1932: A expressão antroposófica dos *relatos de akasha* é enganosa, porque não se trata da herança de certas experiências isoladas, mas das possibilidades psíquicas de ter tais experiências.]

20. [Nota à edição de 1932: cf. a visão da paciente, p. 54. Igualmente JUNG & WILHELM. *O Segredo da flor de ouro*.] Na visão em questão, um raio de luz atinge uma criança na testa, estampando uma estrela. Cf. *The Visions Seminar* vol. 1, 9 de dezembro de 1930, p. 151.

21. [Nota à edição de 1932: A visão de um iogue: fogo branco que sobe ao cérebro e cintila nele e acima dele como uma chama cujas asas atingem os dois lados da cabeça.]

22. Em inglês no original – mind.

23. Em inglês no original – subtle body.

dos corpóreos, na "casa sem alicerce", na "ilha no oceano de néctar".

A seguir exibiu-se uma série de imagens inconscientes pintadas por diferentes pacientes e que ilustram os paralelos ocidentais das observações precedentes sobre a psicologia indiana.

Apêndice 2: Comentários de Jung nas Preleções de Hauer em alemão

5-8 de outubro de 1932

5 de outubro de 1932

O Dr. Jung deseja fazer algumas observações sobre a técnica da meditação:

> O processo da meditação tem um claro paralelo na análise psicológica, embora com a diferença de que o Professor Hauer nos oferece uma estrutura conceitual completa, vista de cima, como se estivesse flutuando no éter. Se o colocarmos sobre um alicerce que, antes de mais nada, nós possuímos mediante nossa própria experiência, ele se torna mais facilmente compreensível. Sem dúvida é difícil comparar as figuras mundanas e sombrias do nosso inconsciente com a representação indiana. Para meditar sobre os chacras, precisamos primeiro deslindar a experiência original; por isso, não podemos adotar as figuras já prontas

da ioga. E ainda resta a questão de saber se nossas experiências se encaixam inteiramente nas formas tântricas. Por isso, tudo depende de saber se nós possuímos este material que a Índia já possui. Por isso, precisamos encontrar métodos nossos que nos proporcionem conteúdos correspondentes.

Há uns dez ou quinze anos, quando os pacientes me traziam os primeiros "mandalas", eu ainda não sabia nada sobre a ioga tântrica. Nesse tempo também os indólogos não estavam familiarizados com ela – ou, quando se tornou conhecida, foi menosprezada não só pelos europeus, mas também por amplos setores da população indiana. Sua aparente singularidade apenas foi desprezada. Mas agora precisamos esquecer esse desprezo por ela.

É um fato que, entre nós, estas coisas surgem individualmente e imediatamente a partir da terra, mas como pequenos e ridículos vislumbres que temos dificuldade de levar a sério.

Um exemplo: trata-se de uma paciente com a qual, após seis anos de análise esporádica, precisei finalmente, embora com muita hesitação, assumir o "caminho da ioga". Era uma católica praticante. Os católicos têm um inconsciente natimorto, porque a Igreja já configurou, regulou e oprimiu totalmente a natureza do inconsciente. Encontramos indícios disto em época bem antiga. O arcebispo Atanásio de Alexandria[1], por exemplo, em sua biografia de Santo Antão, dá instruções a seus monges sobre quais coisas do inconsciente são boas e quais são

---

1. [Nota à edição de 1933: Cf. JUNG. *Psychologische Typren*. 2. ed., p. 78ss.] (Ou seja: *Tipos Psicológicos*. OC vol. 6, § 82ss.)

más. Ele diz que também os demônios podem falar "palavras de verdade" e que eles podem falar sobre coisas que são verdadeiras. Mas afirma:

> Seria para nós uma vergonha se aqueles que se rebelaram contra Deus viessem a ser nossos mestres. Armemo-nos, irmãos, com a armadura da justiça e cubramo-nos com o elmo da redenção; e, na hora do combate, lancemos, com espírito de fé, flechas espirituais como de um arco retesado. Pois eles (os demônios) não são nada e, mesmo que fossem algo, sua força nada tem em si que possa resistir ao poder da cruz[2].

Também os exercícios religiosos de Inácio de Loyola[3] são contrapartidas das meditações indianas ou das nossas fantasias provenientes do inconsciente. Os exercícios religiosos são meditações de acordo com a instrução da Igreja; seu propósito é a repetição dos símbolos da fé. Com isso provoca-se o desaparecimento de todos os pensamentos e fantasias dogmaticamente inaceitáveis.

Mediante essa atitude desenvolveu-se em minha paciente uma atitude de completa paralisia – todo já estava ali no exterior e, por isso, se tornara invisível no interior. Durante seis anos procurei, por assim dizer, reintegrá-la na Igreja pela análise, até que ela confessou o que não confessara a nenhum confessor: que ela não acreditava em Deus nem no papa, mas mesmo assim morreria no

---

[2]. Em OC vol. 6, § 77, esta passagem é tirada de "Life of St. Anthony" em *The Paradise or Garden of the Holy Fathers*, compilado por Atanásio de Alexandria et al. Trad. por E.A.W. Budge. Londres, 1904, p. 24ss.

[3]. Em 1939-1940 Jung dedicou seus seminários na Eidgenössiche Techische Hochschule a um comentário sobre os exercícios espirituais de Inácio de Loyola, que resultaram de seu comentário sobre os textos orientais. Cf. *Modern Psychology* 4.

seio da Igreja. Apesar de sua idade (ela tinha nesse tempo cinquenta e cinco anos), isso a levou a sofrer porque tudo nela estava morto e escuro, pois apesar de tudo ela ainda estava viva e esta vida estava fazendo valer seus direitos. Eu estava em apuros, porque via que, apesar de tudo, o espírito vivo queria impor-se e então aconteceu a experiência original.

Recomendei-lhe, portanto, observar se as imagens apareciam antes de adormecer e perguntei-lhe a respeito dos sonhos. Até então ela tivera sonhos; mas, a partir do momento de minha pergunta, ela já não sonhou mais. Por isso, pedi que ela se deitasse e fechasse os olhos e então ela teve uma visão: viu uma parede escura. Ela precisava agarrar-se firmemente a esta imagem, concentrar-se nela (*dhârâna*), contemplá-la – "fecundá-la" para adquirir vida.

Ao fazê-lo, a parede se dividiu em árvores – tornou-se uma floresta escura, e então figuras começaram a mover-se sob as árvores. Era no Novo México e as figuras eram uma tribo inteira de índios [americanos]. Nela o arquétipo do índio dos americanos havia adquirido vida.

Diante da floresta apareceu um lago. (A floresta, o lar original da humanidade, representa o inconsciente. O lago, com sua superfície plana impenetrável ao olho, é também uma imagem do inconsciente.) Os índios desamarraram canoas que estavam na margem do lago, embarcaram nelas mulheres e crianças e cruzaram o lago. Do outro lado havia um deserto: ali os índios armaram suas tendas, fizeram um fogo, cozinharam, comeram e depois se retiraram para as tendas. Evidentemente foram dormir, embora fosse em plena luz do dia e o sol estivesse imóvel no céu. Só o chefe permaneceu fora e voltou seu rosto para a areia do deserto.

Aqui vocês veem o mundo do *citta* – figuras que a paciente não criou e que vivem sua própria vida "obstinadamente", de acordo com suas próprias leis.

Agora a paciente concentrou-se repetidamente no chefe, mas ele não se moveu. Já não aconteceu mais nada. Evidentemente a paciente chegara ao muro dogmático, que põe todos os castigos do inferno diante da experiência individual do inconsciente.

Pelo menos o alívio foi tão grande que ela experimentou por um ano o efeito da imagem, que agora ela nunca perdeu de vista. Ao mesmo tempo, desenvolveram-se tentativas de desistir – ela viu, por exemplo, pesados veículos de transporte numa tempestade de areia ou cavaleiros numa nevasca. Estas imagens são um esclarecimento parcial do perigo em que ela se encontrou através do contato com o inconsciente. Mas essa ruptura não é permitida, porque é preciso levar a história até o fim. A paciente precisa perseverar e tentar progredir junto com o índio.

Um ano depois ela voltou à análise; e certo dia ela ficou particularmente impressionada com o ar calmo, seco e claro do deserto no qual o índio permanecia. De repente sentiu no ar um pouco de umidade que não havia antes. Algo finalmente se moveu e isto a instigou a tal ponto que pôde continuar a viver por um ano.

Passado esse tempo, ela me procurou e me disse que o índio não estava mais lá; ele desaparecera. Para onde ele foi? Ela teve uma segunda visão e a primeira se dissolveu na segunda: apareceu-lhe uma serpente branca com esplendor e imperturbável majestade, adornada com penas e um diadema.

Pessoalmente ela não tinha nenhuma consciência do que esta imagem significava. Trata-se da bem-conhecida representação do deus mexicano do ar e do vento, Quetzalcoatl, em sua forma de serpente cheia de penas (a Serpente Emplumada). Ele é o deus-redentor dos índios que, para a psique do homem americano, encarna o espírito inconsciente.

A visão impressionou tremendamente minha paciente e lhe deu a coragem, após dez anos, de finalmente fazer-me sua confissão geral – com a qual o efeito terapêutico estava, evidentemente, concluído.

O que aconteceu realmente? A umidade havia descido como orvalho e fertilizado e rompido o invólucro que protegia o índio. Agora ele lhe mostrou seu sentido real, sua face pagã não dogmática. Do ponto de vista da Igreja, tratava-se da aparição de um demônio, que simplesmente assumiu a forma do redentor para desencaminhar o cristão. Assim os conquistadores espanhóis do Yucatán já haviam interpretado como uma sedução do demônio as cruzes que encontraram por todo o país. Também os primeiros cristãos, que reconheciam a semelhança entre o mito de Dioniso e a vida de Cristo, pensavam que o demônio havia inventado esta *Anticipatio Christi* expressamente para confundi-los.

O que a paciente fez de fato durante sua análise foi realmente uma *pûjâ* – persistência na oração – que então ocasionou a transformação. *Laya*, a redissolução das figuras, corresponderia para nós ao processo intelectual de compreensão. A paciente precisa saber o que lhe havia acontecido; ela precisa compreender seu próprio mito. A imagem nos captura e nos detém, se não a dissolvermos através da compreensão. Só quando a tivermos assimilado à altura da consciência podem surgir novas figuras.

6 de outubro de 1932
Dr. Jung: Partindo do aspecto psicológico, o que poderíamos ainda acrescentar aqui são os resultados puramente empíricos da análise[4]. Em todo processo típico de uma análise surge uma consciência maior ao dar-nos conta de repressões, projeções e assim por diante. Assim o processo analítico ocasiona uma ampliação da consciência, mas a relação do eu com seus objetos ainda permanece. O eu está entrelaçado conflituosamente com os objetos – o indivíduo ainda faz parte de um processo. Só na continuação da análise aparece a analogia com a ioga, na qual a consciência é separada de seus objetos (*Segredo da flor de ouro*). Este processo está ligado ao processo de individuação, que começa quando o si-mesmo se separa, como algo único, dos objetos e do eu. É como se a consciência se separasse dos objetos e do eu e emigrasse para o não-eu – para o outro centro, para o estranho e, no entanto, próprio no sentido original. Este desapego da consciência é o libertar-se dos *tamas* e *rajas*, um libertar-se das paixões e do emaranhamento com o campo dos objetos. Trata-se de algo que já não posso mais provar filosoficamente. É uma experiência psíquica, que na prática se expressa como um sentimento de libertação. O que antes nos provocara pânico já não é mais

---

4. Estas observações seguiram-se a uma análise do processo do desenvolvimento da consciência na ioga. Cf. *Tantra Yoga*, p. 50-51.

pânico; a pessoa é capaz de ver a tensão dos opostos do mundo sem agitar-se. Ela não se torna apática, mas é libertada do emaranhamento. A consciência é removida para a esfera da ausência de objetividade. Esta experiência tem seus efeitos na vida prática e da maneira realmente mais palpável. Sua mais bela ilustração está provavelmente na narrativa em que Buda é ameaçado por Mara. Mara e todos os seus demônios o assaltam, mas o trono de Buda está vazio – ele simplesmente não está mais sentado ali. Ou como se diz no *Rig Veda* I, 164: "Dois amigos estreitamente unidos abraçam ambos a mesma árvore. Um deles come os bagos doces, o outro apenas olha tranquilamente para baixo"[5].

***

Dr. Jung: Aqui é preciso levar em consideração as diferenças entre os casos em questão, porque o que os símbolos significam depende totalmente do estado de consciência do indivíduo[6]. A árvore é a árvore da vida. Se ela se ergue verticalmente, isso é um indício de uma vida que se expande e progride. Quando se empreende o "caminho da ioga", pode-se encontrar este símbolo no início. Ele aparece também quando existem dúvidas sobre o valor do caminho. O "caminho da ioga" é o caminho da planta – uma função vegetal como oposta a uma função animal. A

---

5. Cf. *The Rig Veda: An Anthology*. Trad. por Wendy Doniger O'Flaherty. Londres, 1981, p. 78, onde se dá uma versão ligeiramente diferente da mesma passagem.

6. Hauer e Gustav Heyer contaram relatos de sonhos que representavam árvores. Cf. *Tantra Yoga*, p. 52.

consciência do eu é, por assim dizer, como um animal que pode falar e mover-se livremente. A árvore, porém, significa a impossibilidade de fugir e o arraigamento da planta. Quando se dá conta disto, o indivíduo tem de repente o sentimento: "Agora estou aprisionado". A imagem da planta que cresce verticalmente aplaca então seu medo, que vê algo assustador no inevitável.

No entanto, quando alguém já se enveredou pelo caminho e a convicção do crescimento se consolidou, aparece o preconceito cristão: o que cresce *precisa* crescer para cima. Então a imagem da árvore pode aparecer com as raízes no topo, mostrando que o crescimento não é em direção ao céu, mas para baixo em direção às profundezas.

Existe também a árvore com as raízes no topo e na base. Aqui se enfatiza que, aonde quer que for, o indivíduo chega à região das raízes. Sonha com isto alguém que deseja ou espera demais. A ele se diz: "Tudo ao redor de você é terra, e com a terra você deve formar uma unidade".

Inversamente, a árvore pode ter copa no topo e na base; aqui tudo é folha e floração e fruto – "céu em cima, céu embaixo". Ainda que o desenvolvimento tende aparentemente para baixo, a árvore ainda produz floração e fruto. Posso fundamentar isso para cada um dos casos.

8 de outubro de 1932

Dr. Jung: O Professor Zimmer nos descreveu o material como relativamente simples[7]. Eu o considero al-

---

[7]. Zimmer apresentou um relato da prática da ioga como um processo de autotransformação. Cf. *Tantra Yoga*, p. 97-100.

tamente complicado – um oceano de diferenças individuais, tão mal definido que não há por onde tocá-lo! Os problemas individuais não podem ser compreendidos em sua singularidade; por isso, somos gratos por todas as referências – como o livro de Zimmer *Artistic Form and Yoga in the Sacred Images of India* ou a tradução dos textos tântricos por Avalon – que mostram que sempre existiram pessoas com problemas semelhantes. Assim o mundo conceitual indiano foi para mim um meio para esclarecer experiências pessoais.

Em 1906 encontrei pela primeira vez, numa paciente com problemas mentais, a imagem de uma serpente, que rastejava por suas costas e tinha a cabeça dividida formando uma forquilha. Em 1909 cheguei a dar uma preleção sobre este caso sem ter consciência de seu significado geral.

Depois da guerra, uma moça de vinte e oito anos me procurou, querendo que eu a curasse em dez horas. Ela disse que tinha uma serpente negra na barriga. Ela me procurou por causa desta serpente, porque pensava que ela devia ser despertada. Seu problema era que ela não estava com os pés na terra. Era apenas intuitiva, totalmente sem noção da realidade. Vivia num bordel secreto sem ter consciência dele; não ouvia seus próprios passos e nunca tinha visto seu corpo. Sonhava que estava dentro ou em cima de balões dos quais eu precisava fazê-la descer. Certo dia ela veio e disse que a serpente em sua barriga se movera, que ela dera uma volta. Depois a serpente subiu lentamente, saindo finalmente pela sua boca e ela viu que a cabeça da serpente era dourada. Este é o caminho da Kundalini mais curto de que ouvi falar.

Com certeza, ele não foi experimentado, mas apenas intuído; mas isto já teve um efeito terapêutico provisório. Esse caso é um exemplo simples da aparição espontânea da Kundalini.

Só mais tarde cheguei a conhecer os chacras, mas mesmo então eu não dizia nada a respeito isso, para não perturbar o processo em meus pacientes.

Os chacras são símbolos dos níveis da consciência humana em geral. Do ponto de vista étnico e psicológico podemos distinguir três localizações psíquicas diferentes, das quais a primeira corresponde mais ou menos ao *mûlâdhâra-svâdhisthâna*, a segunda ao *manipûra* e ao *anâhata* e a terceira ao *vishuddha* e ao *âjñâ*. A psicologia dos centros inferiores é análoga à psicologia dos primitivos – inconsciente, instintiva e envolvida na *participation mystique*. Aqui a vida aparece, por assim dizer, como uma ocorrência, carente de um eu. O indivíduo não tem consciência de que ele quer ou faz coisas; tudo acontece, por assim dizer, na terceira pessoa.

A localização seguinte está na região do diafragma, é o *manipûra-anâhata*, com oscilações para cima ou para baixo, acima ou abaixo do diafragma. Abaixo do diafragma, toda ocorrência é evidente por si. No *manipûra* está localizado o ser humano emocional, que repetidas vezes transborda e se torna constantemente vítima de suas paixões.

Somente acima do diafragma se diz: "Eu quero". No coração – *anâhata* – está a primeira noção do si-mesmo, do centro absoluto, a substância com a qual a vida está relacionada. Esta noção do si-mesmo é a chama no *anâhata*. Aqui começam as funções racionais. Temos figuras de linguagem que ainda hoje expressam isto. Dizemos "é de cortar o coração"; ou batemos no peito quando nos referimos a nós mesmos. Os índios Pueblo pensam com seu coração, como faz a pessoa homérica, cujo espírito está localizado no diafragma (*phren* – a alma emocional e pensante). Nossa localização psíquica está confessamente na cabeça, mas nosso gesto ainda é arcaico e, quando sobrevêm as emoções, nossa psicologia resvala para o *manipûra*.

Mas na maioria das vezes não nos damos conta disso. Acreditamos viver no centro *âjñâ*; estamos convencidos de que somos os donos em nosso lar. Mas, se acreditamos que nossos pensamentos são nossa epifenomenologia e que *nós* os possuímos, esquecemos muito facilmente quantas vezes são nossos pensamentos que *nos* possuem. Pensando que a psique e o cérebro são idênticos, tornamo-nos semelhantes a deuses, mas nossas emoções voltam a ativar os centros inferiores que estão em nós.

Também na história podemos observar o processo da Kundalini. Primeiro desenvolveu-se a consciência intestinal do primitivo e ele apenas notava o que lhe pesava na barriga ou no estômago. Paulo ainda disse: "O ventre é vosso Deus". Depois desenvolveu-se a consciência do diafragma na pessoa homérica e ela sentiu suas emoções. Isto se expressava em estados de tensão respiratória e em mudanças na pulsação cardíaca.

Só a pessoa ocidental moderna notou que também a cabeça pode ser afetada. Antes disso, ela não era muito mais do que um botão num corpo senciente. Até que ponto era realmente assim podemos ver claramente nas representações dos humanos nas pinturas rupestres dos negros, que Leo Frobenius, por exemplo, reproduziu em seu livro *Erythräa*[8]. Vocês encontrarão nele imagens de humanos com corpos extraordinariamente longos, sobre os quais estão colocadas cabeças humanas ou animais até certo ponto muito pequenas ou apenas insinuadas.

Somente a pessoa contemporânea pode dizer: "Agora eu penso". O centro *vishuddha* expressa a *palavra* e o que ultrapassa isso seria o centro da abstração.

Eu gostaria de chamar a atenção para uma analogia mais importante. Em todos os casos que envolvem tais símbolos não devemos esquecer o curso do sol como um motivo essencial. Em analogia com a Kundalini está a serpente do sol, que posteriormente na mitologia cristã é identificada com Cristo. Os doze discípulos são imaginados como estações do ciclo anual, transportados pela serpente do zodíaco. Todos estes são símbolos da transformação do poder criativo. No *mûlâdhâra* está o sol noturno e abaixo do diafragma está o nascer do sol. Os centros superiores, a começar pelo *anâhata*, simbolizam a mudança do meio-dia para o pôr do sol. O dia solar é a passagem da Kundalini – subida e descida –, evolução e involução com indícios espirituais. O curso do sol é a metáfora do curso da vida humana.

Além disso, os chacras, como todas as representações simbólicas graduais, são também os degraus dos mistérios, onde o iniciante entra no escuro (*katabasis*) e surge novamente como deus-sol por sete degraus, como o descreve Apuleio em *O asno de ouro*.

---

8. FROBENIUS, Leo. *Erythräa: Länder und Zeiten des heiligen Königsmordes*. Berlim, 1931.

As maiores dificuldades para minha compreensão foram causadas pelo deus no *bindu* e por Shakti. Entre nós, a *anima* no início aparece sempre de maneira tão grotesca e banal que é difícil reconhecer Shakti nela. Mas então, o que é Deus? Ele é o pálido reflexo do deus central sempre invisível no *bija*, que não podemos captar, que é como o coelho que o caçador nunca consegue alcançar e capturar. Isto é o si-mesmo – incompreensível, porque é maior do que o eu. Esse si-mesmo tem uma vaga ressonância em nós – isto é o deus no *bindu*. O deus no *bindu* é nossa relação com o si-mesmo, a vontade no eu, o *daimon*, que nos obriga por necessidade a empreender o caminho – o pequeno deus individual, o Shiva interior[9].

---

9. Hauer afirmou então que, embora a exposição de Jung sobre os centros psicológicos fosse correta, deixou fora os aspectos metafísicos. Cf. *Tantra Yoga*, p. 103.

Apêndice 3: Preleção de Hauer em inglês

8 de outubro de 1932

Professor Hauer: Vocês gostariam de fazer algumas perguntas sobre a discussão de ontem?

Dra. Shaw: Parece-me que, se só podemos despertar a Kundalini quando chegamos ao início do sexto estágio no caminho através dos chacras[1], onde não somos capazes de vê-la, estaríamos tão fora da realidade como o Oriente. Deveríamos ter algo mais simples, uma mistura de terra.

Professor Hauer: Como eu disse a vocês, minha concepção se baseia no texto clássico do *Shat-chakra-nirûpana* e em vários Upanixades, onde para mim está

---

1. Hauer afirmou: "Quanto à questão de saber quando ela [Kundalini] deve ser despertada, penso que os textos foram mal compreendidos pelos comentaristas não só no Ocidente, mas também no Oriente. Todos falam como se ela pudesse ser despertada em qualquer tempo a partir do início. Mas não é assim. A Kundalini só pode ser despertada depois que o iogue dominou todos os ramos da ioga até o *samâdhi*, o oitavo ramo ou passo da ioga. Só depois de concluir todo o caminho e efetuar todas as mudanças interiores que devem ser trabalhadas pela ioga, só então ele pode despertar a Kundalini" (*HS*, p. 96).

bem claro que o pleno despertar só pode ocorrer depois que o iogue chegou ao fim do *vishuddha* – ele precisa ser purificado, lavado – e ao início do *âjñâ*, o estágio onde aparecem as grandes intuições.

Ontem eu disse a vocês que se tratava de uma hipótese. Precisamos trabalhar sobre ela não com a ajuda de Avalon ou dos autores indianos modernos, mas a partir dos textos originais que nos fornecem a evolução histórica de talvez mil anos. A maioria de nossos escritos atuais é de uma data muito posterior e o sentido original permanece oculto. No decurso da evolução histórica acrescentou-se e sobrepôs-se ao original todo tipo de coisas. Minha intenção é chegar sempre ao original, porque estou certo de que ele está mais próximo de nós do que a ioga desenvolvida na Índia tal como se apresenta hoje ou há cem anos.

A mesma coisa acontece com a ioga clássica. Preciso extraí-la dos ioga sutras[2] com a ajuda do comentário de Vyasas, o Yogabhâsya. O que expliquei a vocês é a Kundalini em seu estágio mais alto. Na evolução do iogue existe sempre a união tanto do poder masculino quanto do poder feminino. Esta união é simbolizada pelo triângulo e pelo *linga*, como vocês já sabem. Temos o fato de que sempre existe o poder feminino trabalhando no crescimento do conhecimento operado pelo poder masculino, mas só em três estágios o aspecto do poder feminino aparece sob o símbolo do triângulo. Isto significa que existem três épocas em nosso desenvolvimento interior nas quais o poder feminino desempenha um papel muito

---

2. A referência diz respeito aos ioga sutras de Patanjali, que Hauer traduziu em seu *Der Yoga als Heilung* (A ioga como cura). Stuttgart, 1932.

importante. E certamente o aspecto erótico do poder feminino tem algo a ver com o despertar do conhecimento. Eu o denomino Kundalini bruta – para diferenciá-lo da Kundalini espiritual, muito sublime e sutil. Vários textos de ioga, o Hatha-ioga e os próprios iogues, ao falar sobre o despertar da Kundalini, entendem realmente o despertar desse elemento criativo no poder feminino que acompanha o poder masculino durante todo o processo. Mas no *Shat-chakra-nirûpana*, como mostrei, só o poder feminino sutil e sublime é simbolizado pela Kundalini. Assim, para o Ocidente, e mesmo para a Índia atual, podemos dizer que o despertar da Kundalini é apenas o despertar do poder que está influenciando o desenvolvimento do homem em sua totalidade; mas isto não *é* a Kundalini. Precisamos ter clareza sobre o fato de que existem dois aspectos do poder feminino e que, quando a Kundalini está rastejando até uma certa distância, nós não despertamos a Kundalini real.

Sra. Crowley: Isto o explica! Eu não compreendo por que os dois processos não ocorrem simultaneamente – porque é isto que a desperta.

Professor Hauer: Desejo dizer muito enfaticamente que o despertar da Kundalini, como geralmente falamos dela, é apenas uma preliminar ao despertar que nos aguarda no *âjñâ*. Certamente estamos ainda muito longe dele, se considerarmos o nosso estado psíquico em geral, mas é algo que está à nossa frente.

Ora, o retorno da Kundalini, após ter-se unido a Shiva (o que significa estar unido ao si-mesmo interior, como vocês sabem), simboliza o fato de que a intuição despontou para o homem; quando a união destes dois poderes ocorreu no *âjñâ*, todas as regiões da vida psíquica são impregnadas por esse poder. Assim ela pode agora descer até à região mais baixa, a região erótica. É uma coisa diferente para um homem viver uma vida terrena após ter despertado a Kundalini: pode *parecer* que é a mesma coisa, mas é algo *absolutamente diferente de sua experiência anterior, é uma experiência nova*. Podemos considerar, por um momento, um paralelo japonês. Não sei se vocês conhecem o livro *Essays in Zen Buddhism*, de Suzuki. É um ensaio com quadros chamados "As dez pinturas da manada de vacas", sendo a vaca o símbolo da realidade última. Depois de uma longa busca, o discípulo encontra a vaca, o que significa que ele adquire sua realidade mais íntima. Mas um traço muito importante, que não é muito claramente resolvido na ioga, é que, após ter encontrado a vaca, ele já não se importa com ela; ele dorme e não cuida dela, *ele apenas sabe que ela está ali*. Ou seja, após ter tido a mais alta intuição, ele nem sempre continua a contemplá-la: ele a deixa resvalar novamente para o inconsciente, como se nela não houvesse nada. Assim ele permanece deitado ali dormindo, com o sol brilhando em seu rosto; depois se levanta e se dirige à cidade:

> *Entrando na cidade fazendo com as mãos o gesto de bênção.* A porta de sua humilde cabana está fechada e os mais sábios não o reconhecem. Nenhum vislumbre de sua vida interior é captado; porque segue seu próprio caminho sem seguir os passos dos sábios antigos. Carregando uma cabaça, ele entra no mercado; apoiando-se num bastão volta para casa. Ele é visto na companhia de beberrões e

> açougueiros; ele e todos os outros são transformados em Budas.
> De peito aberto e descalço, ele vai ao mercado;
> Coberto de lama e cinzas, como é amplo seu sorriso!
> Não há necessidade do poder miraculoso dos deuses,
> Pois ele toca, e eis que as árvores mortas desabrocham plenamente[3].

Agora o Dr. Jung talvez queira dizer algo sobre o aspecto psicológico.

Dr. Jung: Vim aqui realmente para responder a certas perguntas. Na verdade, não sou competente para expor as coisas mais claramente no campo particular de que fala o Professor Hauer; mas, se vocês tiverem alguma pergunta em relação ao ponto de vista psicológico, responderei com prazer. Não posso imaginar o que para vocês está claro ou não. Existe naturalmente uma grande dificuldade para conectar esta terminologia e ideologia particular com nossa linguagem e processos psicológicos.

Por exemplo, tomemos a pergunta de vocês: "Como pode ser despertada a Kundalini?" Para vocês é como se, a fim de despertar a Kundalini, alguém já precisasse possuir a coisa que só se pode possuir posteriormente.

Dra. Shaw: É, por assim dizer, fazer exatamente o que o Dr. Jung diz que não devemos fazer. Ele sempre acentua muito o valor da terra, a necessidade tanto do espiritual quanto do terreno.

Dr. Jung: Sim. Mas isso é também o que a ioga diz – tudo isto ocorre no corpo, não no ar.

---

3. SUZUKI, D.T. *Essays in Zen Buddhism* (first series). Londres, 1980, p. 376.

Professor Hauer: Evidentemente, existe na ioga tântrica certa reação contra a ioga clássica. A ioga clássica deseja parar quando se atingiu a intuição mais alta; ela tem em geral uma tendência a deixar o mundo seguir seu curso, ao passo que a ioga tântrica é precisamente a reação contra isso, na crença de que a Kundalini precisa retornar ao *mûlâdhâra*. Também aqui é preciso pensar historicamente a fim de compreender o perigo e a necessidade dessa vida espiritual elevada.

Sra. Crowley: Eu gostaria de saber a opinião psicológica do Dr. Jung a respeito da diferença entre o *purusha* e o *âtman* conforme o Sr. a apresentou[4].

Dr. Jung: Do ponto de vista psicológico é difícil estabelecer uma diferença entre eles. Eles podem ser totalmente diferentes no mundo; mas, quando se trata da psicologia, são a mesma coisa. Até na filosofia esses dois conceitos foram utilizados da mesma maneira. Pelo menos, a diferença é por demais sutil para desempenhar qualquer papel na psicologia.

Sra. Crowley: Por acaso a experiência última do *âtman* (o si-mesmo) é vista intuitivamente antes do *purusha*?

Dr. Jung: Se você pensa nesses termos hindus, você se perde em dez mil aspectos; isto é extremamente complicado. É muito mais simples considerá-lo do ponto de vista psicológico. É até algo demasiadamente simplifi-

---

4. Hauer afirmara que ambos os termos, *âtman* e *purusha*, podiam ser traduzidos como si-mesmo. O primeiro termo foi usado nos Upanixades e na ioga tântrica e o segundo na ioga clássica: "O *purusha*, na ioga clássica, é exatamente uma entidade por si mesma; existem inúmeros *purushas* no mundo e o eu divino é exatamente um deles, [...] ao passo que na ioga tântrica o aspecto é um tanto diferente; no *âtman* existe uma parte do Absoluto, é o aparecimento do absoluto num ponto do todo" (*HS*, p. 43-44).

cado quando expresso em palavras, porque, na verdade, quando passamos por ele pessoalmente, vemos quão terrivelmente confuso e complicado é todo o processo – começamos a compreender por que os hindus inventaram tantos símbolos para explicar essa coisa aparentemente simples. Mas psicologicamente a coisa é colocada de maneira muito diferente. O que a análise faz, portanto, é primeiramente uma redução. Trata-se de analisar a atitude da pessoa. A pessoa precisa tornar-se consciente de muitas resistências e coisas pessoais que suprimem sua atividade mental genuína ou seus processos psicológicos. Todas estas inibições são outras tantas impurezas e é preciso ter a mente purificada antes de poder iniciar o processo psicológico de transformação.

Por isso, a ioga diz que a *citta* (mente) de alguém precisa ser purificada antes de poder sequer pensar em iniciar o caminho da Kundalini. Acontece o mesmo na análise. A pessoa precisa aclarar a mente até alcançar a objetividade perfeita, até poder admitir que algo se move em sua mente independentemente da sua vontade – por exemplo, até ela poder reconhecer uma fantasia objetivamente. É preciso remover uma porção de inibições antes de ser capaz de admitir isso e até esse momento nenhum processo psicológico pode ocorrer. Mas, quando alguém consegue admitir que os conteúdos psíquicos têm autonomia, que a ideia vem não porque ele a inventou, mas por sua própria ação autônoma, então ele é capaz de ver como a coisa se move. Então pode começar o processo objetivo. Depois, mais tarde, o si-mesmo, o *purusha*, pode ser despertado.

Sra. Crowley: Exatamente. Existe uma grande diferença entre os dois caminhos.

Dr. Jung: Existe um caminho preparatório e depois vem o despertar real. Fala-se da percepção do *âtman*, mas isso é o resultado. E eu aconselho a não levar em conta a diferença entre *purusha* e *âtman* com objetivos práticos.

Sra. Crowley: Exceto que, como o Sr. mesmo explica, parece haver uma diferença muito nítida.

Dr. Jung: Eu estava falando da *citta*. A primeira parte é uma elaboração da *citta* e a segunda parte é o despertar da Kundalini e só neste despertar aparece o si-mesmo – ou seja, nos subsequentes estágios do processo psicológico que começa quando alguém é capaz de objetificação. É ali que aparece o *purusha*, não na primeira parte.

Professor Hauer: Não existe nenhuma diferença real entre *âtman* e *purusha*; são termos sinônimos. A única diferença – e aqui está a dificuldade – é que o si-mesmo se reflete de diferentes maneiras, que é em boa parte o que o Dr. Jung disse. No início não é possível ver o si--mesmo claramente na *citta*. É como se ele se espelhasse na água em movimento. Mas depois ele se torna cada vez mais claro e no *anâhata* existe o mesmo si-mesmo que havíamos vislumbrado nas fases anteriores, mas agora ele aparece como o si-mesmo que já não pode mais ser posto em dúvida. Nas fases inferiores, enquanto o espelho ou a água se moviam, ele podia ser posto em dúvida, mas agora sabemos que ele está ali: não podemos perdê-lo, embora ainda esteja cercado por aquela atividade criativa, a cor vermelha, pela qual ainda precisamos passar. Lá encima ele se espelha na tranquilidade: é absolutamente claro. A *citta* é realmente nada mais que um espelho do *purusha*. Nesse estágio não existe *klesha*. E, quando isso acontece, existe uma presença absoluta, a presença real do si-mesmo, e então aparece a identidade do *âtman* com o *paramâtman*. Trata-se de espelhar-se de uma maneira diferente numa *citta* que está evoluindo.

Srta. Hannah: Estou terrivelmente confusa sobre qual é a diferença entre a abordagem ocidental e a abordagem oriental. Aparentemente o Oriente passa pelas mandíbulas do monstro, o makara.

Dr. Jung: O Professor Hauer nos apresenta um quadro muito claro da maneira como este problema é enfrentado no Oriente[5] e, se estudamos a psicologia analítica, sabemos como ele é enfrentado no Ocidente.

Sra. Sawyer: Penso que a confusão vem do fato de as pessoas procurarem fazer com que as duas coisas se encaixem: o Oriente e o Ocidente, a ioga e a análise.

Dr. Jung: O termo que eu uso para designar o processo que a ioga tântrica chama de despertar da Kundalini é "objetividade psíquica". Por exemplo, as visões com que nos ocupamos no seminário em inglês são experiências num plano diferente: elas devem ser consideradas não a partir do aspecto *sthûla*, mas do aspecto *sûksma*. Estas coisas não acontecem num lugar determinado; são universais e impessoais – e se alguém não as compreende como impessoais, ele simplesmente sofre uma inflação psíquica em virtude de sua identificação com o univer-

---

5. Hauer havia afirmado: "Seguindo o curso da vida, vocês topam com o monstro marinho, o makara; em algum lugar vocês enfrentarão um tremendo perigo e não poderão deixá-lo para trás. Na representação do chacra, esse monstro cobre toda a extensão do crescente (no *svâdisthana* o crescente representa Shiva) e as mandíbulas do monstro estão abertas. Ora, se vocês vêm da direita, podem atacar o monstro por trás. Vocês não caem nas suas mandíbulas e poderão atracar-se com ele, ao passo que, se vierem da esquerda, vocês caem nas suas mandíbulas. É uma questão de seguir o caminho correto" (*HS*, p. 84).

sal. Por isso, todo o processo começa com o fato de que certas coisas na mente são puramente impessoais. O indivíduo não é responsável pela existência delas; elas caem do céu ou sobem do inferno e ele não pode de maneia alguma ser responsabilizado por elas. Certas fantasias, certos sonhos provêm claramente de uma esfera impessoal e não são produtos de nenhum propósito intencional. São conteúdos que só podem ser experimentados se alguém assume que pode dissociar-se e desempenhar um papel.

Por isso, as pessoas sempre têm uma tendência a realizar representações mistéricas, a sair do quadro ordinário de sua existência e assumir um papel. Até os aborígenes mais primitivos da Austrália Central possuem a ideia bem elaborada de que, quando realizam seus ritos totêmicos, não o fazem em nome próprio, mas em nome de seus ancestrais dos tempos do alcheringa. Eles se identificam com os heróis divinos. Eu já não sou o Dr. Jung, eu sou Zaratustra, e então posso dizer as coisas mais chocantes, porque falo com a voz dos séculos – estou falando sob o manto de um grande ancestral e depois removo minha maquilhagem e sou novamente um cidadão comum. Ora, uma coisa destas nunca poderia existir se não respondesse a uma necessidade psicológica; trata-se simplesmente de outra realidade, porque ela funciona. Nosso racionalismo é simplesmente incapaz de compreender naturalmente como isso é possível, mas funciona.

Por exemplo, existe a ideia de que todos devem levar uma vida normal e ter pelo menos dois filhos. Mas muitas pessoas não têm dois filhos, ou têm muito mais do que dois, ou simplesmente não sonham em ter filhos. Portanto, a vida real é muito irregular e existem muitas coisas que não deveriam existir – mosteiros, conventos de freiras –, mas elas existem e são bastante produtivas, apesar de serem contra o racionalismo burguês do século XIX.

E assim esse tipo impessoal de experiência, no um indivíduo pode experimentar como se não fosse ele mesmo, como se fosse uma peça decorativa, é o elemento intrínseco a todas as representações mistéricas e essa condição é provocada artificialmente. Muitas vezes falei a vocês dos mistérios de Mitra, nos quais, durante as iniciações, as pessoas eram transformadas em *milites*, os soldados do deus, e em leões e em *heliodromoi*, os mensageiros solares do deus[6]. Tratava-se simplesmente de estágios diferentes da experiência impessoal. Por exemplo, um estalajadeiro romano que se transformou num *miles* não é posteriormente apenas isso. Claro que não – ele é o que sempre foi, mas teve a experiência de estar num nível superior, que não era idêntico ao mundo tridimensional: um nível impessoal onde lhe era permitido contemplar pela janela outra ordem dimensional, a realidade psíquica.

A prova desta ideia é que ela funciona automaticamente – ela cai sobre nós como o fogo que caiu sobre Sodoma e Gomorra e pode até destruir nossa vida. O indivíduo pensa que está muito bem, que o mundo está muito bem, mas de repente já não consegue atravessar a rua porque tem agorafobia. É algo que ele não pode ter inventado, é algo que simplesmente o agarra pelo pescoço. E quem o faz? Nós dizemos que é apenas uma doen-

---

6. Cf. JUNG. *Analytical Psychology*, p. 98-99.

ça, mas trata-se apenas de palavras. Ele pode igualmente dizer que é um espírito mau que causa medo. Este é um exemplo da autonomia do mundo psíquico e a prova de que essas coisas podem existir ali. Por isso aconselho a todas as pessoas que têm essa neurose: entrem nela, vivam-na e então vocês a terão em suas mãos e ela já não se apoderará mais de vocês.

Ora, a ioga Kundalini é uma formulação simbólica da experiência impessoal à maneira oriental. Podemos ter grande dificuldade em compreender à nossa maneira ocidental o que o Oriente tenta transmitir-nos através de seu simbolismo. Certamente o Professor Hauer seria o último a estimular-nos a tomar essas coisas literalmente. Só vivendo-as é possível compreendê-las à maneira ocidental, onde tudo é menos simples e também menos complicado. Quando alguém não tem clareza sobre estas coisas, ele sempre diz que elas são muito simples. As pessoas mais simples do mundo são realmente os grandes complicadores do mundo. De modo nenhum estas coisas são simples; mas é bom dispormos de alguma analogia psicológica direta, que nos ajude a ver a conexão entre a experiência oriental e a experiência ocidental.

Srta. Hannah: O caminho oriental parece um pouco dogmático.

Dr. Jung: Pensemos nos milhares de anos, nos milhares de indivíduos e nos milhares de cabeças intelectualmente bem dotadas que trabalharam nele. Evidentemente ele se torna dogmático.

Srta. Hannah: A psicologia já é dogmática?

Dr. Jung: Sim. Quando as pessoas dizem que não existe essa coisa de inconsciente e você diz: "Isto é uma heresia", você está se tornando dogmática no íntimo sem dar-se conta – como "tornar-se negro" na África[7].

Srta. Thiele: Ontem o Professor Hauer disse que nenhum europeu despertou realmente a Kundalini num sentido mais alto, talvez com a exceção de Suso[8]. Mas seria possível, com a ajuda do processo analítico, chegar ao estágio em que alguém poderia despertá-la?

Professor Hauer: Talvez num período de mil anos.

Dr. Jung: Nunca devemos esquecer que a Índia é um país muito peculiar. O homem primitivo viveu ali desde tempos imemoriais e cresceu em continuidade absoluta. Nós não crescemos em continuidade. Quanto a nós, cortaram nossas raízes. Além disso, os hindus são uma raça muito diferente. A raça não só é ariana, mas existe muita influência aborígene do dravidismo. Por isso, existem na ioga tântrica coisas ctônicas bem antigas. Por isso, precisamos admitir que esta filosofia ióguica particular é estranha ao nosso próprio sangue e tudo o que podemos experimentar tomará um rumo totalmente diferente. Nunca podemos tomar essas formas literalmente. Seria um erro terrível, porque para nós elas são processos artificiais.

Observação: Eu pensava que algo do processo, de acordo com nossa concepção ocidental, era semelhante ao da ioga indiana.

Dr. Jung: Sim. A psicologia analítica é, evidentemente, uma tentativa de tipo semelhante. Quando estávamos

---

7. Sobre os temores de Jung de "tornar-se negro" durante sua visita à África, cf. *MSR*, p. 273.

8. Em resposta à pergunta da Dra. Shaw "O Sr. quer dizer que ninguém despertou a Kundalini?", Hauer respondeu: "Ninguém no Ocidente, penso eu, mas não sei. [...] Penso que Suso, o místico alemão da Idade Média, teve o mesmo tipo de experiência" (*HS*, p. 99).

elaborando seus fundamentos, nós não sabíamos que havia uma analogia tão próxima com a ioga tântrica. Os textos tântricos não estavam traduzidos e mesmo os peritos nesse tipo de coisas sabiam muito pouco sobre a ioga tântrica. Só recentemente ela se tornou conhecida através das traduções de Sir John Woodroffe. Nossa tentativa é uma tentativa ingênua perfeitamente genuína no mesmo campo – evidentemente, com meios diferentes, de acordo com nossas diferenças de temperamento e atitude.

Professor Hauer: Como vocês sabem, é preciso comparar o trabalho preparatório feito agora pela psicologia analítica com os estágios em que a ioga se encontrava quatro ou cinco séculos antes de ela tornar-se um sistema. Ela se tornou um sistema no tempo de Buda ou pouco antes. O que está sendo feito pela psicologia analítica foi feito pelos pensadores e brâmanes aproximadamente cinco séculos antes de Buda. Seus nomes caíram no esquecimento. O que vemos são, por assim dizer, apenas uns poucos vislumbres de intuição. À compreensão deles foi sendo talvez acrescentada uma partícula depois da outra; e então apareceu uma grande mente que criou o sistema cuja função era colocar em ordem as mentes ou almas daquela época. Mas só por algum tempo – digamos, por alguns séculos. Este é o processo de adaptação psíquica que se prolonga por toda a história da humanidade. O cristianismo, por exemplo, já não é válido para todos nós, por isso não funciona. Dentro de alguns séculos haverá um outro sistema. Este desaparecerá exatamente como a ioga tântrica desapareceu. Todos estes sistemas são tentativas humanas de enfrentar o grande problema da vida mediante símbolos e sentenças que não são só para vocês ou para mim, mas para toda a comunidade. O caráter diretor dos símbolos válidos para toda uma comunidade só pode ser o trabalho de séculos. Então evita-se que cada indivíduo precise fazer o trabalho original; já o recebe feito – e nós recebemos uma cultura psíquica e espiritual comum. Mas dentro de alguns séculos essa época terá terminado. O símbolo muda, ou a vida das pessoas muda, e o perigo está em prosseguir com um símbolo como se fosse válido na nova época.

A psicologia analítica, no meu entender, está certamente construindo um grande edifício a partir dos alicerces. Então, em poucos séculos, ela se tornará um dogma extremamente rígido e chegarão seus destruidores e dirão que tudo está errado. No entanto, podemos ter certeza de que todo sistema chegou a algumas verdades, que são duradouras. Vemos que existe algo verdadeiro no cristianismo; existem realidades absolutas que não podem ser dispensadas. E, no entanto, precisamos encontrar um novo sistema de verdades e símbolos. O mesmo vale para a Índia. Historicamente a ioga tântrica é apenas uma adaptação da ioga milenar a uma nova situação psíquica e essa situação desapareceu da Índia. Se os indianos tentarem solucionar a vida de acordo com a ioga tântrica, poderão talvez equivocar-se tanto quanto nós. Tomemos Gandhi. Novos símbolos devem ser para toda a comunidade e Gandhi é o homem que, com um método totalmente novo, criou esses símbolos a partir do novo estado psíquico e espiritual. Como eu disse a vocês, quando ele vai para o mar e mostra um punhado de sal a seu povo, isso é tão bom como um chacra. Eles não precisam de nenhum chacra. Tomemos o exemplo da roca. Por que deveriam concentrar-se num chacra quando veem Gandhi com uma roca? Eles a contemplam e são arrebatados a um plano superior de pensamento – a ideia do sacrifício e assim por diante. Se vocês preferem, esta é uma nova "ioga tântrica". E, no entanto, como no cristianismo, existem também na ioga tântrica elementos que não devem ser perdidos, verdades simbólicas que são eternas e universais. E estas são as que estudamos, estas são as valiosas. Esse é o valor pedagógico dos chacras. E existem experiências paralelas que ocorrem sempre e em todo lugar. Intencionalmente não falei dos paralelos psicológicos da ioga tântrica com a psicologia analítica, porque suponho que isso misturaria as coisas. Eu simplesmente apresentei esta ioga diante de vocês e vocês mesmos podem fazer as comparações.

Sra. Crowley: A comparação foi ilustrada ontem à tarde nos mandalas que o Dr. Jung mostrou, feitos à maneira ocidental[9]. Para mim foi como ver os chacras em curso de elaboração, o início das coisas em comparação com os chacras hindus que já foram desenvolvidos.

Professor Hauer: Os mandalas indianos são perfeitos. Os mostrados ontem são apenas material bruto do qual talvez germinará um chacra. E estas ilustrações mostram como, apesar de todas as diferenças, a alma humana tem bastante uniformidade sempre e em todo lugar.

Dr. Jung: Ora, estes são chacras.

Professor Hauer: Eu penso que um chacra é válido para toda uma comunidade.

---

9. "Westliche Parallelen zu den Tantrischen Symbolen" (Paralelos ocidentais aos símbolos tântricos), em *Tantra Yoga*. Jung utilizou muitos destes mandalas em seu "Comentário a 'O segredo da flor de ouro'" (OC vol. 13).

Dr. Jung: Sim. Tudo isto precisa de cooperação, da elaboração na qual intervêm milhares de pessoas durante séculos incontáveis.

Sra. Crowley: Mas o que resultou tão surpreende era o fato de que foi tão completa a analogia com os chacras que o Dr. Jung os desenvolveu um após o outro.

Dr. Jung: Precisamente neste ponto, a ioga tântrica é um instrumento realmente inestimável para ajudar-nos na classificação e na terminologia e para criar conceitos de todas estas coisas. É por isso que o estudo da ioga tântrica é tão fascinante.

Sr. Baumann: O Professor Hauer disse que o iogue precisava alcançar o chacra *âjñâ* para a Kundalini ser despertada.

Professor Hauer: No sentido sutil, no sentido espiritual, digamos.

Sr. Baumann: Na análise existe um estágio preparatório – é preciso desfazer-se das inibições pessoais e assim por diante – e então se atinge o impessoal. Eu penso que isto é possível – na realidade acontece que os pacientes fazem desenhos impessoais quando estão ainda no primeiro estágio.

Dr. Jung: Sim! Alguém pode fazer os desenhos mais maravilhosos e ainda não ter chegado a nada. Particularmente os artistas. Qualquer um pode fazer desenhos, até as crianças pequenas, e isto não significa praticamente nada. Vejam: o desenho deve ser uma expressão de um fato, de uma experiência psicológica; e a pessoa precisa saber que ele é uma expressão, precisa estar consciente disso. Caso contrário, ela pode ser simplesmente um peixe na água ou uma árvore na floresta. Evidentemente toda planta elabora mandalas maravilhosos. Uma flor composta é um mandala, é uma imagem do sol, mas a flor não o sabe. O olho humano é um mandala, mas não temos consciência disso. Por isso, é preciso um trabalho longo e penoso na análise para levar as pessoas ao ponto de tornar-se conscientes do caráter impessoal do problema. E esse elemento impessoal é realmente a analogia ocidental com a mente oriental. A Kundalini é algo impessoal e é extremamente difícil para nossa mente ocidental captar o impessoal em nossa mente como um acontecimento objetivo.

Vou apresentar-lhes um exemplo. Certa vez eu estava tratando um escritor, um indivíduo muito perspicaz. Era inteligente e muito racional e explicava tudo de acordo com as normas: tudo tinha sua causa natural e tudo era razoável. Ele fizera muitas análises com pessoas de todas as diferentes escolas e costumava explicar seus sonhos de acordo com os princípios da redução causal. Evidentemente, pode-se dizer que qualquer figura ou fato ou emoção provém de alguma experiência definida e dificilmente alguém topa com algo que não fez parte da sua experiência anterior. Naturalmente alguém vai até onde puder com este tipo de pensamento. Eu pensava que finalmente os sonhos acabariam mostrando algo que não podia ser reduzido e, após um longo tempo trabalhando juntos, ele teve sonhos nos quais apareciam figuras que ele não podia rastrear. Por exemplo, sonhou com uma grande quantidade de mulheres que desempenharam um papel importante em sua vida. Antes ele conseguia rastreá-las em reminiscências como, por exemplo: "Ela se parece com a Sra. Tal-e-Tal" – de modo que conseguíamos reconstituir toda a trama. Mas então apareceu uma mulher que não conseguimos reconstituir. Ele não poupou esforços para encontrar as imagens na memória e finalmente precisou desistir; ele não encontrou absolutamente nenhuma associação e precisou admitir que era incapaz de mostrar uma origem razoável para essa figura. Então eu disse: "Aqui chegamos ao fim do seu princípio da redução causal. Agora eu proponho algo inteiramente diferente – que isto não tem origem na experiência pessoal de você, mas vem por si mesmo, exatamente como se entrasse nesta sala alguém que nós não convidamos, ou como se esta mulher estivesse saindo da parede – ela anda, ela fala e, portanto, deve tratar-se de fantasma". Naturalmente ele ofereceu resistência a esta proposta. Ele disse que não podiam entrar em sua mente coisas que não estiveram lá. Ele tinha aquela depreciação do mundo psíquico que faz parte de nossa atitude ocidental. Mas precisou admitir que surgiu em sua mente algo bem definido, que ele não havia inventado e que lhe causou grande emoção em seus sonhos. Este foi o início do reconhecimento do fator autônomo objetivo e o início do processo psicológico. Foi como se uma mulher real tivesse entrado em sua vida – ele não sabia por que ela existia, mas precisava lidar com a existência dela. Eu inventei o termo *anima* para designar tais figuras, que, de acordo com nosso preconceito ocidental, não deveriam existir.

Ora, esse é o momento em que começa a analogia com o processo da Kundalini, quando algo desperta e se desenvolve por si mesmo. Se esse processo é levado adiante, chega-se a resultados que podem ser expressos em termos da ioga tântrica. Somos gratos à ioga tântrica por nos oferecer as mais diferenciadas formas e conceitos mediante os quais conseguimos expressar as experiências caóticas pelas quais estamos realmente passando. Como muito bem se expressou o Professor Hauer, estamos no início de algo e no início as coisas são extremamente individuais e caóticas. Só depois de séculos elas começam a aquietar-se e cristalizar-se em certos aspectos; e então, é claro, segue-se inevitavelmente o dogma.

Sr. Baumann: Ontem o Dr. Jung mencionou ter recebido de uma paciente uma carta com um mandala, no qual havia peixes ao redor do centro. Causou-me uma grande impressão quando ela disse: "Espero poder encontrar um estado onde eu seja como um centro, com peixes circulando ao meu redor"[10].

Dr. Jung: Não. Tratava-se de ela encontrar um centro ao redor do qual pudesse mover-se em ordem harmoniosa como aqueles peixes; ela não seria o centro. Esta é a nossa ideia ocidental. É um erro pensar que somos o centro. Nós pensamos que somos deuses do nosso mundo e, por isso, a ideia da ioga tântrica de que alguém se torna um deus é perigosa para nós. Nós começamos com esse preconceito. Mas somos realmente criaturas diabólicas, terríveis; simplesmente não nos vemos a partir de fora. Pensamos que somos pessoas maravilhosas, muito respeitáveis e morais e assim por diante, mas na realidade somos piratas sanguinários. O que o europeu pensa de si mesmo é uma mentira. Aprendi a lição dos índios pe-

---

10. É provável que Jung tenha mostrado o mandala feito por uma mulher com um peixe irradiando de um círculo central [trata-se presumivelmente do mandala reproduzido em "Simbolismo do mandala" em OC vol. 9/1, figura 19]. As observações citadas por Baumann não se encontram no resumo da preleção de Jung em *Tantra Yoga*.

le-vermelha e dos negros. Contemplem o nosso mundo e vocês descobrirão o que nós somos. Mas já que temos o preconceito de que somos deuses, quando uma pessoa sonha com um centro, ela se instala nele sossegada e instintivamente. Talvez vocês se lembrem do quadro que mostrei ontem à tarde – a pedra central e as pequenas joias ao seu redor. Talvez seja interessante contar-lhes a respeito do sonho que está em conexão com isto. Eu fui o autor desse mandala num tempo em que não tinha a menor ideia do que fosse um mandala e, em minha extrema modéstia, pensei: *Eu* sou a joia no centro e essas luzinhas são certamente pessoas encantadoras que também acreditam serem joias, mas joias menores. É isto o que nós fazemos – estamos sempre seguindo o exemplo dado por Anatole France em *L'Isle des Pingouins* (A ilha dos pinguins)[11]. São Malo havia batizado os pinguins no concílio celestial e, quando perguntaram a Santa Catarina o que deveriam fazer com as almas dos pinguins, ela disse a Deus: "Donnez-leur une âme mais une petite" [Dai-lhes uma alma, mas uma alma pequena]. Este é o nosso princípio. Eu lhes dei uma pequena alma; tudo o que admiti foi isso. Eu me senti orgulhoso de min mesmo por ser capaz de expressar-me dessa maneira: aqui está meu maravilhoso centro e sou justo em meu coração.

Depois tive um sonho[12]. Eu estava em Liverpool, onde de fato eu nunca estivera. Tudo estava muito escuro

---

11. FRANCE, Anatole. *Penguin Island*. Trad. por E.W. Evans. Londres 1948. [*L'Isle des pingouins*. Paris, 1908.]

12. Um relato deste sonho encontra-se em *MSR*, p. 202-203. Ali é datado de 1927. Nas notas que seguem encontram-se alguns detalhes adicionais deste relato.

e sujo; chovia sujeira; e eu estava subindo por uma rua junto com alguns companheiros suíços trazendo capas de chuva. Estávamos conversando, mas era muito desagradável e eu pensava num lugar onde poderia me abrigar da chuva e do frio[13]. Chegamos a uma espécie de platô, uma parte plana da cidade, onde havia um parque enorme e formoso. A princípio não o reconheci, mas era o mandala que lhes mostrei ontem. Havia nele caminhos entrecruzados e no centro havia um pequeno lago, em cujo centro havia uma ilha e na ilha havia uma magnólia de coloração rosada, uma bela árvore. E a árvore estava em plena luz do sol – uma árvore maravilhosa em plena floração, que vinha a ser uma imagem do que há de mais deslumbrante numa noite escura e chuvosa; fiquei fascinado por ela. Então percebi de repente que meus companheiros não a notaram; eles simplesmente continuaram andando e começaram a falar sobre outro suíço que morava na esquina de uma rua de Liverpool no lado esquerdo do parque. Imaginei o lugar: havia um único poste de iluminação nessa esquina e ele vivia num edifício de apartamentos. Eles diziam: "Ele deve ser um grande idiota para morar em Liverpool num lugar tão sujo". Mas eu pensei que ele devia ser um camarada tremendamente inteligente e eu sabia por que ele vivia ali – ele conhecia o segredo dessa ilha; ele encontrara o lugar certo[14]. Ora, Liverpool é o

---

13. "Tive a impressão de que vínhamos vindo do mar, do porto, e que a verdadeira cidade ficava no alto, sobre os penhascos. Para lá nos dirigíamos. A cidade lembrava-me Basileia: o mercado é embaixo e há uma ruela que sobe chamada Totengässchen ('ruela dos mortos'), conduzindo a um planalto onde fica a praça de São Pedro e a igreja do mesmo nome" (*MSR*, p. 202).

14. "A propósito de uma particularidade do sonho, devo acrescentar ainda uma observação: cada um dos quarteirões da cidade era, por sua vez, cons-

centro da vida – o fígado é o centro da vida – e eu não sou o centro, sou o idiota que vive num lugar escuro por aí, sou uma dessas pequenas luzes laterais. Dessa maneira corrigi meu preconceito ocidental de que eu era o centro do mandala – de que eu sou tudo, todo o espetáculo, o rei, o deus. Nós descendemos dessa noção. O hindu, sendo um homem primitivo, não tem uma ideia dessas. Antes de mais nada, ele nunca imagina não ser um homem. Por isso, finalmente ele nunca se torna um deus. Mas nós antecipamos a divindade, por isso precisamos descer.

Professor Hauer: Direi apenas umas poucas palavras a mais sobre a forma e o simbolismo dos chacras, repetindo certos pontos que já discutimos. Em minha opinião, todas aquelas figuras matemáticas existentes nos chacras indicam que a vida do cosmos e a vida psíquica são regidas por leis. E a ideia do lótus é que toda a vida psíquica está encarnada num centro orgânico. Vocês se lembram que em cada pétala há uma letra. As letras são cantaroladas na meditação e, enquanto cantarola, a pessoa deve dar-se conta do sentido de cada uma, que só lhe é dito por um guru. As letras simbolizam o crescente aspecto orgânico oculto nessa determinada região. Isto não é consciente. Oculta em cada pétala está uma força que precisa ser percebida e conectada com o centro. A ideia metafísica e metapsíquica[15] é que, no próprio centro do organismo psíquico, que está

---

truído radialmente em torno de um centro. Este constituía uma pequena praça livre, iluminada por um lampião grande; o conjunto era, pois, uma réplica em miniatura da ilha. Eu sabia que 'o outro suíço' habitava na proximidade de um desses centros secundários" (*MSR*, p. 203).

15. "Metapsychique" foi o termo proposto por Charles Richet para designar o ramo de estudos conhecido no mundo anglófono como parapsicologia. Cf. seu *Traité de Metapsychique*. Paris, 1922.

bem no centro do organismo cósmico, existe uma força sonora subconsciente que regula a vida inconscientemente; e a pessoa deve perceber o sentido dessa força sonora através da meditação. Esta força precisa chegar ao consciente e, se alguém consegue deixá-la funcionar na consciência, essa força se torna mais forte.

O *bîja*[16] também deveria ser percebido na meditação. A força ativa interior neste *bîja* não é uma personalidade claramente desenvolvida; ela nunca é nomeada. O *bîja* simboliza simplesmente uma força subconsciente presente no elemento do qual ele é o símbolo – este funciona no fundamento psíquico de alguém –, mas só pode funcionar com força real quando é percebido pela meditação. Como vocês sabem, a essa força eu dou o nome de *bîja-deva*[17]. Desta força projeta-se ou cresce o *bindu-deva*, que é a mesma força, mas projetada do inconsciente para a consciência clara. Mas ela não entra na consciência tão claramente como Shakti, o poder feminino. Penso que não há dúvida nenhuma – para mim tornou-se evidente – de que isto é a *anima*. A força oculta masculina combina com a força feminina e deve funcionar dentro de nós, de acordo com a ioga tântrica, e isso se percebe conscientemente em diferentes períodos de nossa vida. A este simbolismo que representa uma grande verdade eu dou o nome de símbolo *diretor*, um símbolo que tem uma ca-

---

16. Hauer definiu o *bîja* da seguinte maneira: "O *bîja* é o germe de um chacra; a palavra *bîja* significa germe" (*HS*, p. 80).

17. Hauer afirmou: "Eu distingo o *bîja-deva* do *bindu-deva*. (Eu próprio cunhei estas expressões com base nos chacras tais como os entendo.) O *bindu-deva* é sempre uma força operativa psíquica e espiritual [...]; o *bindu-deva* é a divindade que governa dessa força" (*HS*, p. 81).

racterística de liderança, que só pode ser encontrado no decurso de muitos séculos.

Existe, evidentemente, também um simbolismo da cor. Vocês sabem que o vermelho significa o sangue, os poderes nas profundezas da terra. E o branco significa a intuição mais alta. Ademais, sempre que aparece a cor dourada, ela transmite a ideia de intuição clara, embora não seja a intuição suprema. Assim ocorre com a cor dourada no *mûlâdhâra*, que se encontra também nas letras sobre as pétalas; existe de certa forma nesta região uma força de intuição que opera subconscientemente. Na vida erótica atua uma força de intuição. O erótico parece ser um caminho para a compreensão na natureza das coisas e isto desemboca no aspecto espiritual superior. Mas o estranho é que no *manipûra* encontramos letras azuis sobre pétalas azul-cinza e no *anâhata* a cor vermelha do pericarpo se repete nas letras sobre as folhas. O vermelho representa ali o tom musical. O *anâhata*, em minha opinião, simboliza a vida criativa – as pétalas do lótus são vermelhas e nesse triângulo dourado o poder de intuição está no centro. De alguma forma, as tonalidades musicais dessa região estão vivas – a vida tem uma realidade diferente; uma realidade de sangue vem do exterior e procura penetrar e harmonizar as duas.

A seguir, apresento-lhes uma explicação como uma sugestão sobre a maneira de ocupar-se com estas coisas. Posso citar aqui uma palavra de Laotsé: "O sentido que se pode elaborar mentalmente não é o sentido"[18]. Exami-

---

[18]. Uma versão do início do Tao-te King. Arthur Avalon traduz as linhas de abertura da seguinte maneira: "O caminho que pode ser expresso não é um caminho constante; os nomes que podem ser nomeados não são nomes cons-

nem sob esta luz tudo o que digo. Esqueçam tudo o que lhes digo e comecem como *vocês* devem começar. Existem diferentes maneiras de abordar estas coisas. Evidentemente eu tenho certos fundamentos para minha explanação das coisas, mas vocês precisam solucioná-las como um enigma que vocês põem à prova e resolvem. Pode haver mais de um sentido, exatamente como pode haver dois sentidos corretos de um sonho, em vista do que podemos chamar de coincidência de coisas em nossa vida psíquica e em nossa vida exterior. O acontecimento exterior e o acontecimento psíquico podem ser totalmente diferentes e, no entanto, podem ter características semelhantes e ser simbolizados pelo mesmo sonho. Talvez alguém encontre o exterior e ainda não tenha encontrado o interior. Pode ocorrer a mesma coisa com os chacras: o sentido de um simbolismo desemboca em outro e só é descoberto mediante uma perspicácia profunda. Como eu lhes disse, a vida energética está em contínuo movimento e só imergindo nesse movimento podemos chegar até ela. Aqui atingimos coisas sobre as quais é um tanto difícil falar e o simbolismo da cor é de grande ajuda. A pessoa mergulha na cor, por assim dizer, e então encontra seu significado.

Tomemos novamente o chacra *anâhata*. No centro está o triângulo e ao redor dele está o *bîja* do *yam*. Depois existe o hexagrama, que consiste em dois triângulos entrelaçados, de cor escura esfumaçada, e está cercado pela coloração do sol nascente e fora dele estão doze pétalas

---

tantes" (*The Way and Its Power: Study of the Tao Tê Ching and Its Place in Chinese Thought*. Londres, 1934, p. 141). (*Tao* tem sido traduzido às vezes como "sentido".) Jung tinha um exemplar desta tradução.

de um vermelho ainda mais suave. Vocês se lembram que o número de pétalas aumenta em cada chacra a partir do *mûlâdhâra* – a vida se desdobra sempre mais. Por isso, ela é uma sinfonia viva de cores. Agora procurem *sentir* o significado; ou podem usar também o intelecto. Pode surgir todo tipo de associações. Este *bîja yam* é o *bîja* do ar ou da tempestade e ao redor está o tremendo hexagrama de cor escura esfumaçada, e dele brotam essas belas emissões de vermelho. Minha explicação é que não existe nenhum poder criativo se não houver tempestade e caos. Por isso, este é o mandala da tempestade, todo escuro e expressão do estado psíquico. Pode tratar-se também de um estado cósmico; muito provavelmente se trata. Depois irrompe o poder criativo no meio e aparece a cor vermelha brilhante.

Pergunta: Posso perguntar qual é o significado da ausência do símbolo do poder masculino em alguns chacras?

Professor Hauer: O poder masculino e o poder feminino são símbolos claramente definidos no *mûlâdhâra*, no *anâhata* e no *âjñâ*. Os mesmos símbolos não aparecem no *manipûra*, no *svâdhisthâna* e no *vishuddha*, embora saibamos que o poder está sempre ali. Os três estágios, quando o poder masculino e o poder feminino colaboram com força total, são os três estágios da vida erótica, da vida criativa e da vida intuitiva, de modo que temos aqui a *yoni* e o *linga*. Mas existem estágios intermédios. Eu considero o *svâdhisthâna* a região ou estado psíquico onde nos perdemos na vida – não temos nenhuma meta, apenas queremos viver. Depois existem os diferentes aspectos: cada chacra tem três aspectos. Temos o aspecto *sthûla* do fluxo aquático em todo esse movimento de água girando em torno do nosso corpo; e este aspecto *sthûla* é expresso na natureza pelo mar. Nossos corpos são apenas uma pequena réplica do todo, o microcosmo no macrocosmo. O *sthûla* do estado psíquico seria a experiência de simplesmente perder-nos na vida e aqui o poder feminino desempenha um papel, porque, de maneira oculta, ele não é uma força reguladora. Para mim o *manipûra* é a vida sobre a qual repousa o funcionamento de toda nossa estrutura corporal. Aqui está o fogo da digestão. Este chacra parece um tremendo mecanismo. Expressa a economia do nosso corpo e de todo o nosso ser. E também aqui a mulher não desempenha um papel visível; ela permanece oculta. Em seguida, acima, no *vishuddha*, atingimos o estágio do homem sábio que foi além do trabalho criativo, alguém que vive na pura luz do conhecimento. (Recordem o belo círculo azul fora do *bîja yam* branco, circundado pelas pétalas escuras do lótus.) Mas, a fim de atingir o último estágio da intuição, a mulher entra novamente, como eu disse a vocês ao descrever a Kundalini.

Agora vejamos os diferentes animais. Na Índia o elefante sempre significa a força sustentadora. Ele aparece novamente no *vishuddha* pela mesma razão. Depois existe o monstro marinho no *svâdhisthâna*, cujo simbolismo procurei explicar. E temos a gazela no lótus do coração. Sabemos, por um texto do *Hathayogapradipika*, que ela significa a mente versátil e fugidia. Nessa região criativa sempre existe no intelecto uma tendência a fugir; é preciso prender a gazela do lótus do coração e existe o perigo de simplesmente dar saltos em qualquer direção.

Estas são sugestões sobre como desenvolver um método que permita chegar ao simbolismo, tanto mediante processos intelectuais e quanto mediante o sentimento. Mas penso que o Dr. Jung tem algo a dizer sobre seu significado.

Dr. Jung: Só posso expressar minha extrema gratidão ao Sr. por apresentar-nos o simbolismo de maneira tão bela e clara. Se essas coisas significam algo um tanto diferente para mim é evidentemente porque minha abordagem da questão dos chacras foi uma abordagem diferente. Como vocês sabem, minhas primeiras experiências neste campo ocorreram num tempo em que não havia nenhuma chance de penetrar na doutrina dos chacras. Quando me apliquei pela primeira vez ao tema, ele me pareceu totalmente inútil; tive a impressão de que se tratava do simbolismo específico de um povo inteiramente exótico, que não trazia nada para nós. Mas depois tive um caso extraordinariamente difícil que me causou grande perturbação[19]. A paciente era uma moça nascida na Índia de pais europeus. Não houve nenhuma mescla de sangue, ela era tão europeia quanto vocês. Mas os primeiros seis anos de sua vida se passaram na Índia, onde tivera uma babá malaia quase sem instrução. Não houve nenhum ensino deste tipo, estas coisas lhe eram totalmente desconhecidas, mas de alguma forma estas ideias orientais penetraram seu inconsciente. Ela não conseguia

---

19. Jung forneceu um extenso comentário sobre este caso em seu "The Realities of Modern Psychotherapy" (1937), acrescentado como apêndice na segunda edição inglesa: CW vol. 16 [não contido na tradução portuguesa], e reproduzido com comentários em diversas das pinturas dela em "Simbolismo do mandala" (1950) em OC vol. 9/1, figuras 7-9, § 656-659. Alguns comentários importantes foram acrescentados nas notas que seguem.

adaptar-se aos modos de vida europeus porque seus instintos se opunham frontalmente; ela não se casou, não se interessava pelas coisas comuns, não se adaptava às nossas convenções. Ela era contra tudo e, por isso, tornou-se naturalmente muito neurótica[20]. Primeiro ela detonou dois analistas, depois me procurou e quase conseguiu dinamitar-me, porque precisei explicar-lhe que eu simplesmente não conseguia entender seus sonhos, dois terços dos quais eram absolutamente obscuros para mim por causa da psicologia oriental peculiar. Ela continuou se esforçando corajosamente, e eu fiz o mesmo, apesar do fato de não conseguir entender – e de vez em quando chegamos a vislumbrar alguma coisa. Ela desenvolveu um conjunto totalmente novo de sintomas[21], a começar por um sonho que lhe causou uma tremenda impressão: de seus órgãos genitais saía um elefante branco. Eu fiquei completamente perplexo, nunca havia ouvido tamanho

---

20. Em "The Realities of Modern Psychotherapy" Jung afirmou: "A paciente nasceu em Java. [...] Em seus sonhos havia frequentes alusões a motivos indonésios" (§ 557). Em "Simbolismo do mandala" ele afirmou: "A paciente nasceu nas Índias Holandesas, onde mamou com o leite materno da ama [*ayah*] nativa a demonologia da região. [...] Criada na Índia até os seis anos, conviveu mais tarde com europeus convencionais, o que teve um efeito devastador sobre a delicadeza de flor de seu espírito oriental, causando-lhe um prolongado trauma psíquico subsequente" (OC vol. 9/1, § 656-657; tradução modificada; Hull substituiu "Índias Holandesas" por "Índia"). Em "The Realities of Modern Psychotherapy" Jung observou que ela tinha vinte e cinco anos quando o procurou e listou os seguintes sintomas adicionais: "[Ela] sofria de um alto grau de emotividade, sensibilidade exagerada e febre histérica. Possuía um grande talento musical; sempre que tocava piano tornava-se tão emocional que sua temperatura subia e depois de dez minutos registrava cem graus Fahrenheit ou mais. Sofria também de uma tendência compulsiva a discussões e uma predileção por minúcias filosóficas que era quase insuportável apesar de sua grande inteligência" (§ 546).

21. Em "The Realities of Modern Psychotherapy" Jung afirmou: "O primeiro assumiu a forma de uma excitação indefinível na região perineal" (§ 551).

disparate – e, no entanto, ela ficou tão impressionada que começou a esculpir o elefante em marfim. Depois apareceram sintomas orgânicos: teve úlceras no útero e precisei enviá-la a um ginecologista. Por meses não foi possível curar aquilo; tentaram tudo e mais alguma coisa e, sempre que ela tinha algum sonho um tanto persistente, as coisas pioravam. Durante pelo menos cinco meses sua condição permaneceu assim e então começou outro conjunto de sintomas. Ela desenvolveu poliuria, uma quantidade insuportável de líquido; ela mal e mal conseguia conter a urina[22]. Depois a mesma quantidade de fluido desenvolveu-se também no cólon e nos intestinos e provocava tanto ruído que, quando eu estava fora da sala e deixava a porta aberta, podia ouvi-lo. O som era o de um riozinho escorrendo por uma escada e durava cerca de dez minutos. Junto com isso havia ataques agudos de diarreia – novamente tratava-se de fluxos de água aparentemente sem nenhuma causa; simplesmente acontecia. Ao mesmo tempo ela amava realmente um homem, mas nem podia pensar em casar com ele. E então passou-lhe pela cabeça a ideia de que eu, ou as circunstâncias, podíamos persuadi-la a casar e ter um filho, mas isso era impossível. Durante um ano inteiro ela lutou contra esta ideia, até desenvolver um sintoma totalmente novo. Ela sentiu como se o crâneo tivesse amolecido no topo, como

---

22. Em "The Realities of Modern Psychotherapy" Jung afirmou: "Psicologicamente o sintoma significava que algo precisava 'ser expresso'. Por isso, confiei-lhe a tarefa de expressar em desenhos tudo o que sua mão lhe sugerisse. Ela nunca desenhara antes e aplicou-se à tarefa com muitas dúvidas e hesitação. Mas agora tomaram forma por sua mão flores simétricas, vivamente coloridas e dispostas em padrões simbólicos. Ela fez estas pinturas com grande cuidado e com uma concentração que só posso considerar devota" (§ 553).

se a fontanela estivesse se abrindo – como uma criança cujo crâneo ainda não se fechara – e que algo semelhante a um pássaro descia das alturas com um bico longo e entrava nela pelo crâneo, encontrando-se com algo que subia de baixo. Quando isso aconteceu, tudo se clareou e ela se casou e teve filhos. Essa foi a sintomatologia do caso e foi isso que me obrigou a examinar cuidadosamente as coisas; tive a ideia de que algo desse tipo existia no Oriente. Foi pouco depois de ser publicado o livro de Avalon *The Serpent Power*[23] e ali encontrei o paralelo. Como vocês podem ver, primeiro houve o elefante no *mûlâdhâra*, em seguida o *svâdhisthâna*, a região da água, e depois disso o centro emocional, o *manipûra*; e então o processo seguiu seu curso – algo desceu do alto e isso causou a dissolução. No início isso me parecia muito obscuro; não conseguia entender o que aconteceu. Mas posteriormente compreendi que se tratava do despertar a partir do alto e ela pôde desvencilhar-se do labirinto da floresta exótica. Ela pôde objetivar a psicologia indiana que lhe fora enxertada com o leite daquela *ayah* e através da sugestão de seu entorno. Conseguiu libertar-se pela objetividade e pôde aceitar a vida europeia. E, muito na-

---

23. *The Serpent Power* foi publicado em 1919. O exemplar na biblioteca de Jung é a primeira edição. Em "The Realities of Modern Psychotherapy" Jung afirmou: "Como vocês podem ver, é totalmente impossível que a paciente conhecesse o livro de antemão. Mas poderia ela ter pinçado uma coisa ou duas da *ayah*? Eu considero isso improvável, porque o tantrismo, e em particular a ioga kundalini, é um culto restrito à Índia meridional e tem relativamente poucos adeptos. Além disso, é um sistema simbólico extremamente complicado que ninguém pode compreender se não tiver sido iniciado nele ou, pelo menos, feito estudos especiais neste campo" (§ 559). Jung superestimou a obscuridade da ioga Kundalini – por exemplo, Swami Vivekânanda incluiu um relato dos chacras e dos meios de despertar a Kundalini na 5ª edição de seu *Yoga Philosophy: Lectures Delivered in New York, Winter of 1895-1896* (Nova York, 1899), sem, no entanto, entrar em detalhes sobre sua iconografia.

turalmente, ela objetivou todo o processo nos mais belos mandalas. Ora, os mandalas são realmente chacras, embora em nossa experiência não existam não apenas seis, mas inúmeros mandalas. Mas eles deviam ser dispostos como os chacras, um acima do outro. Os primeiros estão geralmente conectados com o *mûlâdhâra* e depois sobem gradualmente e terminam em analogias com o centro *âjñâ*, ou até com o *sahasrâra*, o mais alto, o sétimo centro – de certa forma eles são realmente equivalentes.

Desde então tive diversas experiências e encontrei certa regularidade nelas: ficou muito claro que certo conjunto de mandalas, ou condições psicológicas, pertencia à psicologia da região do *mûlâdhâra*, ou seja, uma espécie de completa inconsciência, na qual a pessoa vive apenas instintivamente. Em seguida, a próxima região é a do diafragma e a terceira é o coração. Ora, entre os índios Pueblo do Novo México fiz amizade com um homem interessante que presidia as cerimônias religiosas. Ele me confessou que eles acreditavam que todos os americanos eram loucos porque diziam que pensavam com a cabeça, ao passo que os índios sabiam que o normal é pensar com o coração. Olhei fixamente para ele e então me lembrei, naturalmente, que a descoberta de que a cabeça é a sede da mente só ocorreu em períodos relativamente tardios da civilização. E os índios Pueblo já são civilizados – são realmente descendentes dos nossos antepassados astecas; eles têm certa cultura. Os gregos dos tempos homéricos situavam seu pensamento um pouco abaixo do coração, no diafragma. Outra palavra para diafragma é *phren*, a palavra grega para designar a mente; e a mesma raiz está no nome da doença mental chamada esquizo*frenia*, que significa uma divisão da mente. Portanto, nos tempos homéricos a localização física da mente estava na região do diafragma. Sua consciência se estendia ao ponto de poderem observar os conteúdos psicológicos na medida em que estes influenciavam a espiração. E certos povos negros situam a sede de suas emoções e pensamentos no abdômen. Eles têm consciência na medida em que notam os conteúdos que afetam as funções dos intestinos abdominais. Quando temos pensamentos ou sentimentos desagradáveis, nosso estômago fica indisposto. Temos ainda icterícia quando reprimimos uma cólera violenta e todos os casos de histeria perturbam os órgãos digestivos, porque originalmente os pensamentos mais profundos e importantes estavam ali. Portanto, estas são três localizações da consciência que ainda podem ser rastreadas historicamente, por assim dizer.

Também os chacras intermédios, que se caracterizam pela ausência de união entre o *linga* e a *yoni*, podem ser rastreados. Fiz recentemente algumas observações a respeito do *vishuddha*, por exemplo. O chacra *anâhata*, evidentemente, é o centro do ar, que coincide obviamente com o fato de os pulmões estarem situados ali; e está situado acima do diafragma, o que significa que se alcançou um estado mais elevado de consciência. O coração é sempre associado aos sentimentos ou à mente; por isso, como vi também por experiência prática, o *anâhata* é o centro da consciência, dos sentimentos e dos pensamentos, que podem ser expelidos na respiração. Porque os sentimentos também saem na respiração; podemos expressá-los – nós pressionamos e o sentimento sai na forma de som. Era esse o método original de invocar os deuses. Temos uma descrição disto na liturgia mitraica onde se diz: "Segura teus dois flancos e pressiona-os com toda a força e grita como um bezerro", de modo que os deuses possam ouvir-te[24]. Como vocês podem ver, esta é uma espécie de expressão consciente de sentimentos e pensamentos. Ora, trata-se de algo muito primitivo, mas a maioria de nós ainda se encontra neste nível. Expressamos sentimentos e pensamentos como se estivéssemos apenas cuspindo-os, sem dar-nos conta minimamente do que estamos fazendo. Como vocês sabem, muitas pessoas não têm a menor ideia do que estão dizendo, ou do que estão fazendo a outras pessoas ao emitir assim seus pensamentos e sentimentos. Vejo isto o tempo todo. Portanto, a vida do pensamento e do sentimento neste estágio ainda não é tão consciente a ponto de merecer o nome de consciência, o que provavelmente explica o fato de que o si-mesmo está apenas começando a ser visível a partir do *anâhata*.

O estágio seguinte é a condição purificada. Como vocês podem ver, o ar pertence à terra. Aqui estamos caminhando no ar, mas acima está a região do éter, que nós não alcançamos e que é o pensamento abstrato expresso em linguagem humana. A região etérea é a laringe humana: a fala vem aparentemente da garganta e a fala é a vida da palavra. A palavra que sai de nós carrega o sentido; ela faz coisas. Muitas vezes ficamos tremendamente surpresos quando as pessoas se encolerizam e interpretam mal o que dizemos – "e então eu disse e ela disse" – e a pessoa se sente totalmente inocente; ela simplesmente

---

24. Cf. DIETRICH, Albrecht. *Eine Mithrasliturgie* (Uma liturgia de Mitra). Leipzig, 1903.

teve um pensamento e não consegue compreender o que aconteceu depois. Assim o homem aprendeu lentamente que a palavra tem existência; ela é como um ser alado que levanta voo e tem efeitos mágicos, um ser abstrato, absolutamente purificado da mistura das regiões inferiores.

Mas o estranho é que vi representações do *âjñâ*, que é a coisa mais elevada que se pode imaginar, algo que está até além da palavra alada. Uma pessoa pode imaginar que ela se introduz numa palavra e se *torna* uma palavra, como Jesus, que se tornou o Logos. Ele se desligou do Deus Criador e voou para o mundo, brilhando como uma luz. Alguém pode tornar-se uma coisa tão desligada a ponto de já não ter contato com a terra. Ele seria tão criativo como um ser com asas douradas num globo ou num ovo – completamente independente. Eu vi realmente uma representação semelhante. Como vocês se lembram, o chacra *âjñâ* é o mandala de duas pétalas, que se parece com a semente alada de certas árvores. Ele é totalmente purificado de qualquer aderência à terra; carece praticamente de toda substância e é uma luz branca totalmente pura. De modo que se tem a impressão de algo que realmente criou asas. E eu penso que a ideia do ovo alado, ou o *homunculus* na segunda parte do *Fausto*, o homenzinho artificial que voa para cá e para lá em sua retorta, é realmente a antecipação dessa possibilidade – um homem que se criou novamente de uma forma nova, como o antigo alquimista produzia um homenzinho em sua retorta. Também isto é para mim um símbolo do centro *âjñâ*.

Ora, esta é evidentemente uma abordagem totalmente empírica. Em nosso simbolismo ocidental, ela soa banal ou grotesca, muito longe da perfeição absoluta do Oriente, com seu estilo específico, sua beleza específica. Nós estamos neste estágio da experiência bruta e do material ordinário bruto; estamos longe de qualquer diferenciação – estamos apenas começando a ver que também nós temos certas experiências que se aproximam desse tipo de simbolismo. Também nós sabemos alguma coisa a respeito do simbolismo da cor – por exemplo, que os diferentes estágios são sempre simbolizados por cores diferentes. Sabemos que todas essas coisas vermelhas pertencem à região abaixo do diafragma, onde não existe ar; e, quando o vermelho se torna mais suave, nos encontramos um pouco acima do diafragma e quando ele desaparece e predomina o azul, estamos nos aproximando das regiões gélidas da consciência desapegada. E sabemos que as cores sombrias significam obscuridade, ou mal, ou medo, ou matéria pesada. E as cores suaves sempre dão a ideia de coisas diferenciadas, de coisas que são fáceis, às vezes até fáceis, e desapegadas. Portanto, temos toda uma série de cores com sentidos quase típicos.

Todas essas outras peculiaridades dos chacras orientais – as letras, os sons, os mantras, os deuses diferenciados – tudo isso, evidentemente, está faltando completamente em nossa experiência. Mas é absolutamente normal que cada mandala tenha um centro, no qual existe algo que não podemos captar; tentamos captá-lo, mas ele é sumamente evasivo. Como vocês podem ver, o homem sempre sentiu algo que escapa de seu domínio e está distante; e que não é uma coisa ordinária, é sempre algo demoníaco. Por exemplo, quando certo animal sempre lhe escapa, quando ele nunca consegue capturá-lo, o índio pele-vermelha diz: "Esse não é um animal bom;

é um animal feiticeiro e nunca deve ser capturado". Um animal feiticeiro é como um lobisomem; ele é divino ou demoníaco. Por isso, em nossa psicologia as coisas que não podemos captar são geralmente as coisas às quais atribuímos uma espécie de atributo divino. Por isso, o centro de um mandala, que é o objetivo pelo qual se desenha todo o mandala, é justamente a coisa que escapa, que não pode ser manietada; a pessoa sempre se decepciona com ela. No centro está o deus invisível.

Além disso, em cada mandala encontramos inevitavelmente o elemento masculino e o elemento feminino claramente assinalados, como ocorre aqui com a *devî* ou Shakti. E vocês se lembram, por exemplo, que Kundry, na lenda de Parsifal, é também representada com garras, como Shakti[25]. Nas localizações inferiores de nossa psicologia existe algo sumamente terrível e sedento de sangue. As emoções nesse nível não são mitigadas por algum tipo de raciocínio; ali as pessoas têm emoções e rasgam tudo em pedaços porque elas próprias estão esfarrapadas, a mulher pelo *animus* e o homem pela *anima*. Precisamos levar em conta um novo tipo de chacra. No caso de uma mulher, precisamos introduzir o *animus*. O *animus* é também uma coisa com garras. Também aqui temos paralelos no fato de que estas figuras nunca estão nem estarão no centro, porque são coisas já conhecidas – são as ilusões, ou *Mâyâ*, de deuses. Na psicologia de um mandala ocidental, o deus é o mais excêntrico poder do eu, o "meu" poder, assim como o *bindu-deva* e a Shakti

---

25. Sobre o significado da lenda de Parsifal para Jung, cf. HAULE, John. "Jung's Amfortas Wound". *Spring: A Journal of Archetype and Culture* 53 (1992), p. 95-112.

estão geralmente num canto, longe do centro. Ele é o "meu" poder, mas é movido por um poder divino invisível situado no centro; no centro está o grande e o outro é o pequeno. Como diz Fausto, o homem é o pequeno deus do mundo. Eu sou apenas o *bindu*, mas a letra *bîja*, a coisa real, é o si-mesmo e tudo o que faço é movido ou causado pelo *bîja-deva*. Assim compreendemos imediatamente esta parte do simbolismo oriental, apesar do fato de que, em nossos mandalas, ele nunca se encontra desta forma, porque não sabemos o que os deuses são. Nós não temos a mais pálida ideia de Deus, temos apenas uma concepção filosófica do *summum bonum* representado no Deus cristão no céu, que não podemos imaginar adequadamente e, por isso, não podemos expressar em nossos mandalas. Poderíamos falar, evidentemente, por diversos séculos, mas outras pessoas deverão fazê-lo – eu não viverei tanto tempo.

Professor Hauer: Eu estive sumamente interessado, foi muito esclarecedor – e penso que, se tomarmos justamente os elementos psíquicos, essas experiências podem nos ajudar muito para a criação de novos mandalas. Eu talvez não concorde com a totalidade das explicações, mas em grande medida concordo com o fato de que existem primeiramente centros fisiológicos, depois centros psíquicos e assim por diante. Suponho que, para os iogues indianos, seria uma grande coisa ouvir o Dr. Jung; isto os ajudaria a pôr esses chacras novamente em movimento, porque eles os transformaram numa condensação metafísica e não veem nem sentem tanto seu aspecto psíquico, e é muito importante acessar este aspecto. Mas, evidentemente, o desenvolvimento na Índia foi em sentido contrário, em direção à metafísica. Houve, em minha opinião, duas causas para criação do mandala do coração. Em primeiro lugar, através de certas experiências no coração; as grandes intuições não vieram através do pensamento, como se diz milhares de vezes nos Upanixades. Eles sentiram que a intuição mais profunda – que sempre representa o poder criativo na Índia – vinha do coração. Além disso, estou certo de que fisiologicamente a respiração teve alguma influência sobre a composição; e por fim, evidentemente, eles enveredaram pelo o metapsíquico e o metafísico. E penso que o estudo do simbolismo da ioga tântrica pode ajudar-nos a avançar na direção do metapsíquico e do metafísico. Porque, como eu o vejo, cada centro tem um aspecto psíquico e um aspecto físico, bem como o aspecto metafísico e o aspecto metapsíquico. Isto é mostrado nas letras e assim por diante e também nos *bîjas*. Além disso, os deuses são algo psíquico como também metapsíquico e metafísico. Por isso eu diria que, se trabalharmos juntos a partir de lados diferentes, o iogue vindo de cima, digamos...

Dr. Jung: E eu de baixo!

Professor Hauer: Então pode ocorrer o grande acontecimento, como ocorreu com aquela moça, sua paciente. Quando as duas coisas se juntam, nascerá a criança. Por isso, espero que algo surgirá do trabalho que aqui fizemos.

Apêndice 4: Shat-chakra--nirûpana

Verso preliminar

Agora falo da primeira floração (primeiros passos que levam à libertação, isto é, o conhecimento dos chacras, nâdîs etc.) para realização completa de Brahman, que deve ser alcançada de acordo com os tantras, por meio dos seis chacras e assim por diante em sua própria ordem (krama).

Verso 1

No espaço externo do meru (coluna vertebral) situam-se à esquerda e à direita os dois shirâs (nâdîs), shashi (idâ) e mihira (pingalâ). A nâdî sushumnâ, cuja natureza é de três gunas, está no meio. Ela tem a forma da lua (citrinî), do sol (vajrinî) e do fogo. Em seu corpo, os chacras assemelham-se a uma série de flores de trombeta. A sushumnâ se abre do meio do kanda até à cabeça; o vajra em seu interior se estende, resplandecente, do medhra (órgão genital) à cabeça.

Verso 2

Dentro dele (vajra) está a citrinî, que brilha com o resplendor do pranava (Om) e é alcançável na ioga pelos iogues. Ela (citrinî) é sutil como um fio de uma aranha e perfura o pericarpo dos seis lótus e brilha como um fio amarrado com joias preciosas. É pura inteligência. Dentro dela (citrinî) está o brahma-nâdî, que se estende do orifício no topo do svayambhu-linga no mûlâdhâra até o interior do supremo bindu.

Verso 3

Ela (citrinî) é bela como uma corrente de relâmpagos e fina como uma fibra de lótus e brilha nas mentes dos sábios. Ela é extremamente sutil; o despertar do puro conhecimento; a personificação de toda bem-aventurança, cuja verdadeira natureza é pura consciência. O brahma-dvâra brilha em sua boca. Esta é a região irrigada pelo néctar; e é chamado (granthi-sthânam) o local da união da sushumnâ e do kanda, como também a boca da sushumnâ.

Verso 4

Agora chegamos ao adhara lótus (chacra mûlâdhâra). Ele está anexado à boca da sushumnâ e está situado abaixo do órgão genital e acima do ânus. Possui quatro pétalas de coloração carmesim. Sua cabeça (boca) está voltada para baixo. Em suas pétalas estão as quatro letras de Va até Sa, de cor dourada brilhante.

Verso 5

Neste (lótus) está a parte quadrada do chacra (que representa o elemento terra, prithvî) circundado por oito lanças cintilantes. É de cor amarela brilhante e bela como o relâmpago, como também é o bîja de dharâ (elemento terra, prithvî) que está no interior.

Verso 6

Ornado com quatro braços e montado no rei dos elefantes, ele (bîja) carrega no topo o menino criador, resplandecente como o jovem Sol, que tem quatro braços brilhantes, e com a riqueza de suas quatro faces.

Verso 7

Aqui mora a Deusa (devî) chamada Dâkinî; seus quatro braços brilham com beleza e seus olhos são vermelhos e cintilam. Ela é resplandecente como a luminosidade de muitos sóis nascendo ao mesmo tempo. É portadora da revelação da inteligência eternamente pura.

Verso 8

Perto da boca da nâdî chamada Vajrâ, e no pericarpo (do Âdhâra Lótus), brilha constantemente o triângulo lindamente luminoso e suave, semelhante a um raio que é kâmarûpa, conhecido como Traipura (Devî). Há sempre e em toda parte o Vâyu chamado Kandarpa, que é de um vermelho mais profundo que a flor bandhujîva e é o Senhor dos Seres e resplandecente como dez milhões de sóis.

Verso 9

Dentro dele (o triângulo) está svayambhu em sua forma de linga, belo como ouro líquido, com a cabeça voltada para baixo. É revelado pelo conhecimento (jñâna) e pela meditação (dhyâna) e tem a forma de um rebento. É belo como os primeiros raios de luz serenos do relâmpago e o encanto da lua cheia. Ele que reside feliz aqui como em Kasi (Varanasi) gira como um redemoinho.

Versos 10/11

A Kundalini adormecida brilha como a fina fibra do caule de lótus sobre ele (svayambhu-linga). Ela é mâyâ (ilusão) cobrindo gentilmente com sua face a boca de Brahma-dvâra. Como a espiral de uma concha, sua forma brilhante de serpente gira três vezes e meia em volta de shivalinga e seu brilho é como o de um forte relâmpago de raios fortes. Seu suave murmúrio é como o zumbido de um enxame de abelhas. Ela produz poesia melodiosa e outras composições em prosa e em verso em sequência ou de outra forma em sânscrito e em outras línguas. É ela quem mantém todos os seres do mundo por meio de inspiração e expiração, e brilha na cavidade da raiz do lótus como uma corrente de luzes brilhantes.

Verso 12

Dentro dele (svaymbhu-linga, em torno da qual a Kundalini está enrolada) reina a Parâ, a Shrî-Parameshvarî, o despertar do conhecimento eterno. Ela é a Kalâ (uma forma de nâda shakti) onipresente que é maravilhosamente hábil em criar e é mais sutil que o ser mais sutil. Ela é o receptáculo daquele fluxo contínuo de néctar que flui da felicidade eterna (Brahman). Por seu esplendor é que que todo este universo é iluminado.

Verso 13

Meditando na (Shri-Parameshvari) que brilha dentro do mûlâ-chacra, com o brilho de dez milhões de sóis, o homem torna-se senhor da fala e rei entre os homens e versado em todos os tipos de ciência. Ele fica, definitivamente, livre de todas as doenças e seu espírito mais profundo se enche de grande alegria. Assim, puro de disposição por suas palavras equilibradas e profundas, ele serve plenamente ao principal dos devas.

Verso 14

Existe outro lótus (svâdhistâna) situado dentro da sushumnâ na raiz dos órgãos genitais, de uma bela cor escarlate. Em suas seis pétalas estão as letras ba, bha, ma, ya, ra, la, com o bindu sobreposto, da cor brilhante de um raio.

Verso 15

Dentro dele (svâdhistâna) está a região branca, brilhante e líquida de Varuna, em forma de meia-lua, e nela, sentado em um makara, está o bîja vam, imaculado e branco como a lua de outono.

Verso 16

Oxalá Hari (Vishnu), que está dentro dele (bindu do bîja vam) na altivez de sua juventude, cujo corpo é de um azul luminoso belo de se ver, que está vestido com roupas amarelas, de quatro braços, e traja o shrî-vatsa (marca no peito de Vishnu, onde reside sua consorte Lakshmî) e o kaustubha (grande joia que simboliza a pura consciência brilhando), nos proteja!

Verso 17

É aqui (no svâdisthâna) que Râkinî sempre mora. Ela é da cor de um lótus azul. A beleza de seu corpo é manifestada por seus braços erguidos, segurando várias armas. Ela traja roupas e ornamentos celestes e sua mente é exaltada com o consumo do néctar.

Verso 18

Aquele que medita sobre este Lótus imaculado, chamado svâdhisthâna, é imediatamente libertado de todos os males, que surgem do ahamkâra (eu) e assim por diante. Ele se torna um Senhor entre os iogues e é como o sol que ilumina a densa escuridão da ignorância. A riqueza de suas palavras flui como néctar em prosa e verso.

Verso 19

Acima dele (svâdhistâna), e na raiz do umbigo, está o brilhante lótus de dez pétalas (manipûra), da cor de nuvens de chuva pesadas. Dentro dele estão as sílabas de Da até Pha, da cor do lótus azul com o nâda e o bindu acima deles. Medite ali na região do fogo, de forma triangular e brilhante como o sol nascente. Do lado de fora existem três marcas da suástica e, dentro, o próprio bîja do vahni, isto é, bîja do fogo.

Verso 20

Medite sobre aquele que está sentado num carneiro, com quatro braços, radiante como o sol nascente. No seu topo habita eternamente Rudra, que é de uma coloração escarlate pura. Ele (Rudra) é branco com as cinzas que o cobrem; com um aspecto de venerável ancião com três olhos, suas mãos estão colocadas na atitude de conceder benefícios e de dissipar o medo. Ele é o destruidor da criação.

Verso 21

Aqui reside Lâkinî, a benfeitora de todos. Ela tem quatro braços, é de corpo radiante, com pele de cor azul profundo, vestida com roupas amarelas e coberta com vários ornamentos é exaltada pelas gotas de néctar. Meditando sobre este lótus do umbigo adquire-se o poder de destruir e criar o mundo. Vani (Saravatî), com toda a riqueza do conhecimento, mora eternamente neste lótus com seu símbolo (representado pelo bîja ram).

Verso 22

Acima dele, no coração, está o encantador lótus (Anâhata) de cor brilhante da flor bandhûka, com as doze sílabas que começam a partir de Ka, de cor escarlate (colocada em suas pétalas). É conhecido pelo nome de Anâhata e é semelhante à árvore dos desejos celestes, que concede ainda mais do que se pede. A região do Vâyu, bela e com seis cantos, é semelhante à fumaça.

Verso 23

Medite no doce bîja yam cinzento como uma nuvem de fumaça, que tem quatro braços e está sentado num antílope preto. E dentro dele também (medite) sobre a morada da misericórdia, o Senhor imaculado que brilha como o Sol e cujas duas mãos fazem os gestos que concedem benefícios e dissipam os temores dos três mundos.

Verso 24

Aqui reside Kâkinî, de cor amarela como os primeiros relâmpagos, alegre e auspiciosa; tem três olhos e é benfeitora de todos. Ela usa todo tipo de ornamentos e, nas quatro mãos, carrega o laço e o crâneo e faz o sinal da bênção e o sinal que dissipa o medo. Seu coração se enternece com as gotas de néctar.

Verso 25

A Shakti, cujo corpo delicado se parece com dez milhões de relâmpagos, está no pericarpo deste Lótus, na forma de um triângulo (Trikôna). Dentro do triângulo está o Shiva-Linga conhecido pelo nome de Bâna. Este Linga é como ouro brilhante e na cabeça dele há um minúsculo orifício como o da perfuração de uma joia. Ele é a morada resplandecente de Lakshmî.

Verso 26

Quem medita neste Lótus do Coração torna-se (como) o Senhor da fala e (como) Îshvara é capaz de proteger e destruir os mundos. Este lótus é como a árvore celeste dos desejos, a morada e sede de Sharva (Shiva). Ele é embelezado pelo Hamsa (Jîvâtmâ), que é como a chama afinada e constante de uma lâmpada num lugar sem vento. Os filamentos que circundam e adornam seu pericarpo, iluminados pela região solar, encantam.

Verso 27

Como um rei entre os iogues, sempre sábio e cheio de ações nobres, é mais querido que os mais queridos pelas mulheres. Seus sentidos estão sob controle. Sua mente em intensa concentração é absorvida em Brahman. Suas palavras inspiradas fluem como um fluxo de água límpida. Ele é como o Devatâ, que é amado por Lakshmî e pode, à vontade, entrar no corpo de outra pessoa.

Versos 28/29

Na garganta está o lótus chamado Vishuddha, que é puro e de coloração roxa esfumaçada. Estão colocadas em suas (dezesseis) pétalas todas as (dezesseis) vogais, de coloração carmesim brilhante; são claramente visíveis para ele cuja mente (Buddhi) é iluminada. No pericarpo deste lótus está a região celestial de forma circular e branca como a lua-cheia. Sobre um elefante branco como a neve está sentado o Bîja de Ambhara (Região Celeste), que é de cor branca.

De seus quatro braços, dois seguram o laço e o aguilhão e os outros dois fazem os gestos conceder benefícios e dissipar o medo. No topo dele, sempre fica o grande Deva, branco como a neve, com três olhos e cinco faces, com dez belos braços e trajando a pele de um tigre. Seu corpo está unido ao de Girijâ (título da Devi que significa filha do Rei da Montanha) e é conhecido pelo que seu nome, Sadâshiva, significa (sempre compassivo).

Verso 30

Mais pura do que o oceano de néctar é a Shakti Sâkinî, que habita neste Lótus. Seu traje é amarelo e, nas quatro mãos de lótus, ela carrega o arco, a flecha, o laço e o aguilhão. Toda a região da Lua sem a marca do hare (homem da lua) está no pericarpo deste Lótus. Esta (região) é o portal da grande libertação para quem deseja a riqueza da ioga e cujos sentidos são puros e controlados.

Verso 31

Aquele que alcançou o conhecimento completo do Âtmâ (Brahman) torna-se, pela constante concentração de sua mente (Citta) neste Lótus, um grande Sábio, eloquente e conhecedor (de todos os shastras), desfrutando de ininterrupta paz de espírito. Ele vê os três períodos (presente, passado e futuro) e se torna o benfeitor de todos os seres vivos. Livre de doenças e do sofrimento, tem vida longa e, como Hamsa (Antarâtmâ, que habita o pericarpo do chacra Sahasrâra), é o destruidor dos perigos eternos.

Verso 31A

O iogue, com a mente constantemente refletindo nesse lótus, com a respiração controlada por kumbhaka, em seu furor é capaz de mover todos os três mundos. Nem Brahmâ, nem Vishnu, nem Hari-Hara, nem Sûrya, nem Ganapa (Ganesha) são capazes de controlar seu poder.

Verso 32

O lótus chamado Âjñâ, como a lua, é lindamente branco. Em suas duas pétalas estão as sílabas Ha e Ksa, que também são brancas e realçam sua beleza. Brilha com a glória de Dhyâna. Dentro dele está Shakti Hâkinî, cujas seis faces são como muitas luas. Ela tem seis braços, num dos quais segura um livro; outros dois estão erguidos nos gestos de dissipar o medo e conceder benefícios e com os outros ela segura um crâneo, um pequeno tambor e um rosário. Sua mente é pura (Shuddha-Cittâ).

Verso 33

Dentro deste Lótus habita a mente sutil (Manas). Isso é bem conhecido. Dentro da Yoni, no pericarpo está Shiva chamado Itara, em sua forma fálica. Ele aqui brilha como uma corrente de relâmpagos. O primeiro Bîja do Veda (Om), que é a morada da mais sublime Shakti e que com seu brilho torna visível o Brahma-sûtra (nâdî citrinî), também está localizado ali. O Sâdhaka com mente firme deve meditar sobre eles de acordo com a ordem (prescrita).

Verso 34

O ilustre Sâdhaka, cujo Âtmâ nada mais é do que uma meditação sobre este Lótus, é capaz de entrar rapidamente no corpo de outra pessoa e se torna o supremo entre os Munis; ele tudo sabe e tudo vê. Ele se torna o benfeitor de todos e é versado em todos os shâstras. Ele percebe sua unidade com Brahman e adquire poderes magníficos e desconhecidos. Célebre e com vida longa, ele se torna o criador, destruidor e preservador dos três mundos.

Verso 35

Dentro do triângulo deste chacra está a combinação de letras A e U que formam o Pranava (Om), o Bîja mantra do chacra Âjñâ. O Âtmâ interior é como uma mente pura (Buddhi) e se assemelha a uma chama em seu esplendor. Acima dele está a lua crescente e acima dela está

Ma-kâra (a letra M), brilhando em sua forma de Bindu. Ainda, acima dela, está o Nâda difundindo seus raios.

Verso 36
Quando o iogue fecha a casa que permanece sem suporte (i. é, quando ele rompe as conexões da mente com o mundo físico através da yoni-mudrâ), o conhecimento adquirido pela bondade de um grande Guru, e quando o Cetas (consciência do mundo exterior), pela prática constante, se dissolve no mesmo local (âjñâ-chacra) da morada da felicidade ininterrupta, então ele vê dentro do ponto acima (do triângulo) centelhas de fogo brilhando claramente.

Verso 37
Ele vê também a luz que tem a forma de um lampejo flamejante. É resplandecente como brilha claramente o sol da manhã que reluz entre o céu (Sahasrâra) e a terra (Mûlâdhâra). É aqui que Param Shiva manifesta a plenitude de seu poder. Ele não conhece nenhuma decadência e testemunha tudo e está aqui como está na região do Fogo, da Lua e do Sol (Sahasrâra).

Verso 38
Esta é a morada incomparável e agradável de Vishnu. O excelente iogue, na hora da morte, alegremente coloca seu último hálito vital (Prâna) aqui e entra (após a morte) no Supremo, Eterno, Sem-nascimento, Primevo Deva, o Purusha, que existia antes dos três mundos e é conhecido pelo Vedanta.

Verso 39

Quando as ações do iogue, boas em todos os aspectos, forem realizadas através do serviço aos pés de lótus de seu Guru, então ele verá acima dele (ou seja, Âjñâ-chacra) a forma do Mahânâda (Grande Nada) e então ele terá para sempre o lótus de sua mão, o siddhi da palavra. O Mahânâda, que é o lugar da dissolução do Vâyu, é a metade de Shiva e tem a forma de arado; é sereno, concede benefícios, dissipa o temor e manifesta uma inteligência pura (Buddhi).

Verso 40

Acima de todos estes, no espaço vago onde passa a shankhinî nâdî e abaixo do Visarga (Porta de Brahma) está o lótus de mil pétalas (sahasrâra). Este lótus brilhante é mais branco do que a lua-cheia e tem a cabeça voltada para baixo. Ele encanta as pessoas. Seus filamentos agrupados são tingidos com a cor do sol nascente. Seu corpo é luminoso com as letras começando com A; ele é a absoluta bem-aventurança.

Verso 41

Dentro dele (Sahasrâra) está a lua-cheia, sem a marca do hare (homem da lua), resplendente como um céu aberto. Ele lança seus raios em profusão e é úmido e tem o frescor do néctar. Dentro dele (Candra-mandala), brilhando continuamente como a luz, está o Triângulo e dentro dele, novamente, brilha o Grande Vazio (Bindu), que é fornecido secretamente por todos os Devas.

Verso 42

Bem oculto e atingível apenas por grande esforço, está este sutil Bindu (a "fase" da lua que representa Nirvâna), com Ama Kalâ (sua fase de gotejar néctar). Aqui está o Deva que é conhecido por todos como Parama-Shiva. Ele é o Brahman e o Âtmâ de todos os seres. Nele estão unidos Rasa (a experiência da suprema bem-aventurança) e Virasa (fruto glorioso da união de Shiva com Shakti). Ele é o Sol que destrói as trevas da ignorância e da ilusão.

Verso 43

Ao lançar seu fluxo constante e generoso de uma essência semelhante ao néctar, o Bhagavân instrui o Yati (intensa concentração no Devatâ) da mente pura no conhecimento pelo qual ele realiza a unidade do Jîvâtmâ e do Paramâtmâ. Ele impregna todas as coisas como seu Senhor, e que está sempre difundindo e espalhando uma corrente de todas as formas de glória conhecida pelo nome de Parama-hamsa).

Verso 44

Os Shaivas o denominam morada de Shiva; os Vaishnavas o denominam Parama Purusha; os devotos de ambos o denominam Hari-Hara. Aqueles que estão cheios de paixão pelos pés de lótus da Devî o denominam bela residência da Devî; e outros grandes sábios (adoradores do Hamsa) o denominam lugar imaculado de Prakriti-Purusha.

Verso 45

O mais excelente dos homens, que conseguiu controlar sua mente e conhecer este lugar, não renascerá no Samsâra, pois não existe mais nada que o prenda a esses três mundos. Com a mente controlada e o seu objetivo alcançado, ele possui poder total para fazer tudo o que deseja e impedir o que é contrário à sua vontade. Ele sempre se move em direção a Brahman. Sua fala, seja em prosa ou em verso, é sempre pura e doce.

Verso 46

Aqui está a excelente décima sexta Kalâ (fase) da Lua nascente (Amâ-Kalâ). Ela é pura e se assemelha (em cores) ao Sol nascente. Ela é tão fina quanto a centésima parte de uma fibra do caule de uma flor de lótus. Ela é reluzente e suave como dez milhões de relâmpagos e está voltada para baixo. Dela, cuja fonte é Brahman, flui copiosamente uma interminável corrente de néctar (ou: Ela é o receptáculo da corrente do excelente néctar que provém da bem-aventurada união de Shiva e Shakti).

Verso 47

Dentro dela (Amâ-kalâ) está Nirvâna-kalâ, superior à excelente (Amâ-kalâ). Ela é tão fina quanto a milésima parte de um fio de cabelo e tem o formato da lua crescente. Ela é a sempre eterna Bhagavatî, a Devatâ que permeia todos os seres. Ela concede eterno conhecimento divino e é tão brilhante quanto a luz de todos os sóis brilhando ao mesmo tempo.

Verso 48

Dentro de seu espaço intermediário (ou seja, no meio do Nirvâna-kalâ) brilha a Suprema e Primordial Nirvâna-Shakti. Ela é tão brilhante como dez milhões de sóis e é a Mãe dos três mundos. Ela é extremamente sutil e como a décimo-milionésima parte de um fio de cabelo. Ela contém dentro de si o fluxo constante de alegria e é a vida de todos os seres. Ela graciosamente leva o conhecimento da Verdade (Tattva) à mente dos sábios.

Verso 49

Dentro dela está o lugar eterno chamado a morada de Shiva, que está livre de Mâyâ, alcançável apenas por iogues; é conhecido pelo nome de Nityânanda. Está repleto de toda forma de bem-aventurança e é o próprio conhecimento puro. Alguns o denominam Brahman; outros o denominam Hamsa. Os homens sábios o descrevem como a morada de Vishnu e os justos falam dele como o lugar inefável do conhecimento do Âtmâ ou o lugar da Libertação.

Verso 50

Aquele cuja natureza é purificada pela prática de Yama, Niyama e similares, aprende pela boca de seu Guru o processo que abre o caminho para a descoberta da grande Libertação. Aquele cujo ser inteiro está imerso no Brahman desperta a Devî pelo Hum-kara que perfura o centro do Linga, cuja boca está fechada e, assim, é invisível; e por meio do Ar e do Fogo (internos) ela é introduzida no Brahmadvâra.

Verso 51

A Devî que é Shuddha-sattva perfura os três Lingas e, tendo alcançado todos os lótus conhecidos como os lótus Brahma-nâdî, brilha neles na plenitude de seu esplendor. Posteriormente, em seu estado sutil, brilhante como o relâmpago e fina como a fibra do lótus, ela se dirige como uma chama para o reluzente Shiva, a Felicidade Suprema, e, de repente, gera a bem-aventurança da Libertação.

Verso 52

O sábio e excelente iogue absorvido em samâdhi, e dedicado aos pés de lótus de seu Guru, deveria levar Kula-Kundalî junto com Jîva a seu Senhor, Para-Shiva, na morada da Libertação dentro do puro lótus e meditar sobre Ela, que concede todos os desejos como Caitanya-rûpâ-Bhagavatî (a consciência de todos os seres). Quando ele assim conduz Kula-Kundalinî, ele deve fazer com que todas as coisas sejam absorvidas nela.

Verso 53

A bela Kundalî bebe o excelente néctar vermelho emitido por Para-Shiva e retorna do lugar onde brilha a Eterna e Transcendente Felicidade com toda a sua glória ao longo do caminho de Kula e novamente entra no mulâdhâra. O iogue que obteve firmeza mental oferece (Tarpana) ao Îshta-devatâ e aos Devatâs dos seis centros (chacra), Dâkinî e outros, com aquela corrente de néctar celestial que está no cerne (Kundalini) de Brahmânda, o conhecimento do que ele obtém através da tradição dos Gurus.

Verso 54

O iogue que, após a prática, aprendeu este excelente método de Yama, Niyama e outros pelos pés de lótus do auspicioso Dikshâ-guru, que é a fonte da alegria ininterrupta e cuja mente (Manas) é controlada, nunca renasce neste mundo (Samsâra). Para ele não há dissolução nem Dissolução final. Alegrado pela realização constante daquilo que é a fonte da Felicidade Eterna, ele se enche de paz e se destaca entre todos os iogues.

Verso 55

Se o iogue que é dedicado aos pés de lótus de seu Guru, com mente imperturbável e concentrada, lê esta obra que é a fonte suprema do conhecimento da Libertação e que é impecável, pura e mais secreta, então com muita certeza sua mente dança aos pés de seu Îshta-devatâ.

Índice

Abdômen
  como localização psíquica 129
África 145, 232
Agni 159, 203
Água
  simbolismo da 142
  cf. tb. Batismo, simbolismo do
Âjñâ
  analogia com o *mûlâdhâra*
    99-100
  aspecto *sthûla* do 184, 187
  aspecto *sûksma* do 188-189
  centro do 200
  consciência no 162, 184
  descrição do 204-205, 269
  e Deus 168-170
  e pensamento puro 179
  e valores suprapessoais 178
  representações do 255
  símbolos de gênero do 246
Alquimia
  analogia com a ioga tântrica
    144
  interpretação de Jung da 63-64
  simbolismo da 133-134
Amitâyur-Dhyâna-Sûtra 35
Anâhata
  aspecto *sthûla* do 187
  centro do 200
  consciência no 184
  descrição do 203, 206
  e a humanidade 149
  e aprendizado 147
  e individuação 138
  emoções do 137
  e o passado 172
  e o *purusha* 137
  e pensamento ocidental 183
  e transição 152-153
  gazela como símbolo do 160
  localização do 129, 133
  nível do 177
  o eu no 139
  simbolismo da cor do 244-246
  simbolismo do 135
  simbolismo do fogo do 146
  símbolos de gênero do 246
Análise
  processo de 156-157, 212-213
Animação
  as imagens 209
Animais 96, 173, 177, 186, 213, 256-257
Animus/anima
  como a Kundalini 107
  definição 237-238
  explicação de 134, 147

279

Antão, S. 207
Ar
  simbolismo do 134, 147
Arquétipos 87, 203, 212
  animação dos 209
  na mente inconsciente 85
  nos sonhos infantis 198
  tese dos 60
Artistic Form and Yoga in the Sacred Images of India (Zimmer) 215
Árvores
  simbolismo das 213
Aspecto *parâ*
  e a metafísica 189
  filosofia do 174
  ponto de vista hindu do 182
Aspecto *sthûla*
  análise do 81-86
  como aspecto pessoal 178, 182
  conceitos da linguagem ocidental do 192
  definição 81n.
  dos chacras superiores 181
  filosofia do 174
Aspecto *sûksma*
  aceitação hindu do 182
  análise 80-88
  como aspecto suprapessoal 178, 188-189
  compreensão consciente do 181
  conceitos da linguagem ocidental do 192
  definição 81n.
  filosofia do 174
Associação Psicanalítica internacional 23
Atanásio de Alexandria 207

Átis
  culto de 98, 101
Avalon, Arthur; cf. Woodroffe, Sir John

Batismo
  simbolismo do 90-100, 121-126, 186-187
Baumann, Hans 102, 135-136, 163, 236, 239
Baynes, C.F. 79, 89, 190
Behaviorismo 30
Bem-aventurança 196, 261
Bhakti-ioga 27
Bharati, Agehananda 27
Bhattacharyya, Narendra Nath 31
Boehme, Jakob 171
Brahman 81, 170, 183, 201
  como começo 183
  conceito oriental *vs.* ocidental 189
Brody, Daniel 57
Buda 131, 196, 213, 233
Budismo 194
Budismo hinayana 195
Budismo mahayana
  desenvolvimento do 195
  doutrina 197

Carma-ioga 27
Carneiro
  como símbolo do *manipûra* 159, 203
Chacras
  e níveis da consciência 199, 216
  enumeração dos 30, 200-205

interpretação psicológica dos 31-32
localização dos 216
localização psíquica dos 129
nos desenhos infantis 198
simbolismo animal dos 158-163
simbolismo da cor dos 244-247
simbolismo de gênero dos 31, 247
simbolismo dos 46, 64, 143, 170, 242, 247
simbolismo psíquico dos 175, 187
transição entre 151-154

Chacra *soma* 200

Ciclo de nascimento, morte e renascimento; cf. Ciclo de renascimento

Ciclo de renascimento
e simbolismo da água 97
na filosofia indiana 26
no tantrismo 28

Citta
análise da 191n., 225-228

Cognição
teoria da 165

Consciência 211
da experiência impessoal 235
e processo de individuação 212
no *âjñâ* 180, 184
no *anâhata* 184
níveis de 198, 216
predeterminação da 198
pura 260
superior 30

Consciência da cabeça
no pensamento ocidental 151, 251

Consciência do abdômen 217

Consciência do diafragma 217, 252

Coração
como sede da alma 198
localização da mente 251

Coward, Harold 61

Cristianismo 40-42, 57, 62, 111, 186, 209, 214, 217
catolicismo 123, 208
Igreja Ortodoxa Grega 89

Cristo 97, 101, 102, 125, 139, 188, 218, 255
discípulos de 218

Crítica da razão pura 87, 165

Dasgupta, Surendranath
sobre filosofia da ioga 26-27
sobre ioga na Europa 40

Deificação
através a contemplação 195

Der Weg zum Selbst (O caminho que leva ao si-mesmo) (Zimmer) 35

Der Yoga: Ein Indischer Weg zum Selbst (Hauer) 59

Desempenho de papéis 229

Desenvolvimento espiritual 194

Deus
conceitos de 167-170

Deutsche Gottschau (Hauer) 57

Devî-Kundalini 198

Dhyanabindu Upanixades 200

Dor
nos ritos de iniciação 130, 147

Egito 124, 135, 199n.

Eidgenössische Technische Hochschule 35

Elefante
    simbolismo do 158-160, 165-166, 167, 169, 202, 247
Eliade, Mircea
    sobre o tantrismo 27
Emoções
    interdependência com os fatos 154
Energia 77, 84, 109, 128, 165, 172, 196
Entelecheia
    efetivação 119
    no crescimento 78
Epistemologia
    reinado da 30
Erotismo
    nos textos tântricos 61
Escola de Sabedoria 23
Espírito 134
Esquizofrenia 117
Essays in Zen Buddhism (Suzuki) 223-224
Eternidade
    simbolismo antigo da 124
Éter
    como símbolo do *vishuddha* 143
Eu 77, 78, 82, 94, 120, 137, 175, 184, 212, 219
    não-eu 169
Eufemismos
    como teoria apotropaica 126
Exercícios religiosos
    como meditação 208
Experiência impessoal
    análise da 114-116, 229, 230
    consciência da 236
    início da 120
Evans-Wentz, Walter 25

"Falo solar"
    homem com 135
Fator psicogênico 161
Feuerstein, Georg
    definição da ioga 27
    sobre Hauer 44
    sobre os chacras 30, 32
Filosofia hindu
    comparada com o tantrismo 27
    e budismo 195
    influências aborígenes sobre 232
    orientação da 195
    origens da 144
Fogo
    como símbolo do *manipûra* 142
Freud, Sigmund 127n., 162
    teoria sexual 90

Gandhi, Mohandas Karamcham
    criação de símbolos por 234
    marcha do sal 20
Gazela
    simbolismo da 160, 161, 165, 247
Goethe
    Fausto 204, 255, 258
Grã-Bretanha
    governo na Índia 19
Gruta
    simbolismo 101

Haggard, Rider
    She 107
Hangsa Upanixades 200
Hannah, Barbara 44, 93, 126, 135, 228, 231

282

Hatha-ioga
  classificação 27
  comparação com a ioga
    kundalini 54
Hauer, Wilhelm
  colaboração com Jung 25
  crítica a Jung 58-60
  definição da ioga 51
  "Der Quellgrund des
    Glauberns und die religiöse
    Gestaltwerdung" 58
  *Der Yoga: Ein Indischer Weg
    zum Selbst* 59
  "Der Yoga im Lichte der
    Psychotherapie" 43
  Deutsche Gottschau 57
  "Die indo-arische Lehre vom
    Selbste im Vergleich mit
    Kants Lehre vom intelligiblen
    Subject" 57
  introdução à Kundalini 33
  ruptura com Jung 58
  sobre a ioga 20
  sobre a Kundalini 105, 220
  sobre a suástica 144
  sobre os chacras 90, 92, 99n.
Heráclito 128
Hipóstase
  esclarecimento da 89
  vs. hipótese 88

Imagens
  animação das 209
  interiores 193
Inácio de Loyola 208
Inconsciente 91, 99-107,
  116-117, 125, 127, 131-133,
  172, 185, 186, 189, 190-192,
  206, 208, 216, 248
  ativação do 189
  desencadeamento do 127,
    130-133
  dificuldades de experimentar 116
  e os arquétipos 85
  espírito do 211
  localização do 216
  na instrução religiosa 208
  natimorto nos católicos 208
  cf. tb. Inconsciente coletivo
Inconsciente coletivo 86, 184
  descoberta do 62
  perda de contato com 199
  predeterminação do 197
Índia
  independência da 19
Índio(s) americano(s) 186,
  209-211, 239, 256
  arquétipo do(s) 209
  índios Pueblo 122, 129,
    252-253
Individuação
  como separação da consciência
    212
  compreensão de Jung do 61
  descrições simbólicas feitas pela
    ioga 38
  e simbolismo dos chacras 63
  instinto da 77
  paralelo da ioga kundalini com
    44-45
  processo de: início no *anâhata*
    137-138
  vs. individualidade 78-79
Ioga
  definição psicológica de Jung
    38-39
  definições da 26-27
  escolas de 27
  nas culturas ocidentais 59

paralelos com a psicologia 21-26
paralelos com a psicoterapia 43
simbolismo da 38-39
cf tb. ioga kundalini; ioga tântrica

Ioga kundalini
classificação da 27
compreensão de Jung da 19-20, 56
definição de Hauer da 54-55
e psicologia analítica 63
interpretações divergentes 65
misticismo da 118
simbolismo da 34, 46, 231

Ioga tântrica
evolução fama da 37n.
natureza ctônica da 232
obscuridade da 91
origens da 144
vs. ioga clássica 225

Jnana-ioga 27
Jornais, influência dos 150
Jung, C.G.
"A Índia – um mundo de sonhos" 36
"A ioga e o Ocidente" 35
"Comentário a 'O segredo da flor de ouro'" 24, 64, 65n., 121n., 235n.
comentário sobre as preleções de Hauer 28-47
"Considerações em torno da psicologia da meditação oriental" 35
definição psicológica da ioga 37-38
"Em memória de Richard Wilhelm" 20n.

Memórias, sonhos, reflexões 32
"O que a Índia pode nos ensinar" 36
ruptura com Hauer 57-60
sobre a ioga na Europa 40
sobre a ioga tântrica 29
sobre alquimia e cristianismo 64
sobre a religião indiana 35
sobre o simbolismo da ioga kundalini 34
Transformações e símbolos da libido 22
"Wotan" 58

Kali 36-37
Kalpataru, árvore
como símbolo do *anâhata* 203
Kant, Immanuel 165
Keyserling, Hermann
sobre a ioga na Europa 41
The Travel Diary of a Philosopher 23
Kleshas
análise dos 77-82
definição de Hauer dos 76n.
sobre a ioga na Europa 41
Krishna, Gopi 22n., 64
Kundalini
adormecida 263
analogia com a serpente do sol 218
analogias ocidentais com 105-108
aparição espontânea da 216
definição de Hauer da 105n.
despertar da 32-34, 63n., 112-115, 189, 201
explicação da 32

jornada da 276
simbolismo da 38-39
tempo do despertar da
  220-223

Laing, R.D. 34
Laya-ioga 27
Layard, John 38n.
Leviatã
  como símbolo do *svâdhisthâna*
    99, 105, 158, 170
Libido 77, 85, 109, 158
Linga 100n., 120, 138, 168, 196, 197, 201, 202, 204, 253

Mana
  centro 200
Mandalas 202n., 207, 235
  como simbolismo da ioga tântrica 76
  criação de 237, 239-240, 241
  nos desenhos infantis 198
  significado do termo 90
Manipûra
  aspecto psicológico do 125, 135-136
  carneiro como símbolo do 159
  centro do 200
  descrição 202-203
  emoções do 179
  localização do 132
  nível do 177
  simbolismo da cor do 244-245
  simbolismo do 122-124
  simbolismo do fogo do 126, 131, 148, 185
  simbolismo do vento 134
  transição do 155

Mantra-ioga 27
Mantras
  do *âjñâ* 204
  papel dos m. no *sâdhana* 195
Mâyâ
  como consciência 197
  véu de 198
McCormick, Fowler 36
Meditação
  no hinduísmo 195
  paralelos com a análise psicológica 206-228
Meier, C.A. 34n., 44, 46, 52, 55, 58, 133, 151n.
Memórias, sonhos, reflexões (Jung) 32
Mente
  sede da 252-253
Metafísica
  definição de Hauer da 190n.
  e chacras 200
Monstro das águas
  como símbolo do *svâdhisthâna* 158, 202
Monstro marinho (makara) 93, 102, 228, 228n.
Morte, nascimento e renascimento; cf Ciclo de renascimento
Movimento de Fé Germânica 58
Movimento Nova Era 21, 29, 59
Movimento Ramakrishna 39
Mûlâdhâra
  análise do 96
  analogia com *âjñâ* 100-101
  aspecto *sthûla* do 187
  centro do 200

como base durante a vida 170, 174, 186
conceitos da linguagem ocidental do 189
concepção de Jung do 92
descrição do 201
e a inconsciência 252
e dormência da vida psíquica 181-183
e simbolismo do batismo 122
localização do 176
natureza transitória do 112-113
o eu no 137-139
orientação do 102-103
ponto de vista do 115-121
simbolismo da água do 98-99
simbolismo da cor do 99, 244-248
simbolismo do 109-110
símbolos de gênero do 246
situação psíquica no 176-177
tradução do 94

Nacional-socialismo (nazismo) 57, 58
Nâdîs (canais) 30-33, 201n.
Nâdîs idâ
descrição 201
importância das
Nâdîs pingalâ
descrição das 201
importância das 30
Nâdîs sushumnâ
ascensão da Kundalini através das 32
importância das 30
Needleman, Jacob 29
Nehru, Motilal 20
Nietzsche, Friedrich 196
Nirvâna 170

Objetificação 227
Ontologia 64
Oriente 19-20, 24, 40, 45, 62, 84-85, 95-97, 102, 128, 176, 183, 220, 228, 231, 255
O segredo da flor de ouro 21, 24, 64, 65n., 66n., 121n., 204-205, 235n.

Padma-lótus
definição de 96
descrição 196
Pâdukâ-pañcaka 33
Paralelos
busca de Jung por 193-196
Participation mystique
e a aversão 79
e a individualidade 82
e o *mûlâdhâra* 93-97
Patanjali
Amitâyur-Dhyâna-Sûtra 35
Shrichakrasambhara 35
Yoga Sutras 35
Pensamento ocidental; cf. Pensamento oriental
Pensamento oriental
dogma do 230-233
e pensamento ocidental 21-26, 102, 248-252
Platão 86, 87
Primitivos 130, 134, 139, 177, 216
mente primitiva 86
Processo suprapessoal
análise dos valores 178
criação de valores 182
e o aspecto *sûksma* 178, 189
na análise 184, 186

Psicanálise
   predomínio da 30
   purificação da mente na 226
Psicologia
   paralelos com a ioga 21-26, 38-39. Cf. tb. psicologia analítica; Psicologia comparativa; Psicologia profunda
Psicologia analítica
   analogia com a ioga tântrica 215-216
   e ioga Kundalini 63
   evolução da 234
Psicologia comparativa
   intercultural 39
   paralelos com a ioga 23
Psicologia profunda
   comparação com a ioga 59
   surgimento da 21-23
Psicoterapia
   paralelos com a ioga 43
Psique
   adaptação psíquica 234
   estrutura primordial 194
   mundo psíquico 231
   objetividade psíquica 228
   topografia da 63
Psychanalyse und Yoga (Schmitz) 25
Purusha
   conceito oriental *vs.* conceito ocidental do 189
   consciência do 149-152, 164
   definição o 136n.
   tradução do 137n.

Raja-ioga 27
Realização 78
Reencarnação 26, 85

Reichenstein, Tadeus 55-56
Religiões
   castas de gênero das 28
   visão de Hauer das 57
Renascimento, morte e nascimento; cf. Ciclo de renascimento
Respiração
   simbolismo da 146
   cf. tb. Ar, simbolismo do
Revolução sexual
   e tantrismo 29
Rig Veda 22
Ritos de iniciação, e dor 130, 148
Ritos totêmicos
   e experiência impessoal 228
Ritual mitraico
   e mitologia do sol 135n.
Rolland, Romain 39

Sâdhana 195
Sahasrâra
   como plano de transcendência 152n.
   ponto de vista hindu do 182
   simbolismo do 168
Shakti
   como emanação de poder 197
   união com Shiva 32
Shakti-Kundalini
   como deusa 198
Samkhya, filosofia
   como origem da filosofia hindu 144
   relação com a ioga 26
Samskâras
   análise dos 85

como arquétipos 190
definição de Hauer dos 83
nos sonhos 198
Sandhsâ-bhâsâ 60
Serpente do sol 218
Serpente do zodíaco 218
Serpente emplumada 211
simbolismo da s. na análise 214-217
cf. tb. Serpente Kundalini
Serpente Kundalini
movimento da 56
simbolismo da 198
Shat-chakra Nirûpana
compreensão de Hauer do 53
retrato da experiência 65
texto do 261-277
Schmitz, Oskar 25
Shiva 96, 100, 138, 169, 199, 219, 222, 228n.
Shivaísmo
base tântrica do 195
descrição do 197
Shrichakrasambhara (Patanjali) 35, 91
Simbolismo
da alquimia 133
da cor 99, 244-247, 255-257
da psique 175, 186
da respiração 147
das plantas 204, 212
de gênero 31, 246
do batismo 98-99, 122-126, 185, 187
dos animais 158-168, 202-204
dos elementos 97-99, 131, 134, 143, 146-147, 185
dos lugares subterrâneos 101

dos mandalas 76
egípcio 198n.
na análise 212
persa 199n.
Simbolismo sexual
nos textos tântricos 60-61
Símbolos
definição 175
Si-mesmo 94, 96, 119, 170, 176, 216, 219
Som
na meditação 242
Sonhos 155, 181, 213n., 237, 245
Soter (Serpente Salvadora dos gnósticos) 189
Spiegelberg, Friederich 55
Suástica
análise de Jung da 144
simbolismo de Hauer da 58
Subconsciente
na ioga kundalini 55
poder do som no 243
Suzuki, Daisetz
colaboração com Jung 24
Essays in Zen Buddhism ... 223
Svâdisthâna
análise do 96
centro do 200
como início da vida psíquica 179-180
descrição de Hauer do 92n.
descrição do 202, 263-266
e o aspecto *sthûla* 191
leviatã como símbolo do 158
nível do 177
simbolismo batismal do 186
simbolismo da água do 99
símbolo da cor do 99

Tabus, no tantrismo 29
Tantrismo
"cinco coisas proibidas" no 28
como contracorrente ao cristianismo 64
e ioga kundalini 27-33
origens do 194-195
tabus do 29
visão geral do 27-29
Tattva
análise do 85, 88
libido como exemplo do 84
Teoria da *Gestalt* 175
Teosofia 188
Terra
como símbolo do *mûlâdhâra* 142
Textos tântricos
linguagem dos 60
The Serpent Power (Woodroffe) 251
The Travel Diary of a Philosopher (Keyserling) 23
"The Yoga System and Psychoanalysis" (Winter) 23
Transformação
das imagens 82
Transformações e símbolos da libido (Jung) 22

Unicórnio
simbolismo do 161
Upanixades 22
cf. tb. *Dhyanabindu Upanixades*; Hangsa Upanixades

Vajra 195-196
Vedanta 26

Vento
como símbolo da mente 147
relação com o espírito 134
sentido simbólico do 146
cf. tb. Ar, simbolismo do
Vishnu 200
Vishuddha
alcançar o 150-151, 157
centro do 200
descrição do 203, 268
e experiência subjetiva 156
elefante como símbolo do 165-166
e valores suprapessoais 178
e verbalização 179
simbolismo do 167
transição ao 152-153
Vivekânanda, Swami 41

Wilhelm, Richard 20-21, 44
Winter, F.I. 23
Wolff, Toni 52, 80, 173n.
Woodroffe, Sir John 193n., 233
The Serpent Power 75n., 107n., 199n., 203n., 251n., 251
tradução de *Shrichakrasambhara* 91
Wotan 171

Yantra 91
Yoni 96, 100n., 196, 197

Zimmer, Heinrich
Artistic Form and Yoga in the Sacred Images of India 215
colaboração com Jung 24
Der Weg zum Selbst 35
sobre Hauer 43-45

Leia também!

Conecte-se conosco:

 facebook.com/editoravozes

 @editoravozes

 @editora_vozes

 youtube.com/editoravozes

 +55 24 2233-9033

www.vozes.com.br

Conheça nossas lojas:

www.livrariavozes.com.br

Belo Horizonte – Brasília – Campinas – Cuiabá – Curitiba
Fortaleza – Juiz de Fora – Petrópolis – Recife – São Paulo

EDITORA VOZES LTDA.
Rua Frei Luís, 100 – Centro – Cep 25689-900 – Petrópolis, RJ
Tel.: (24) 2233-9000 – E-mail: vendas@vozes.com.br